走教育高质量发展之路

安吉游戏本土化的探索与思考

ZOU JIAOYU GAOZHILIANG

FAZHAN ZHI LU

ANJI YOUXI BENTUHUA DE TANSUO YU SIKAO

李天云　　主编

天津社会科学院出版社

图书在版编目（CIP）数据

走教育高质量发展之路：安吉游戏本土化的探索与
思考 / 李天云主编. -- 天津：天津社会科学院出版社，
2024. 9. -- ISBN 978-7-5563-1012-8

Ⅰ. G613.7

中国国家版本馆 CIP 数据核字第 2024EC8693 号

走教育高质量发展之路 ： 安吉游戏本土化的探索与思考
ZOU JIAOYU GAOZHILIANG FAZHAN ZHI LU:ANJI YOUXI BENTUHUA DE TANSUO YU SIKAO

选题策划： 柳　晔
责任编辑： 柳　晔
责任校对： 付聿炜
装帧设计： 高馨月
出版发行： 天津社会科学院出版社
地　　址： 天津市南开区迎水道 7 号
邮　　编： 300191
电　　话：（022）23360165
印　　刷： 北京捷迅佳彩印刷有限公司
开　　本： 787×1092　　1/16
印　　张： 18
字　　数： 280 千字
版　　次： 2024 年 9 月第 1 版　　2024 年 9 月第 1 次印刷
定　　价： 88.00 元

编委会

主　编: 李天云

副主编: 孙立文　刘　婕　陈　萌

编　委: 万福超　包智会　曲祥云　崔梦渝

前 言

　　党的二十大报告指出,高质量发展是全面建设社会主义现代化国家的首要任务,实现高质量发展是中国式现代化的本质要求之一。教育是国之大计、党之大计,其高质量发展是经济社会高质量发展的应有之义和必然要求。学前教育是基础教育的重要组成部分,是学校教育和终身教育的奠基阶段。高质量发展就成为学前教育事业发展的必然选择。

　　为促进学前教育高质量发展,2020 年 12 月,教育部印发《关于实施安吉游戏推广计划的通知》,在全国范围内遴选试点园推广安吉游戏。教育部 2021 年工作要点中强调,"实施'安吉游戏'推广计划,推进科学保教"。

　　静海区模范幼儿园有幸成为教育部安吉游戏推广计划试点园,作为试点园的园长,我两次亲临安吉取经。当第一次听完专家讲座,参观完安吉县机关幼儿园之后,我非常激动,这就是我想要的幼儿教育的样子,我向往的幼儿园的样子。幼儿园为幼儿创设开放的游戏环境、赋予幼儿游戏的权利、游戏空间和游戏时间,在幼儿游戏过程中老师积极进行观察、倾听、记录与回应,进而更好地解读儿童、认识儿童、理解儿童,支持儿童的学习与发展。

　　安吉游戏中"爱、冒险、投入、喜悦、反思"这 5 个关键词,凝练体现了安吉游戏丰富的精神与内涵。其中爱是一切关系的基础。老师们像爱自己的孩子一样爱着每一个幼儿,游戏中,一个眼神,一个动作,一个微笑,无不传递着爱。爱让老师与幼儿间建立互信关系,在这种爱的文化中,幼儿放心地体验身体、情感、社会和智力上的冒险,不断发现、好奇、提出见解。这种爱不断地延伸到幼儿之间、老师之间、幼儿园与家庭、幼儿园与社区的关系中,建立了以爱为基础的生态体系。

　　对照安吉县机关幼儿园,我对静海区模范幼儿园进行了分析。静海区模范幼儿园成立于 2008 年,2009 年成为天津市一级园,2020 年成为天津市示范园。现有大中小 18 个教学班，教职工 92 名，其中一线老师 42 人，全部为本科学历。老师队伍爱岗敬业，朝气蓬勃，围绕着"以爱育爱，引领生命和谐成长"的办园理念，用心做好每一项工作，用爱教育好每一个孩子。办园理念中的第一个"爱"包括老师的爱、家长的爱和环境的爱。老师的爱是母爱与师爱的结合；家长的爱既有本能的母爱，又有在老师指导下的理智的爱、教育的爱；环境的爱是指幼儿园班级之外所有人对幼儿的关爱、接纳、宽容所营造出的良好的精神环境和丰富适宜的、充满温馨关爱的物质环境。第二个"爱"是指通过老师、家长和环境的爱，去润泽、培育孩子的爱，第二个爱幼儿需要经历接受爱、萌发爱、表现爱和传递爱的过程，培养"主动好奇，友好自信，富有爱心"的幼儿，在爱的教育中，引领幼儿、老师和谐成长。在办园理念的引领下，开展了"爱的教育"实践研究，梳理出"爱的教育"课程，逐渐形成了"爱的教育"园所特色。在我们幼儿园中，园长和老师之间关系融洽；老师与幼儿之间关系温馨，老师与家长之间关系和谐，构建了一个充满爱的教育生态。

爱的土壤中孕育的游戏更生动、更鲜活、更精彩。我们把本园"爱的教育"特色与安吉游戏实践相结合，带着对孩子的"爱"开展了安吉游戏本土化实践。

目 录

第二部分　以知促行——经验篇

第六章　科研创新，赋能老师成长 /183

2020 年 12 月 7 日至 9 日，教育部组织的安吉游戏推广计划启动会在浙江省湖州市安吉县举行。来自 31 个省、自治区、直辖市的负责学前教育的行政领导、教研员、园长参加了启动仪式。我非常荣幸，作为实验园的园长，跟随天津市教委学前处一行四人，来到安吉，参加了启动仪式，拉开了安吉游戏本土化实践的帷幕。

推广安吉游戏的目的，就是要落实国家教育改革的要求，落实《幼儿园工作规程》《幼儿园教育指导纲要（试行）》《3—6 岁儿童学习与发展指南》精神，坚持以游戏为基本活动的要求。参加会议的领导专家阵容强大：教育部基础教育司一级巡视员姜瑾，教育部基础教育司学前教育处处长张咏，联合国儿童基金会项目官员娄春芳、陈学锋，中国学前教育研究会秘书长王化敏，参加会议的专家：北京师范大学冯晓霞教授，华东师范大学华爱华教授，四川师范大学鄢超云教授，天津师范大学梁慧娟副教授，浙江省安吉幼儿教育研究中心主任程学琴。这些重量级人物和教育大咖的到来，更加深了我对这次美好遇见的期待。

启动会安排了安吉县机关幼儿园实地参观幼儿游戏，一大早下起了小雨，这种天气孩子们还能玩吗？我带着这种担心来到了幼儿园。事实证明，我的担心是多余的，到了户外活动时间，孩子们穿着雨衣雨裤来到操场，一场让人感到震撼的"安吉游戏"惊艳亮相，震撼于安吉的幼儿园能够把最真实自然的游戏材料、场地、规则放手还给孩子，让孩子自主游戏，让我们看到了一种久违的自然游戏中的玩性、野趣和童真，也看到了孩子们挑战自我、研究解决问题的能力。让我信服的是除了户外游戏，室内环境真正还给了孩子，没有花里胡哨的装饰，全部是记录了孩子们的学习过程,这样的环境不仅解放了老师,还督促老师去了解儿童、读懂儿童。天长日久,老师观察分析幼儿的能力会有所提高,对于幼儿来说他每天把游戏中感兴趣的事情画下来,老师帮他把作品贴在墙上进行展示,他的自信心会增强;当他给别人讲述他的作品,他的表达能力会有提高,绘画能力会有所提高,控笔能力也会提高。孩子们将读书的内容画下来,阅读能力、理解能力、表现能力会有提高,对读书的兴趣会增强,读书的能力会提高;观察记录天气、观察记录种植,会帮助孩子们提高观察能力,对大自然产生浓厚的兴趣。这样的室内环境对幼儿的发展不是更有意义吗?

启动会通过现场参观、专家讲座、安吉游戏试点园经验介绍以及参会者参与式体验,让大家了解了安吉游戏的内容、安吉游戏的价值,并思考如何开展安吉游戏试点实践。

而我在心潮澎湃、跃跃欲试的同时,也心存困惑和担心。顾虑的是安吉气候宜人、自古宜居,而我们地处天津,春秋风沙大,冬天寒冷,夏天干燥炎热,户外游戏是否能够长期开展;担心的是安吉游戏中强调冒险,冒险就意味着风险和危险,家长不支持怎么办? 带着这种疑问,回到幼儿园,我园开始了安吉游戏本土化实践。

第一章

放手游戏，让儿童成为自己

第一节

园长手记

从安吉回到模范幼儿园，第一件事就是梳理了培训的内容，结合我园的情况进行思考，制定了实施方案。从转变老师观念入手，通过学习—实践—反思—再实践的学习培训模式，开展了安吉游戏本土化的实施。

首先对全园老师进行了培训，将我的所见所闻、所思所想原原本本地传达给大家，在把传递安吉游戏精神的同时，也把我对安吉游戏试点实践的期待和信心传达给大家。虽然已经是学期末，但是大家都被我的情绪感染，学习热情非常高涨，于是我趁热打铁，为老师们购买了相关的书籍，让他们边学习、边实践、边反思。

安吉游戏推广计划启动培训体会

2020年12月6日—10日，我作为试点园园长跟随市教委彭博老师、幼儿园教研室主任回蕴玫、河西教研员梁静一行四人，来到安吉，参加了教育部组织的安吉游戏推广计划启动会。

会议日程安排得满满的，教育部基础教育司一级巡视员姜瑾、教育部基础教育司学前教育处处长张咏参加会议，足以见得这个会议的规格和重要性；联合国儿童基金会项目官员陈学锋、娄春芳、中国学前教育研究会秘书长王化敏参加会议，说明这个项目得到了联合国儿童基金会和中国学前教育研究会的资助与支持；学前教育专家冯晓霞、华爱华、鄢超云教授参会，可以预见这个项目能够得到我国学前教育"大"家的指导，特别是天津师范大学梁惠娟副教授作为专家组成员主持会议，会让我们的实践有近水楼台的机会。

一、收获体会

浙江安吉幼儿教育研究中心主任程学琴作为安吉游戏发起人，做了《儿童发现世界，老师发现儿童》的报告，通过聆听报告，对安吉游戏的发展历程有了清晰的了解，对安吉游戏落实"以游戏为基本活动"教育理念内涵有了深刻的认识，特别是参观了安吉县机关幼儿园，看到了老师改变儿童观、教育观、课程观，为孩子们创设了自然、野趣、富有挑战的环境材料，放手游戏，提供表现表达的机会。孩子们充分释放天性，在真正的游戏中获得经验、形成想法、表达见解、完善规划、不断挑战，最终获得成长。

冯晓霞、华爱华两位专家通过"安吉游戏中的学习"和"学前教育的中国道路——安吉游戏所体现的教育质量"两个讲座，剖析了安吉游戏中幼儿的深度学习、安吉游戏对幼儿终身发展的影响以及安吉游戏在世界学前教育中的地位，正如麻省理工学院教授米契·瑞斯尼克博士所说的"安吉游戏就是为了明天的社会培养今天的孩子的全球领袖"，让我们更加深刻地认识到"安吉游戏不仅让孩子也让老师获得幸福感的模式"，能够促进学前教育高质量的发展，也为世界贡献中国学前教育方案。

山东、贵州、浙江三个安吉游戏先期试点省的行政、教研、园长组成的团队，介绍了如何开展推进试点工作和发生的改变与成长，为我们实践安吉游戏提供了榜样和示范，让我们增强了信心。

教育部基础教育司一级巡视员姜瑾对安吉游戏推广计划如何落实进行了部署，介绍了推广安吉游戏的背景，实施安吉游戏推广计划的重要意义，强调要作为学前教育优质均衡发展的抓手，纳入"十四五"规划，精心布置，分层制定实施方案。保障经费支持，改变环境，培训老师，行政教研形成合力。

分组讨论环节，对"分析本省落实安吉游戏最大的挑战是什么？初步设定符合本省的目标，三年达到的和质量水准是什么以及如何解决上述挑战并落实目标。"三个问题的讨论交流，让大家深入思考如何将安吉游戏与本地实际结合，对制定实施方案有一个指导作用。

最后张咏处长强调三点，一是组建专家团队，少而精，组建后上报。二是强调实践标准，实践中要发生改变。三是先做，不要急于宣传。对后续试点工作提出明确具体的要求。

二、我园落实安吉游戏的初步想法

一是转变领导层面的观念。学习会议精神和《放手游戏发现儿童》，树立科学的儿童观、教育观、课程观。充分认识安吉游戏的价值，在行政上、教学管理上真正放手，支持老师的实践。

二是改变教育教学管理模式。改变一日生活作息制度，结合本地气候条件，每天保证不少于一小时的室内、户外自主游戏时间。改变学期月周计划的书写模式，尝试回溯性教案，让老师把精力投放在观察了解幼儿游戏上。

三是改变环境材料。改造后院操场，拔掉冬青，铺草皮，种树，堆山坡、修水池沙池，创设积木区、山坡区、广场区、草坪区、沙水区等具有挑战性质的户外游戏区域。购买、自制安吉游戏材料，修建、打造多样性的收纳空间，满足幼儿自主收取材料的需要。

四是加强老师培训，边学习边实践。第一步，闭住嘴管住手，放下对幼儿的管控和无效指导。第二步学会观察幼儿，读懂幼儿。第三步学会解读幼儿，了解幼儿游戏背后的学习，采用适宜的指导方式促进儿童的发展。

五是改变家长观念，通过家长会、家长开放、家长驻园等形式向家长宣传科学的教育理念，理解"游戏＝学习"，幼儿在游戏中能够获得成长，家园形成合力。

静海区模范幼儿落实安吉游戏实施方案

一、指导思想

以《幼儿园教育指导纲要（试行）》《3—6儿童学习与发展指南》为指导，全面落实安吉游戏推广计划启动会精神，更新观念，改造环境，将安吉游戏与我园实际相结合，让幼儿享受游戏的快乐，让老师和幼儿在游戏中共同获得发展，促进我园教育教学高质量发展。

二、实施目标

一是管理者转变观念，树立正确的儿童观、教育观、课程观。

二是老师遵循"儿童在前，老师在后"的原则，老师放手、观察、发现、解读、追随儿童，通过学习—实践—研究—再实践的教研机制，聚焦游戏过程，提升老师专业水平。

三是幼儿能够在游戏中充分体现"投入、冒险、喜悦、反思、爱"的游戏表现，在游戏中获得发展。

四是创设自然、丰富、有挑战性的户外环境和体现幼儿自主参与的室内环境，提供自然、生态、可移动、可组合的游戏材料。

五是家园合作。改变家长观念，争取家长的支持与配合。

三、任务与措施

1. 加强学习

一是进行二级培训，将安吉游戏推广会精神进行传达和培训，让老师对安吉游戏有整体的认识。二是通过参加各种线上线下培训、购买书籍、杂志，提供网上相关文章，进一步理解安吉游戏精神，更新教育观念。三是学习讨论交流。学习后，人人撰写学习体会，交流讨论自己的认识、收获和困惑，以及如何实施安吉游戏的打算。在交流中加深理解和认识，充分认识安吉游戏的价值，树立科学的儿童观、教育观、课程观。

2. 改变教育教学管理模式

在行政、教学管理等方面要真正放手，支持老师的实践。改变一日生活作息制度，结合本地气候条件，每天保证不少于一小时的室内、户外自主游戏时间。改变学期月周计划的书写模式，尝试回溯性教案，让老师把精力投放在观察了解幼儿游戏上。

3. 改变环境材料

我们将后院操场改造,拔掉冬青,铺草皮,种树,堆山坡、修水池沙池,创设积木区、山坡区、广场区、草坪区、沙水区等多样性、挑战的户外游戏区域。购买、自制安吉游戏材料,修建、打制多样性的收纳空间,满足幼儿自主收取材料的需要。

4. 开展实践研究

边学习边实践。第一步闭住嘴管住手,放弃对幼儿的管控和无效指导,放开手脚,为幼儿提供宽松的精神环境,释放天性,让幼儿自主进行游戏。避免老师主观意志干扰儿童游戏。第二步学会观察幼儿,读懂儿童。通过观摩研讨交流,掌握观察方法,分析解读儿童的游戏行为,理解儿童行为背后的真实意图。第三步学会解读幼儿。借助幼儿游戏后的讨论、反思、表征,了解幼儿游戏背后的学习,采用适宜的指导方式。在实践研究中促进老师幼儿共同成长。

5. 改变家长观念

通过家长会、家长开放、家长驻园以及微信公众号等形式向家长普及《3—6岁儿童学习与发展指南》相关知识,向家长宣传科学的教育理念,让家长理解游戏的价值,化解家长对"游戏危险"的顾虑,认同游戏、支持游戏,家园形成合力,促进幼儿在游戏中快乐成长。

6. 总结经验

老师层面结合实践及时梳理游戏案例、游戏故事,留存相关音像资料,幼儿园层面总结游戏环境创设案例、管理经验,做好全区试点引领工作。

第二节

老师感悟

2021年1月，我们利用寒假前的两周时间，按照"闭住嘴、管住手、睁大眼、竖起耳"的要求，尝试在室内游戏中放手，老师做一个观察者，体验安吉游戏，交流实践体会。从老师的交流中能够看到，大家有认可，有喜悦，有收获，有担忧。

第 一 篇　游戏"初"放手，感受"真"魅力

近两周的"放手游戏"尝试以来，我经历了从担忧到惊喜，更加相信孩子们是天生的游戏家，有生成游戏、发现问题、解决问题的能力。结合这两周的观察体验，我也在孩子们的变化中，感受"真"游戏的魅力。

一、"真游戏"里的全面学习，让我从心里走近"安吉游戏"

在前期的视频观摩和理论学习中，我一边惊叹孩子们的表现，一边顾虑孩子游戏中的安全隐患。我也在思考，在实际教学活动中孩子们敢不敢、会不会玩这样的游戏。看着他们投入的状态，我也被深深吸引，想起了自己童年时期无拘无束的快乐。同时，孩子们的安全如何保障和家长支持与否，让我心存疑虑，李天云和孙园长对此进行了详细的解析，让我意识到，只有自己真正了解"安吉游戏"魅力，正确理解并积极实践安吉游戏理念，结合班级实际活动，才能帮助家长理解"安吉游戏"，提高孩子们在游戏中组织能力、解决问题的能力。结合游戏与生活中的具体表现，我帮助家长发现孩子们安全意识在不断增强，正是这些可期可见的成长，让我真正接受与发现安吉游戏的魅力，帮助我在放手游戏后，开展观察与指导，树立与家长沟通交流的信心。

二、结合初步的"放手"观察，思考老师职能的转变

在视频与照片的观察学习中，印象最深的就是随处可见的老师们的观察智慧。在"问题模式"下，孩子们的解决问题的活动途径，真正让每一面墙和孩子互动起来，让每面墙有话可说。无论是每幅作品下的作品解读，还是墙面作品都展现出了"安吉游戏"模式下他们探索发展的过程，老师更多的是观察者、支持者、记录者、引导者，帮助幼儿梳理问题，引导支持幼儿解决问题。

这几天，我在班级区域活动时也尝试放手，让幼儿自主游戏，然后默默观察孩子们的游戏表现。第一天孩子们主要有三种状态：第一种是不知道玩什么四处转；第二种是三两朋友扎堆儿玩，主要就是玩一种或两种材料；第三种是不敢玩或不确定能随便玩，玩之前总是询问老师。孩子们不相信可以自由玩。第二天，依旧有几个小朋友不知道玩什么，总是询问或是用眼神试探，但有两个好朋友群体出现了"闯关""游乐场"游戏主题。但孩子们对材料和场地的使用还是放不开，还是按平时习惯那样分桌游戏。第三天，终于有一个小朋友发现一张桌子太小，可以用两张桌子拼一下，孩子们扭头看我没反应，便自己行动了起来，对场地有了自己的思考与尝试。孩子们对我的态度有了些变化，开始我站哪里，孩子就看向我，跟我说跟我分享，或者表现得不自然。这两天孩子们还是会跟我分享，但我发现他们的游戏状态开始放松了。闭上嘴，管住手，可以发现孩子们有好多有意思的想法。真正"放手"，我想应该是从营造"放松"氛围，从"放飞"思维开始。

三、学习"安吉游戏"理念，结合班级实际开始转变尝试

一是利用假期，加强"安吉游戏"理论知识学习，自我吸收成长，为下一步教育教学实践，奠定理论基础。

二是结合"问题模式"引导下的教育活动和环境材料方面进行思考调整。

三是学习优秀游戏活动案例，提高自身对幼儿游戏的观察、分析解读能力。

（大六班　包智会）

第 二 篇　放手游戏初体会

2020年12月第一次听到"安吉游戏"，当时的心情五味杂陈，如果在游戏中我真的放手了会怎么样？孩子们会不会打起来？会不会玩不起来？孩子磕着、碰着怎么办，家长工作怎么做等无数个问题困扰着我，令我非常紧张不安。

就这样我怀着对安吉游戏的不解、担忧、好奇和渴望，开启了放手之旅。刚入园半年的小班孩子也开始了游戏之旅。看着游戏场地上四处忙碌着搬运积木的孩子，让我很不安，生怕出现安全问题。因此孩子们在游戏的过程中，我的双眼和脚步没有停止过。果不其然，墨墨和果果两个孩子争抢起了积木，两人互不相让，边争抢边向老师求助。我刚要起身向前走，突然想起园长说的"管住嘴"，又立刻停住了脚步，观察着他们的争抢过程。争抢了几分钟后，果果说："那我们一起搭，好吗？"墨墨说："好的，我们一起搭一个城堡……"当他们的情绪、行动的转变顿时让我陷入了反思。如果我当时制止了孩子们争抢的行为，可能这次争抢事件能非常干净利索得到解决，但也因此剥夺了他们解决问题的机会。

其实孩子们之间矛盾的出现就是问题的出现，我们应当给予他们这个学习成长的机会，以及最大的心理支持。退后、等等，惊喜就在身后呢！这也让我想到了五个关键词中的"爱"，爱不是我替你解决，爱是信任与尊重。再回想游戏现场，当时孩子争抢玩具并没有出现伤害行为。小班孩子更需要时间、空间与机会去适应、调整、融合，这是一条成长的必经之路，老师的放手是给他们最大的支持，我们应静待花开，让他们一步一步达到自己的最近发展区。

这一个月，我试着放手退后，尽量控制自己不去干预孩子们做游戏，然后带着好奇心看孩子们的游戏是我目前所能做到的。一个月的发现，改变了我对幼儿的原有认知。我现在每天很期待见到他们的游戏。下一个阶段我计划给自己定一个方向，继续放手游戏，发现儿童，逐渐改变我的儿童观。

（小六班　万福超）

第 三 篇　游戏放手后的改变与困惑

　　践行安吉游戏精神,对幼儿开展放手游戏已经有两个星期的时间了,这两个星期我们以室内区域活动为主,我看着孩子们从最初的不适应、小心翼翼,到现在能大胆游戏、大胆表达,尽管这和真正安吉游戏还有一定的差距,但是孩子们的表现还是给了我一次又一次的惊喜,让我感受颇深。

　　首先,游戏时间上的调整,由原来的最多半个小时延长到现在的一个小时。充足的时间为幼儿的活动提供了无限的可能,老师只要学会等待,相信孩子,给孩子时间,他们就会还给你惊喜。比如:限限在选择磁力珠积木的时候,他想拼一座小房子,但是又不想按照平时玩法去拼,在平铺了一个长条后,不知道该怎么进行了,于是他一会儿跟一起玩磁力珠积木的豪豪聊几句,想帮他一起拼,一会儿又四下看看别的小朋友的游戏。这样过了 20 分钟,限限才开始拿起磁力棒纵向拼摆起来,并且越来越专注,最后的成品,他特别满意,在分享的环节限限还兴高采烈地介绍了自己房子的功能。有了这一创新作品,第二天,他又选择了磁力珠积木并且进行得非常顺利,不仅很快进入游戏状态,而且比上一次有了更多的创意,从他脸上的笑容和分享过程的自信中,我看到了成功与自豪的影子。

　　其次,改变活动后的游戏分享。在以往活动点评时,孩子们分享的内容很少,基本上只是简单地说了自己玩了什么,或者做了什么。往往由老师来发现孩子们过程中是怎样做的以及出现的良好学习品质。究其原因,可能是老师的干预比较多,孩子们没有充分地展现自己的想法大胆投入地游戏,过程中总是想着:老师让我这样做,我应该那样玩,孩子们玩的并不是真正的游戏,自然也分享不出自己更多的感受以及想法。而在这段时间每次游戏结束后的分享中,我都会让他们充分地表达自己在游戏中最高兴的事或是遇到的问题、解决方法等。最初孩子们有些放不开,但随着游戏玩得越来越自主,他们表达的内容也越来越丰富,不仅能说出自己作品内容是什么,也能把自己在做游戏时的问题和解决过程表达清楚,甚至将自己在游戏中的困惑或是不高兴的地方也能跟大家分享,和大家共同讨论,而且在表达的时候声音明显比之前更洪亮，状态也更自信了。现在，孩子们渐渐地喜欢上了这一分享环节，每次分享的时候都会把手举得高高的争先恐后地想要告诉别人自己的游戏情况。

第三，将游戏中对幼儿的指导提升留在活动后。学习安吉游戏相关书籍和视频的时候，我们学到最多的教育理念就是"闭上嘴、管住手、睁大眼、竖起耳"。以往在区域活动指导时，老师每个区都会关注和指导，看到孩子出现问题时，总会忍不住提醒一二，而对孩子的观察的时间也比较短。在这一次实践中，我遵循教育理念，尽量克制自己要指导的冲动，认真观察孩子至少在 10 分钟以上，将指导和对游戏的提升留到每次活动后，我惊喜地发现，原来每个孩子都是有能力的学习者这一句话是正确的。比如：辰辰在玩建构区的时候，想要搭建一辆坦克，他用纸砖搭建了他想要的造型，然后把薯片桶当作炮筒，放在坦克的前面。活动后，我找来一些关于坦克的图片和视频引导幼儿观察，了解坦克的结构和特点。第二天，辰辰又选择到建构区搭建坦克，这一次他调整了坦克的整体造型，并使用了纸板，在最后搭建炮筒的时候，辰辰跑来对我说："老师，你说班里所有的材料可以随意使用，那我能不能去别的区找一个长点的炮筒呢？"我鼓励地点点头说："当然可以啦！"在四处寻找后，他在美工区的材料箱里找到了一个比较长的即时贴卷芯，在一番探索后用两块纸砖一起垫高，一块堵着后面防止即时贴卷芯滑下来，这次的坦克造型比之前的大，在形态和特点上也更加鲜明了。分享过程中，我请辰辰介绍了搭建过程，请他重点讲了炮筒的选择和固定。这一次，我给他们提供了别人利用各种材料搭建的可以坐人的玩具坦克图片，并建议他们也可以把坦克改进成能坐人的。第三天，辰辰依旧专注于坦克的搭建，活动开始的时候他就叫欣欣和限限两人把自己的小椅子搬到了建构区，他们尝试了很久都没有找到摆放小椅子的办法，于是辰辰跑来寻求我的帮助，我拿了一把椅子放下来，对他们说："你可以按这个方向摆放，但是三个人如果坐一排又太宽，可以怎样摆呢？"辰辰立刻把剩下的两把椅子放在了那把椅子的后面摆成了两排。确定了座位后，孩子们赶紧动手搭建起来。辰辰这次搭建的时候根据具体的情况带领同伴便用了纸砖平摆和竖摆的方法搭建，并且对同伴解释说："我们一会儿还要放大炮，竖着一晃就会倒，要是这样平着搭高了放上大炮就不会倒了。"最后辰辰又找来拼摆区的圆形泡沫垫当轮子,因为坦克需要很多的轮子,他还对我说:"李老师,轮子的数量不够了,你帮我们再做一些吧!"看着孩子们多次调整后完成的作品,我的高兴程度跟他们比有过之而无不及,这并不是我在活动中不断指导,而是在他们在一次次的活动中总结经验探索出来的,在这一过程中,孩子们为了自己在游戏,是他们愿意主动地吸收经验不断探索,我们有理由相信孩子就是有能力的学习者,我们只需要扮好观察者、支持者的角色,他们就会带给你无数的惊喜。

两个星期的探索有很多的收获和惊喜,但是对于初探安吉游戏的我们来说,也同样存在一些困惑,比如:闭上嘴,管住手的度在哪里?孩子们画的游戏过程需要老师记录,但是当孩子多起来后,势必会出现等待的情况,应如何及时记录等。

之后我们与李园长和孙园长的交流讨论中有了新的领悟。在游戏中,我们在闭上嘴、管住手的同时还是要认真观察分析幼儿的游戏,根据幼儿的兴趣所在调整策略。比如:我们班的孩子们喜欢摆弄泥工区的恐龙材料模型,连续三天依然乐此不疲,我担心孩子们这样玩没有意义,所以在活动后的点评环节鼓励他们为恐龙搭建恐龙乐园,结果第二天,小朋友们就搭建了恐龙乐园,内容也很丰富,但让我意想不到的是在分享的时候我问她你觉得这个游戏有趣吗?孩子却告诉我他们觉得没有意思,下次不想玩了。通过交流分析,我明白了孩子们的兴趣点是恐龙,我引导孩子们建恐龙乐园,虽然是在玩恐龙,但是本质上是搭建活动,并非恐龙本身。今后我在引导时,可以为孩子们提供恐龙的相关书籍、图片等,支持孩子,让他们充分了解恐龙,衍生出他们喜欢的恐龙游戏。

关于记录问题,在开学伊始,我们要充分利用好时间,明确三人的分工,并且在记录的时候,每天可重点记录一部分孩子的情况,同时发挥家长的作用,让家长帮助记录幼儿的想法,这样不仅把幼儿的想法记录得更加详细,也让家长充分了解孩子在园的学习情况,一举两得。

在安吉游戏学习和组织的道路上,我们只是迈出了一小步,尽管自身还有很多不足,但是我们的思想和观念正在慢慢地改变,对理论知识的学习要加强,增加对安吉游戏的理论学习,同时要联系《3—6岁儿童学习与发展指南》,在观察幼儿游戏活动时，对照《3—6岁儿童学习与发展指南》进行分析，做到知行合一，开展更适宜我们幼儿园孩子发展的安吉游戏。

（中一班　李　婷）

第 四 篇　安吉游戏理念的初次尝试

学习安吉游戏的理念后，近期我在班级做了初步的尝试，其中有欣喜也有困惑。我看到了之前没有关注到的"哇"时刻，原来孩子们能非常好地解决问题，他们之间的交流是非常有趣的，我还看到了他们不怕失败与困难、敢于挑战、认真专注的精神，就像研讨时赵老师说的"我越来越喜欢这些孩子了"。现在，每次区域游戏我的任务就是创设一个宽松的环境，真正让孩子们去自由选择，游戏的过程中认真观察，把孩子们的游戏故事用手机录下来。

有次，我带孩子们去二楼大厅玩扭扭棒玩具，刚开始我想说"用这些材料和螺丝螺母可以拧成什么呀"？话到嘴边又收了回去，改成了"这些材料你觉得可以怎样玩，自己试一试"。孩子们自由选择材料、玩伴、场地和玩法，非常投入，我在一旁用手机记录着。有些孩子离材料太近了，我会提醒他们换一个场地避免影响其他的小朋友取放材料。当孩子们把拧成的枪满场追逐跑的时候，刚开始我是观察着的，随着加入的孩子越来越多，我制止了孩子们的举动。在观察的过程中，我发现好多孩子用人偶拧的小人只有腿没有胳膊，我很清楚那是因为在身体的下面有两个孔可以用长条片拧腿，但是除了脖子那里有拧脑袋的孔之外上面没有另外拧胳膊的孔了。面对明明的求助，我通过提问、观察引导着他想办法；红红没有问我，但是在我的提示下她自己选了两个转角片架在了身体上，虽然摇摇晃晃的却是孩子自己动脑筋想出来的办法，在展示作品的时候，我选出了制作方式不同的有层次的小人，引导孩子们观察、对比，发现其中的异同点，互相学习。

交流的时候，老师们大多分享的是一些比较成功的案例，园长们对此进行了肯定，也提出了一些意见和建议。我也提出了自己的问题，比如游戏后孩子们都想保留并介绍自己的作品，但是有些作品我觉得是小班孩子的水平，但是又不想打击孩子们该怎么办？孩子们在介绍的时候说得很好，可是作品展现出来的却不是那样，有没有必要再通过一些图片帮孩子们认识物品的结构等。园长总结，我们要关注孩子们在游戏中的故事，多关注孩子，少关注作品；多关注过程，少关注结果。如果孩子们想保留自己的作品可以用照片的方式记录，慢慢地，把孩子们关注的点引导到自己的游戏体验、发现问题、解决问题等层面上来，通过创设情境将孩子们单一的没有联系的作品变成一个故事，注重培养孩子们的想象力、创造力等。

通过交流我受益匪浅，我们要真正地放开手还要再放手，但是随着不断地尝试，我的疑问也越来越多，如何把握好放手和介入的度，哪些游戏是需要完全放手的，哪些可以适当介入，怎样介入等。比如，当孩子们自己找不到办法请求我们帮助的时候；当我们发现问题的时候是现场介入还是在评价分享的环节通过照片的方式引导孩子们自己发现呢；当孩子们在游戏的过程中打闹、扔玩具的时候，整个游戏没有任何进展，主题换了又换，分享的时候也没有说出来，我们是不是可以说出来；放手后班级常规会不会乱等，感觉自己不够放手或有些太放手了。但是我知道这都是肯定会遇到的问题，我将通过看书、询问有经验的老师和领导们，不断地尝试努力找到适宜的方法，解决自己的难题。

（中六班　李玉雪）

第 五 篇　放手游戏，我与幼儿共成长

学习安吉游戏的课程理念后，我也在班级游戏活动中进行了大胆放手的尝试，起初担心孩子们会不会受伤、放手游戏后会不会乱哄哄、幼儿技能是否得到如期发展等问题，这些疑惑在孩子们的游戏活动中得到了解答，我也从中收获了惊喜与成长。

◆ **惊喜一：过去眼中调皮捣蛋的孩子往往有更多新奇的想法。**

户外活动时，调皮的小文发现轮胎在坡度的影响下飞快地向下滚去，这个现象吸引了小朋友们争先前来模仿，窄窄的坡道变得拥挤起来。小文发现人太多了，便推着轮胎走到了台阶的那一面，轻轻一推，轮胎在台阶上如同跳跃的音符，蹦蹦

跳跳地滚下去，比坡道上更快更远。于是，小朋友们又开始在台阶上进行滚轮胎游戏。慢慢地，孩子们不再满足在坡道和台阶上滚轮胎，开始寻找和尝试在滑梯、楼梯、玩具架等不同物品上滚轮胎，探究什么样的地方可以使轮胎滚得更快。看小文的一次"调皮"却激发了孩子们的各种尝试与探究，在游戏的过程中初步感知物体的形状与坡度对轮胎滚动速度的影响。

◆ **惊喜二：易被"忽视"的孩子隐藏着巨大潜力。**

经常缺勤又不善表达的莹莹以前总是躲在积塑区拼插，初次来到泥工区进行活动时，莹莹借鉴同伴经验后激发了无限的创造力，一个个活灵活现的小动物就在她的小手中诞生了。在第一次接触扭扭乐玩具时，莹莹认真观察，积极寻找，在玩具架的下面发现了人偶板，她安静认真地选了很久，将自己搭配好的头发、脸、身体部件用螺丝连接起来，并在老师的帮助下拧紧螺丝，莹莹兴奋地告诉大家："这是我'妈妈'。"后来她又选择了两块小方砖拧到了"妈妈"身体的下方，让"妈妈"坐了起来，她的创意还不止如此，又拿来了更多方砖和一个转角片组合成一个小车，放在"妈妈"面前，一个人的游戏吸引了更多伙伴的参与，莹莹笑着欢迎每一个同伴分享自己的作品，游戏的好点子越来越多，"妈妈"开始卖"冰激凌"了。回到班里，莹莹十分详尽地把自己的游戏内容画了出来，并大胆地在全班面前进行介绍。

当然在放手游戏的过程中我也遇到了一些困惑，如：在绘画初期孩子们绘画水平和语言表达水平都受年龄的限制，老师记录游戏过程时应不应该追问幼儿？小班在接触新的游戏材料和游戏形式时，是否允许孩子在一段时间内的"任意妄为"，没有成果作品？在经过园长和老师们的共同学习、讨论交流后，我也有了进一步的认识。

安吉游戏的理念是把最真实自然的游戏材料、场地、规则，放手给孩子，让孩子自主游戏，让我们看到了孩子眼中最真、最爱的"真游戏"。让孩子在自主的环境中生成各种游戏，在自由的游戏里大胆尝试、交流交往、感知经验。我也会努力实践，闭上嘴、管住手、睁大眼、竖起耳，给孩子们机会，让他们享受真游戏，在游戏中学习。

（小二班　滑　君）

第 六 篇　我眼中的放手游戏

上周园里组织了安吉游戏的系统培训，当时我对安吉游戏还处于懵懂状态，在"家""园"和"老师"这三个不同身份的背景下浅析了安吉游戏，我的体会还停留在"难"和"易"。但经过一周的放手游戏，我体会了安吉游戏不能用"难"或者"易"来衡量，它只能用"适应"或者"不适应"来衡量。

经过这一周多的放手游戏，我深深地体会到安吉游戏是真游戏。它能让孩子们找到自我，只有孩子们才真正了解他们自己，只有孩子们才能真正知道他们到底需要什么。以前都是老师提前设定好的规则、内容，是老师们认为适合孩子们的。也许能适应大多数的孩子，但不适应的孩子就是以前所说的能力差吗？也许在安吉游戏提出来以前，没有人认真思考过，但通过近一周多的放手游戏，我真切地感受到，安吉游戏能让每个孩子都能展示出自己的特长，虽然刚放手时不适应，老师不适应，孩子也不适应，刚开始时玩得束手束脚。但经过一段时间，孩子们逐渐找到了适应的办法，这种办法不是所有孩子都一样的，但这些在游戏中自己摸索出来的办法肯定是最适合自己的。之前的教育游戏束缚性太强，条条框框都是老师设计好，让孩子们发挥的空间小，孩子们的想象力也随之受到了束缚，这对孩子们开发创造力、想象力、空间思维都是相当不利的。放手游戏就不一样了，老师不再负责"出题"，完全交由孩子们自己去探索和探讨，自主"命题"，自主发现问题，自主解决问题，不仅培养了孩子们自己解决问题的能力，还树立了孩子们的自信心。举个例子，通过我们班有一个孩子，之前一直认为他的能力不如其他孩子，画画也画不好、回答问题不积极、不善言谈、极度不自信等，为了这个孩子，我们始终找不到好的解决办法。但这次放手游戏，他们自己动手、动脑、随心所欲的游戏，产生了明显的变化。我们班的孩子特别喜欢《西游记》，经常开展"听西游、讲西游、画西游"的活动，前两天，这个孩子自己画了一幅画，以《西游记》为主题，小小的一张 A4 纸，虽然画得很抽象，但他根据自己画的内容给我讲述了一篇完整的故事，语言流畅，逻辑清晰，想象丰富，我给予了他充分的肯定和鼓励，他脸上露出的笑容，那份自信是我从未在他身上看到的。

这个真实的事例，让我对安吉游戏产生了兴趣。它不仅解放了孩子们，也解放了我们，让我们的思想有了解放，让我们看到了更多令人惊艳的时刻和闪光点，每个孩子都是独一无二的，他们的能量是无穷的。安吉游戏真正锻炼了孩子自我调节、自我解决问题的能力，让他们从小就养成随机应变的能力。就好比将来的学习，以前我们上学的时候，听到最多的就是"要想学习好，除了认真以外，最重要的就是要找到学习方法"，很惭愧，在此之前，我还不是特别懂什么叫学习方法，但是现在我懂了，所谓学习方法就是自己在学习过程中，随机应变的学习方式，学习方法是每个人独有的，只有自己摸索出来的方法，才能真正地为己所用，才能称得上是真正的学习方法。就像现在的安吉游戏一样，孩子们自己掌握的方法，才是真正属于他们的方法，自己掌握的本领，才是他们的本领。老师要做的就是观察、记录、反思、适时地引导。

放手游戏只是安吉游戏中的一部分，我、我们、孩子们乃至家长们还需要一个过程去慢慢适应，安吉游戏真的不难，但要想真正做好安吉游戏，"适应"是最关键的。就像我前文提到的，安吉游戏不能用"难"或"易"来衡量，它是一个适应与改变的过程。

（大一班　边珅玉）

第 七 篇　放手游戏，走近幼儿

在班里实施安吉游戏已经有两周了，感慨万分。安吉游戏的第一步就是"放手"，要怎样"放手"我心中满是困惑。

开展安吉游戏的这些日子，让孩子们在游戏中想怎么玩就怎么玩，我看到了许多平时看不到的场景，比如：泥工区、美工区，小朋友们选择的次数越来越少，甚至没人玩。小男孩到表演区摆弄起了发饰、首饰，好奇它们都是做什么的。娃娃家里"人满为患"，却能把自己的角色安排妥当。很是调皮的小朋友越发的"变本加厉"，甚至在班里你追我跑。收区的时候还出现了"蜂拥而至"，把高高的围墙推倒,还伴随着"哈哈"的笑声。

面对这种情形,有时让我欣喜万分,有时却让我有想要吃速效救心丸的想法。

安吉游戏结束后,我们一起在会议室同两位园长进行了分享活动,我们将自己这几天的困惑、惊喜分享给大家,园长也为我们进行了指导,虽然我有些懂了,但还是需要试一试才能知道这些方法对我们班的孩子是否适用。

在后来进行的活动中,考虑到我班幼儿比较活泼的特点,我便按照安吉游戏的作息进行了一日活动的安排。从早上 8:45 开始,我让小朋友们尽情地、充分地游戏,我也做到了"管住手、闭上嘴,睁开眼,竖起耳"这些安吉游戏对老师的要求,我用手机拍摄、记录。此次活动中,个别活泼的小朋友在活动最后开始抑制不住自己好动的特点,又开心地围着班里跑,我将这一现象记录了下来,在活动点评中,我请大家一起观看,有的小朋友笑,有的小朋友的表情很严肃,我问:"你们在视频里看到了什么?你有什么感觉?"小朋友们你说说我说说,最后大家统一了看法,都认为这样的行为太吵太乱了。我请小朋友们一起制定了游戏前、中、后的几点规则,希望在今后的安吉游戏中都能够遵守。

虽然对放手游戏我还心存疑虑,但是孩子们可以尽情地自主游戏,也是我想看到的,相信在我们不断的努力中,会发现更多的惊喜。

(中二班　孙　薇)

第二章

实践探索，把游戏还给儿童

园长手记

　　2021年寒假到了,老师们带着实践的兴奋和困惑开始了假期的学习和充电。而管理者也充分利用这个假期,研究思考新学期如何开展安吉游戏实践。

　　首先,我们借鉴安吉游戏"放手儿童"的理念,"放手老师",重新梳理了制度,将束缚老师手脚的制度进行调整。例如月考核制度中对"安全奖"进行了修改,分清责任事故和意外事故,活动中老师尽到了责任的意外事故不扣"安全奖"。消除老师的顾虑,为老师放手游戏营造一个支持的精神氛围。

　　其次,规划场地、调整一日生活作息制度。我园有18个教学班,不能满足所有班级同时开展户外游戏。我们上午分成两个时间段,一部分班级第一时间段开展户外游戏,第二时间段进行游戏回溯和表征讨论,另一部分班级第一时间段进行游戏计划,第二时间段开展户外游戏,保证每个班有充足的户外游戏时间。

表 2-1　中、大班室内外游戏时间安排表

周期	地点					
	木梯二	积木区	网箱曲	综合区	木梯一	玩沙区
	三楼楼道	三楼扭扭	三楼建构室	二楼楼道	一楼扭扭区	一楼建构
1—3 周	一班	二班	三班	四班	五班	六班
4—6 周	二班	三班	四班	五班	六班	一班
7—9 周	三班	四班	五班	六班	一班	二班
10—12 周	四班	五班	六班	一班	二班	三班
13—15 周	五班	六班	一班	二班	三班	四班

续表

周期	地点					
	木梯二	积木区	网箱曲	综合区	木梯一	玩沙区
	三楼楼道	三楼扭扭	三楼建构室	二楼楼道	一楼扭扭区	一楼建构
16—18周	六班	一班	二班	三班	四班	五班

表 2-2　小班室内外游戏时间安排表

周期	地点					
	户外第一时间段、室内周一周二			户外第二时间段、室内周三周四		
	小扭扭	一楼墙面	一楼亿通	小扭扭	一楼墙面	一楼亿通
	积木区	沙池区	涂鸦区	骑车区	山坡区	水池区
4—5周	一班	三班	五班	二班	四班	六班
7—8周	三班	五班	一班	四班	六班	二班
9—10周	五班	一班	三班	六班	二班	四班
11—12周	二班	四班	六班	一班	三班	五班
13—14周	四班	六班	二班	三班	五班	一班
15—16周	六班	二班	四班	五班	一班	三班

表 2-3　小班室内外游戏时间安排表

周期	地点					
	户外第一时间段、室内周一周二			户外第二时间段、室内周三周四		
	小扭扭	一楼墙面	一楼亿通	小扭扭	一楼墙面	一楼亿通
	沙子区	积木区（骑行）	山坡区	沙子区	积木区（骑行）	山坡区
11—13周	五班	三班	一班	二班	四班	六班
14—16周	四班	六班	二班	三班	一班	五班
17—19周	一班	五班	三班	六班	二班	四班

表2-4　中班一日活动时间表

星期	时间		
	8：40—10：00	10：00—11：10	14：40—15：40
周一	教育＋升旗	室内活动＋户外	安吉游戏
周二	专业活动室	表征＋户外	安吉游戏
周三	专业活动室	表征＋户外	安吉游戏
周四	安吉游戏	表征	室内活动＋户外
周五	安吉游戏	表征	室内活动＋户外

表2-5　大班一日活动时间表

星期	时间		
	8：40—10：00	10：00—11：10	14：40—15：40
周一	教育＋升旗	安吉游戏	室内活动＋户外
周二	安吉游戏	表征	室内活动＋户外
周三	安吉游戏	表征	室内活动＋户外
周四	专业活动室	表征＋户外	安吉游戏
周五	专业活动室	表征＋户外	安吉游戏

再有改造游戏场地，增加收纳空间。首先拔除冬青，铺平地面，移走大型玩具，安装开合式和敞开式的遮阳棚，方便木梯、方箱等大型材料的收纳；打造可移动的玩具车，方便积木等小型玩具材料的收纳。扩大沙池，周边安装上自来水管，沙池变成沙水区。拔除了墙边的冬青在楼房西侧墙体上安装瓷砖，墙下面修建下水道，变成孩子们喜欢的涂鸦墙。

图2-1至2-2　小水池改造成大沙池

图2-3至2-4　修建涂鸦墙

图2-5至2-6　拔除冬青，移走大型滑梯——建收纳区

图 2-7 至 2-8　拔除冬青，移走大型滑梯——建收纳区

　　开学短短的两周时间，一切准备就绪。在略带寒意的初春，我们的户外游戏实践活动拉开了帷幕。然而，刚一放手游戏，幼儿没有经验，老师没有方法，游戏场上一片混乱，不是梯子夹到孩子的手，就是孩子从木箱上掉下来。虽然有惊无险，但是老师们压力很大。作为管理者压力更大，每天一到户外游戏时间，我们来到游戏场，和老师观察幼儿游戏，发现游戏中的安全隐患，和老师们一起实践寻找解决问题的策略，鼓励老师大胆实践。同时一旦出现磕碰事故园长主动出面，和老师们一起安抚家长，解决老师的后顾之忧。老师实践的热情在管理者的支持下，在幼儿带来的变化和惊喜中不断高涨。

　　一个月的放手游戏，老师从孩子们的游戏活动中看到他们开心的笑容、创意的游戏，经历了从实施安吉游戏前的迷茫、困惑、纠结，到现在的感叹、欣喜和惊讶的心路历程，并发现了"儿童是有能力的学习者"，老师的儿童观发生了变化。

第二节

老师感悟

第 一 篇　回顾师幼成长，学习与反思并行

开学实践安吉游戏的一个月，也是我们从前期学习，走到教学实际的一个月。结合这一个月的学习与实践，反思如下。

一、反思自我成长，坚定放手游戏信心

（一）观察与分析孩子游戏的能力有了提升。放手游戏后，把游戏还给孩子，我们最重要的工作就是观察和分析。从最开始的担心孩子们瞎玩毫无亮点，到现在能静心去聆听去观察，去体验孩子们真游戏的真快乐！我们真切地为孩子多次尝试感到欣喜，为孩子的某一次成功而激动，在游戏的观察与分析中开始沉淀对幼儿游戏安全的恐慌感，发现更多的游戏亮点。

（二）逐渐适应角色转换，对安吉游戏开展有了自己的思考。经过两个体能区的轮换，以及孩子们的游戏材料的变化，他们的游戏探索方式也发生了变化。当孩子探索中存在的危险时，如何把握放手的度。比如，开始在高矮、单双组合体验区游戏，对孩子们更多关注的是材料的安全使用，面对孩子们存在安全隐患的材料摆放或游戏探索，我们采取随停随观察讨论，现场调整，给孩子们最直观的经验。我坚信只有孩子有了足够的安全防护意识，才能更好地享受放手游戏的自主快乐。

（三）提高了对班级环境的创设布置，以及墙面内容呈现的认识。通过学习，可以看出安吉环境的布置更加突出每个孩子的参与性，更加注重幼儿活动过程的呈现。同时，可以看出老师后期详尽的记录，和对幼儿作品的分析和梳理。我们将孩子的探索学习主线用作品的方式呈现，支持孩子经验回顾和借鉴学习。基于这

个收获，我们班开展创设了"我们的雷锋月"安吉游戏墙。从调查分享，到幼儿绘画记录，再到幼儿讲述老师记录，孩子自身经过了三次经验梳理。结合作品，对雷锋精神进行了三个方面的解读分析，再次提升幼儿对雷锋精神的理解。经过一系列活动，孩子们对雷锋精神有了自己的理解，会发现志愿者、消防叔叔，医生，环卫工人都和雷锋有相像的地方，也明白要从帮助身边的人做起，从爱护公共玩具开始做起。墙面内容可以是内容主线的呈现，也可以是问题及解决的主线。

二、回顾幼儿成长，明确放手游戏方向

（一）部分孩子因爱上安吉户外游戏，更乐于表达。睿辰家长反映睿辰以前一到周一就不想来幼儿园，现在特别愿意来幼儿园玩安吉游戏，而且每次的安吉游戏给老师和孩子提供了一对一的交流时间，我慢慢发现，以前内向不爱说话的小朋友开始主动找老师分享，变得愿意表达了。

（二）经过多次的故事表征，以前画画随意或不知道画什么的孩子，现在内容明确而丰富。以前画画能力强的小朋友更能突出游戏细节。我认为还是感兴趣的游戏体验，支持了孩子的表征绘画，在提高语言表达能力的同时，也提高了表现技巧。

（三）孩子的性格变得坚强了，面对困难与小磕碰，很少再有用哭泣解决问题的孩子。以前都是老师询问安慰他们，现在是老师追着问，他们反过来安慰老师。

（四）孩子发现问题和解决问题的能力提高了。在老师引导孩子寻找问题与解决方法的影响下，孩子们也会主动发现问题、解决问题。

三、反思放手游戏困惑，突出实践探索重点

经过一个多月的实践学习，师幼都有了自己的进步。在肯定发展与进步的同时，也有一些困惑。如：在户外探索安吉游戏时，孩子们虽然有一定的自我保护意识，但自我保护能力不足，还需要老师的及时关注和适时提醒，而在户外，教师很难全面地观察所有孩子的游戏情况，如何将安全教育与放手游戏有效融合，是接下来的探索重点。

（大六班　包智会）

第 二 篇　放手游戏，走进童心

安吉游戏，是幼儿的真游戏吗？孩子们不教能玩得这么好吗？虽然，我们前期进行了多种形式的培训和分享交流，但一直存在一些疑问。

通过一个多月的实践，我对安吉游戏的"真"，发自内心地相信与肯定。从刚开始的不敢放手，怕孩子出危险，混乱的局面，心惊胆战焦头烂额，到整理好自己的心绪，静下心来观察，与孩子交谈，了解他们的想法。孩子们也从对老师说的想怎么玩就怎么玩，半信半疑中，做平时不被允许的"危险"活动前小心翼翼地观察老师的眼神表情，到专注做自己的事情，大胆地表达自己。在安吉游戏中，我觉得孩子们收获最多的是内心的喜悦。没有喜悦，游戏就不可能是真游戏。他们不再因别人的选择而选择，不再因集体意识的选择而选择，不再为得到别人的认可而选择，这个选择只与自己的喜悦有关，所以每个游戏中的孩子都流露出又甜又美的笑容。相信这样环境中成长起来的孩子，更能发现生命中值得感恩和喜悦的地方！

孩子们在没有规则、干扰和帮助的情况下，玩得更有创意，更加精彩。他们的游戏是一起创造出来的。例如玩滚筒。孩子们不断挑战自己，从推滚筒到力量对抗赛，在双方进行力量对抗时，又萌生站在滚筒上面的想法。当每个人都想体验站在滚筒上面的"威武"时刻，而不愿只去辅助他人时，孩子们想办法在滚筒两边放置东西，在不需要同伴的帮助下，让滚筒保持不动，从而站在滚筒上。之后孩子们又开始挑战在滚筒上走来走去。大油桶的出现，让孩子们纷纷想要征服它。男生们利用低矮的大型玩具板垫在脚下，双手撑起，站在油桶上。女生们搬来滚筒靠在油桶旁边，借助滚筒站上油桶。达达从男生通道想要站上油桶但是他失败了，他就想从女生通道过去，但是遭到了女生的拒绝。他只好又想办法，搬来跷跷板，自己站在跷跷板的一端，请小朋友在另一边压下跷跷板，借助跷跷板翘起的高度站上了油桶。这一系列的发展变化，并没有老师的精心设计，只只顺其自然。让我们看到了孩子的智慧，这就是安吉游戏的精髓所在，让孩子做自己游戏的设计师，把真游戏还给孩子。

以前的我并没有做到真正相信孩子，更没有真正了解孩子，更不要说是每一个孩子。我试着去了解每一个孩子是从记录天气开始的。这学期，我们班学着安吉的幼儿园让孩子每天去记录对天气的感受，我们在班里设计了天气预报墙。一开始我抱着怀疑的态度，觉得小班孩子能有什么感受啊无非是冷热天气好不好，每个孩子都要记又麻烦又占时间。开始孩子们也是一头雾水，不明白老师要做什么，自己应该画什么怎样去表达，好多孩子都是随便画甚至就是一个圈几个点，记录时要老师去询问今天天气怎么样，好不好，有没有太阳啊，是冷是热，有风吗？问一句答一句，有的就是点头摇头。后来，我开始思考他们是不是因为不了解天气，缺乏相关的知识呢，自己又操之过急。于是，我就让孩子们去观察天气，了解天气图标，自己先表达对天气的感受，让他们有一定的认识与了解。记录一段时间后，孩子们已经慢慢形成习惯，来园叠好衣服后能主动去记录天气，从惜字如金到侃侃而谈。他们说的也会偏离天气这个话题，抑是天马行空的想象，亦或是在家里或路上发生的事情，我也会一一记录下来。现在的我很享受记录的过程，觉得这是我和孩子们难得的交谈时光，他们不再是千篇一律的提线木偶，而是一个个鲜活有趣的灵魂，我愿意用心去倾听了解他们的内心小小世界。

在实践的过程中，我还有很多困难与困惑。当孩子受伤时，家长还是存在不理解的情况。孩子很多，老师观察不到位。当孩子做游戏出现问题时，怎样引导与深入。希望在今后的工作中，能够加强理论学习，更智慧地去支持儿童，助推儿童不断成长。

（小六班　李晶晶）

第三篇　走进游戏，感悟真理

近一个月的安吉游戏实践，把最真实的环境、材料、规则放手给孩子，让孩子自主游戏，让我看到了孩子眼中最真、最爱的真游戏。

一、老师：悦读、悦思、悦成长

我从一个高控的游戏指挥者，游戏场地、内容、玩法、规则、分组都由我亲自部署转变为游戏的守护者和助推者，曾经无数次验证那句话："世上最遥远的距离是我站在你面前，而你却看不见我。"孩子曾经多少次站在我面前，我们却有着看不见的遥远距离，转变理念以后，我不再只关注孩子的行为，而是耐心地等待、了解意图背后的需要和感受。例：扭扭建构游戏中，小霍拿了一大堆EVA（塑料）长条去卷蜗牛的壳，我不再急于去告诉他看图，而是耐心等待他自己通过一次次尝试，一条一条向下减去多余的海绵条，直到可以用螺丝螺母进行固定；在户外建构游戏中，我不会直接告诉小向和小沐怎样在跷跷板上保持平衡，而是站在一旁耐心观看他们如何加宽跷跷板的宽度、调整木板的两端的距离……

游戏中，我应支持孩子不断地延伸拓展，构建自己的游戏场地，及时用手机视频、照片记录孩子的惊喜时刻和游戏中的问题，在满足孩子快乐的基础上给孩子主动学习的支持，游戏后，集中分享交流，进行计划：上次活动你玩的什么，和谁一起游戏的，怎么玩的，有什么有趣的故事发生？今天你还想怎么玩？追随孩子的脚步，为孩子提供适宜的支撑力，让孩子的游戏进入良性循环。

二、孩子：真玩、乐玩、智趣玩

在玩大型建构之前，我也有很多担心：如果孩子乱摆一堆还说得头头是道，我该怎么办？如果不教建构技能，他们总是原地踏步怎么办？如果孩子今天摆这个玩具，明天摆那个玩具我该怎么介入……事实上我真的多虑了，当我们给予孩子充足的时间，开放的场地、材料，自由的氛围后，孩子内心的想法才得到真正的体现，他们能够将自己的认知融入建构游戏中：饼干机、跳台、跑步机、警车、消防车、鱼池……每一块积木都被孩子们赋予了鲜活的生命力，从简单的积木堆积到大型场景的再现；从发现物体沿斜坡滚动的现象到探究物体形状、坡度大小、下落速度之间的关系；从认知再现到创意表达……孩子们在安吉游戏中玩出快乐，玩出智慧。

三、困惑

1.即照顾到全体，又关注到个别做起来有些困难；2.对于好动幼儿的规则意识建立,没有想到较好的方法;3.游戏分享中有价值的点还是把握不好,不能有效回应幼儿。

(刘 婕)

第 四 篇 放手游戏,乐享成长

自开学开展安吉游戏至今已经一个多月,这段时间里无论是老师还是孩子都有了很大变化。

作为老师,我们自上学期开始便深入学习了安吉游戏的理念,对于安吉游戏中对老师"闭上嘴、管住手、睁大眼、竖起耳,把真游戏还给孩子"的要求更是铭记于心。尽管如此,在开展过程中我还是会产生忍不住想要帮助孩子的念头,但最终也在一次又一次的自我斗争中选择了相信孩子。在不断地观察中,我习惯了用眼睛观察,用手机记录的形式,同时也发现自己由最初的盲目观察,变得开始有目的有计划地观察,也越来越能捕捉到孩子游戏中的学习价值,从而在表征和计划中提供有针对性的支持,帮助幼儿推动游戏深层次的发展。

对于孩子而言,安吉游戏不仅是他们最喜欢的游戏,也成为他们爱上幼儿园的理由。在安吉游戏中,孩子们变得十分自主,他们专注游戏的态度和发自内心的笑声,无一不体现了他们内心的喜爱和快乐。通过梯子和大型积木游戏的开展,孩子们在游戏中出现了更多的探究性行为,他们能针对某一点进行专注地探索直至成功,孩子们想象力越来越丰富,并能围绕一定主题开展游戏活动,他们更加勇敢,勇于挑战,与同伴之间的合作性也增强了。随计划和表征的不断开展,孩子们计划的目的性越来越明确,表征绘画的技能大幅提高,绘画速度越来越快,作品越来越清晰,能够较完整地展现游戏中所用的材料和同伴的状态,有的幼儿甚至能关注到对所需材料的数量,幼儿针对游戏表达的逻辑性,连贯性上也有提高,基本能讲清楚自己的想法,根据提供的图片或者视频,能认真观察发现的问题,并讨论有效的解决方法,从而在下一次游戏中进行调整,出现越来越多的"哇"时刻,这也让老师更加相信孩子是有能力的。

开展安吉游戏以来，我们收获了很多，但也同样存在一些困惑，比如：安全方面的问题每次活动都在强调，但是仍然有些孩子会出现违反安全的行为。每次活动前我们都会进行计划表征，但是相当一部分孩子所想和所做的并不一致，计划和实践是背道而驰的，还有部分幼儿自己并没有想做的事情，总是跟这组玩玩，跟那组玩玩，不愿意自己动脑筋思考，看到哪组小朋友完成了就直接和别人一起玩。在游戏中，有些孩子想出非常好的游戏内容，自己也很感兴趣，老师会在活动后的表征分享和下一次的活动计划中提供促进游戏发展的必要支持，但是下一次游戏活动中孩子并没有出现继续探索的行为，至此游戏戛然而止等问题。尽管现在还面临很多问题，但我相信只要我们坚持在安吉游戏的道路上不断探索前行，这些问题终将会迎刃而解，助力孩子们更好地开展游戏。

（中一班　李　婷）

第 五 篇　放手游戏，静待花开

实行安吉游戏一个月以来，从起初的茫然失措和提心吊胆，到一次次的惊喜中逐渐减弱。以往游戏前都会反复强调游戏规则，孩子们在各种规则的约束下不能彻底"释放"，游戏按照"既定的程序"有条不紊地进行，但孩子们真的开心吗？在放手游戏的这一个月来，我学会了放手，管住嘴管住手，减少对孩子们的各种"帮助"，用手机记录游戏的点滴，观察他们的真游戏。孩子们也在慢慢地尝试释放真我，自由探索，自我保护，互相帮助。

在放手游戏后，我的手机里记录最多的便是孩子们脸上洋溢出发自真心的笑容，在没有各种规则的约束后，孩子们自由选择材料、自由发挥想象创新玩法，以前中规中矩的大型玩具在他们的眼中，自由摆放随意玩耍。弧形的平衡桥原本是锻炼平衡能力的大型材料，孩子们将单独的一块积木倒过来就成为一个摇摇马和跷跷板。孩子们将多个平衡桥连接便是自己的休息专区，他们躺在上面，阳光晒得暖暖的，脸上的笑容是他们爱上真游戏的最好证明。

在游戏中也充满了各种各样的挑战，一人高的大滚筒，为了"占领"它，小乐很轻松地就坐了上去,其他的小朋友们开始争先模仿,可是滚筒太高了很少有人能上去。一下子激起了小乐的自信心和自豪感,开始频繁地上下滚筒,第二次游戏时还尝试着站在滚筒上,其他的孩子开始积极寻找站上滚筒的方法,一次意外轮胎摆放到了滚筒的旁边,踩在轮胎上增加了自己的高度,再上滚筒就简单多了。发现这一方法后,孩子们开始积极地尝试,轩语、涵涵也能站在滚筒上了。滚筒太高了,孩子们还会自发地提醒滚筒上的小朋友要注意安全,一起帮忙扶着滚筒,冒险精神和自我保护意识在一次次挑战中被他们激发。

大型积木的建构往往都是老师给出既定的建构主题,孩子们搭建作品后就会无所事事。放手搭建后,孩子们那些新奇的想法慢慢地冒了出来。建构不仅可以搭建高楼大厦,在他们的手中,积木可以变成一个有驾驶舱的坦克、有瞄准镜的冲锋枪,还可以变身迷宫桥,甚至两个积木就能搭建一个跷跷板,在一次次的尝试和游戏中发现杠杆原理的奥秘。

游戏后的表征是孩子们每次游戏经验提升的关键,起初画自己的游戏故事时,往往和他们的游戏没有什么关系,大多数孩子们画的都是自己和小朋友们开心地笑着,或者干脆就是一番"涂鸦"。慢慢的孩子们的游戏故事开始变得有内容了,游戏过程逐步呈现:和谁一起游戏、玩什么、遇到了哪些困难、怎么解决,在这一过程中提升了绘画能力和语言表达能力体现了反思的过程。

在这一个月的过程中,我们也经常因为各种情况出现磕磕碰碰,家长们的理解是我们继续下去的动力,在今后的活动中,加强孩子们的自我保护和保护他人的意识也将是游戏中的一个重要环节。此外,我也有一些困惑,如孩子们每次游戏中的主题都不尽相同,当发现孩子感兴趣又有继续探究价值的主题时,老师如何引导孩子们将一个主题进行多次游戏。总有几个孩子不参与游戏,东看看西瞅瞅,围着大家看,老师要不要干预,如果需要应该怎样做。孩子们在游戏过程中玩的游戏不同,经验发展的水平和速度也不同,有些孩子注重体能方面发展,有些孩子偏向科学探究的发展,还有些孩子能力交往方面的发展突出,但一般都是"长板加长"的现象,虽然每次活动后的分享环节我都会引导和交流,我们该如何正确引导孩子们"补短板"呢。这也是我们需要努力学习理论和大胆实践研究的方向。只有不断丰富自己的专业知识，尝试各种方式引导孩子们的进步，在放手和信任中静待花开，让孩子们真正成为游戏的主人。

（小二班　滑　君）

第 六 篇　放手游戏，助力成长

自开展安吉游戏以来，我每天都被孩子们的想象力和创造力所折服，也惊叹孩子们自主学习的能力，同时自己也在发生着变化。

在刚开始学习安吉游戏的过程中，我担心孩子们能不能保护好自己，自己能不能真正做到管住手、闭上嘴，但是进行安吉游戏后，我的担心减少了，我会用欣赏的眼光去看待孩子们的游戏，用相机去记录他们游戏中的精彩瞬间。当他们在游戏中出现问题的时候，我不再是赶紧跑过去解决，而是观察他们自己怎样做，在管住手、闭上嘴之后，我听到了来自幼儿自己的声音，我的观察也越来越深入。

孩子们在游戏中给我带来了很多惊喜，一个大垫子立起来成为一个蛋糕店，大大小小的沙包是一个个蛋糕；一个迷彩网箱成为了消防车，孩子们戴着龟壳假装的消防帽化身成为了小小消防员；几个孩子把迷彩网箱竖起来变成了瞭望台，箱子倒扣放上圆柱体和一根棍子就成为可以扫荡的大炮；垫子网箱组成大滑梯……每个孩子都是自己游戏的主角。

在游戏中孩子们自己发现问题、解决问题的能力得到了很大提高，在进行滑滑梯活动时，他们发现垫子总是翘起来，讨论后得出了压上水带、轮胎或者后面坐着一个小朋友的方法，并且在游戏中进行了验证。当大家在滑梯上挤成一团后，他们发现了问题并且提出排好队、建成双面滑梯的方法。当孩子们都想要某一种材料时，不再是争吵，而是共同商量，当他们想要到别人搭好的基地里去时，也明白了要先得到基地主人的允许。孩子们能够合理分工去取放材料，在游戏中规则意识、整理能力都得到了提高。

在开展安吉游戏的过程中，有时孩子们的游戏情节转瞬即逝，怎么能够更好、更全面地捕捉和记录是我以后需要注意的地方。

（大五班　吴敬雅）

第 七 篇　放手游戏，发现成长

作为一名幼儿老师，我有幸参与了园里"安吉游戏"的实践过程，在这短短的一个月时间里一点一点地实现着专业蜕变。刚参加工作时，我心中的"游戏"就是我带领孩子教他们怎样做游戏；工作一段时间后，我心中的游戏就是我创设有游戏暗示的环境，让孩子按照我的意愿进行游戏；现在，我心中的游戏是我创设开放的环境、提供低结构的材料，让孩子按照自己的意愿，自由地进行着属于他们自己的游戏。

短短一个月的游戏实践里，我经历了从实施安吉游戏前的困惑、纠结、茫然，到实施一段时间后的感叹、欣喜和惊讶的心路历程。在这个过程中，令我感触最深的是在游戏中要真正做到"把游戏还给孩子"，让孩子在"真游戏"中快乐地学习与成长，除了提供丰富的游戏环境和材料、保障充足的游戏实践之外，更重要的是游戏中老师要学会放手。

放手让孩子自主游戏，让每一个独一无二的个体在快乐的游戏中尽情发挥、尽情探索、尽情感受、尽情体验，允许孩子沿着自己的发展轨迹向前行走。放手后，我看到了孩子个性张扬、充满热情的学习过程，他们在综合的游戏过程中积累了大量的认知经验；他们在合作游戏的过程中获得了社会性的发展；他们在与材料互动过程中不断地探索、调整、尝试、实践，用自己的方式解决了游戏过程中出现的一个又一个问题，获得了学习品质的发展；因为理解和尊重，孩子们变得更加快乐、自主。

放手后，我看到了孩子们精彩的游戏：在成人眼里的木箱和攀爬梯，在孩子的游戏中就变成一个奶茶店，孩子们把彩色塑料块放在木箱子上当作一杯杯的奶茶，红色是樱桃味的、黄色是柠檬味的、蓝色是蓝莓味的……孩子们爬上梯子买到自己喜欢的奶茶再回到箱子下面（品尝区）慢慢品尝。一个木箱子一块垫子搭在一起就是他们的家，器械操用的器械（乌龟壳）就是他们做饭的锅，树叶和花瓣做成美味的料理。几块垫子就可以搭一个城堡，但是垫子搭的城堡稳定性不好，垫子与垫子的接触面很小，孩子们尝试了好几次都没有成功，但是每一次失败后，他们都会适度调整，一次又一次，不厌其烦，在足足 20 分钟后，终于搭建成功了。

开始了解安吉游戏时安全问题是我们关注的问题，但是作为老师，我们必须有所担当，不能因为害怕而剥夺孩子发展的权利和机会。给我惊喜和震撼最深的是孩子们第一次尝试走轮胎的情景：游戏中，卓卓和萱萱一直在轮胎上上上下下，有时他们能自己扶着轮胎上去找到平衡点站一会儿就下来，有时找到平衡点后能快速地走几步然后就又掉下来了。站在轮胎上离地面有一定的高度，而且轮胎不好控制，我的心也因他们的行为变得很忐忑，有很多次我想制止他们的行为，但最终我还是忍住了。想起教研时大家的建议：当你无法确定安全隐患的程度时，可以选择靠近；另一方面，我也想了解孩子在活动中对安全问题的评估能力。在陪伴他们的 40 分钟时间里，我的精神处于高度的紧张状态，而与我相反的是孩子则沉浸在他们的喜悦和欢乐之中。靠近后，我发现他们每一次的尝试都似乎有着自己的计划，先是控制自己能站稳，然后再慢慢走几步，每一次都会比前一次多走几步，他们学会先尝试、再行动。这在以前对我来说是一件非常危险和有难度的游戏，而且总是手把手教孩子。现在通过我的放手，孩子们给我们带来惊喜和震撼。保护自己是孩子的本能，我庆幸自己学会了等待。

放手不等于放弃，放手更不等于放任自流。放手是孩子在前、老师在后的细心观察，放手是了解孩子真正发展水平后对其有效支持的深入思考。我想在以后的游戏中我们应该竭尽全力满足孩子的天性需求，用陪伴的方式默默地支持孩子的发展、见证他的每一次成长。

（大二班 郑雪）

第 八 篇　走进游戏，走近幼儿

"闭上嘴、管住手，睁大眼、竖起耳""把真游戏还给孩子"，以上是安吉游戏对幼儿老师的要求。回想我第一次接触安吉游戏是上个学期期末，现在安吉游戏已经开展一个多月了，刚开始接触时我会有各种不适应，包括对安吉游戏模式的不适应，常常在孩子们玩游戏前定一大堆的"规则"，看到孩子们没有按照自己的思路去游戏时，就会忍不住上去指导，有时看到孩子们在游戏材料的摆放无从下手时，我也会去帮助、提示、引导他们，每天看到孩子们搬运沉重的梯子和材料时就害怕他们出现事故，有时也忍不住帮助孩子们搬。后来，我深入接触安吉游戏后，通过不断学习、实践和反思，我开始逐渐放手，管住嘴巴，在游戏中只用眼睛去观察孩子们的游戏，用手机去拍摄孩子们游戏的精彩画面，我发现我们的孩子在没有老师的那一大堆"规则"和所谓的帮助下，玩得更有创意、更加精彩，而我自己也在观察中发现许多以前游戏中不曾发现的小细节，我看到了孩子们脸上发自内心的笑容，看到了孩子们通过游戏展现出的各种优秀的游戏品质。

记得上个学期我们班的孩子在泥工活动时，都是老师给他们规定主题，孩子们总是说着类似"我不会，老师你教教我"的话，老师一步一步地教完孩子们就开始无所事事地东看西瞧，久而久之，孩子们对活动的兴趣越来越低。

这个学期，我尝试了放手，把游戏的主动权还给孩子们，无论是室内游戏还是室外的游戏，让孩子自己去讨论游戏主题，自己结组、设计、商量，并根据出现的问题自己进行想办法解决。第一次在玩梯子游戏时，孩子们搬运沉重的梯子，我的心都提到了嗓子眼，生怕砸到自己或碰撞到同伴，但是当他们顺利搭建好梯子时我又开心又欣慰。通过一次次的实践，孩子们有了他们玩梯子时的合作和游戏经验，也掌握了一定的安全技能，我也安心去观察孩子游戏。

还记得第一次做计划时，孩子们的计划图纸就像我们画画一样，有花、有草、有太阳，但在实际游戏过程中孩子们无法照着计划进行游戏，这时我没有马上帮助他们解决困惑，而是利用分享时间与他们一起讨论解决的办法，修改设计图，虽然现在孩子们的设计图还不是每次都设计得很好,但是可以和实际的游戏结合起来了,孩子的能力超乎我们的想象。

正因为老师的一次次放手,我们班的孩子对游戏越来越感兴趣。随着对安吉游戏理念的理解,我开始有了一定的转变,从一个执教者转变成了一个观察者。我会在以后的实践中吸取经验,更仔细地观察和思考中,做到放手和信任,支持尊重幼儿自主游戏,让幼儿成为游戏的主人,真正实现"我的游戏我做主"。

（中三班　徐瑞蔓）

第三章

深耕教研，聚合力共启新航

第一节

园长手记

在安吉游戏本土化实践中，我们充分认识到，创设开放性、多样性环境，投放低结构、可变性游戏材料，只是我们迈出的第一步。放手儿童、发现儿童、解读儿童、支持儿童的学习和发展，老师是关键。迈好每一步，都需要老师在实践中不断地探索。因此我们以问题为导向，以教研为手段，通过"实践—发现问题—学习研训—解决问题—再实践"循环往复、螺旋上升的研训模式，解决老师的问题和困惑，在发现问题、研究问题、解决问题的过程中助力老师实践探索，从一次次教研活动的记录中，我们就能看到老师的成长与进步。

第二节

教研实录

第 一 篇 《放手游戏 发现儿童》学习交流

在放手游戏实施初始阶段,利用假期,大家共同学习《放手游戏 发现儿童》这本书,通过学习,理论对接实践,明确今后的工作方向。

◆ **研讨题：**

1.学习后你的收获与体会？

2.学习对今后在放手游戏,促进幼儿深度学习方面的启发？

主持人： 大家在假期结合自己的问题需要进行了有针对性的学习,每个年龄班进行了分组交流,下面我们请每个年龄班的老师代表结合自己的所思所悟进行交流。

李 婷： 这本书运用大量安吉幼儿园珍贵的游戏案例、教研问题,还原老师在放手游戏过程中的做法、转变与收获,回应我们在实践中的典型困惑。游戏是幼儿的基本权利,是幼儿生活和学习的特有方式,更是他们身体和心灵成长的内在需求。在学习的过程中,我不断地问自己："在安吉游戏中我们应该扮演怎样的角色呢？"相信孩子,做孩子的"粉丝"。睁大双眼做一个很好的观察者。通过对安吉游戏的学习,让我们能更准确地找到专业定位、职业身份和在教育领域中的地位。

包智会： 活动室和走廊墙面尽可能地留白,用于展示儿童的各种记录和作品,天气记录、植物记录、阅读笔记、游戏故事等,儿童的日常记录都会被收集与整理起来,展示在活动室和走廊的墙面上,由于这些墙面内容来自儿童非常熟悉的游戏与生活,这样的环境创设提高了他们与墙面儿的互动频率与效果。

万福超： 老师在游戏故事环节中的做法值得我学习：了解幼儿的游戏过程及经验——通过幼儿对游戏过程的表达与记录,老师对比、反思、纠正和补充自己的观察,进一步了解幼儿在游戏中获得的具体的经验、游戏行为背后真实的感受与思考。识别幼儿游戏中的学习与发展——在了解幼儿游戏经验的基础上,老师进一步发现幼儿的个体差异及共性经验。有助于后期基于游戏生成教学——通过老师更具体地了解幼儿游戏中遇到的困难解决问题的方法与步骤、在游戏中的发现、获得的游戏体验等,为后期基于游戏生成教学提供充分的信息的支持。

刘　婕:安吉游戏认为真游戏就是真学习。游戏故事——幼儿游戏经验表征、回顾、反思和经验的重组。安吉游戏强调:最大化环境和材料对幼儿游戏的支持,最小化老师对幼儿游戏的干预和控制。游戏是幼儿想做,而不是要幼儿做,老师要充分相信幼儿能做。老师应提供充足的材料、适宜的环境以及适时的指导,并悦纳认同幼儿,学会观察与等待,让幼儿在自由自主的游戏中获得感知,积累直接经验,从而使幼儿为自己的发展"增砖添瓦"。通过学习,我从理念上知道了什么才是真正的放手,以前自己认为的放手远远不够。

滑　君:儿童的表征与反思,每个儿童都有自己独特的表征方式,不同年龄的儿童有不同的表征特点,儿童对自己游戏经验的表征和反思是要去倾听和发现的,老师要像放手游戏一样放手让儿去表征,聆听儿童的想法,发现儿童的发现。第一阶段老师要做的就是给儿童自主表征的机会,聆听和忠实地记录儿童的表达内容,在不断了解和发现儿童的过程中建立对儿童的信任和尊重,建立正确的儿童观。

主持人:通过交流学习大家逐渐转变了教育理念,认同放手游戏,发现儿童,并且在寒假前进行了初步的尝试,既有放手后的惊喜,同时存在放手后的困惑,这些都将作为我们今后研究的重点。通过今天的学习交流大家也学到了如何创设开放的户外环境、如何引导幼儿进行游戏表征与回顾等具体策略,希望我们在今后的教学实践中大胆尝试,不断发现问题、解决问题。

第 二 篇　观察幼儿,支持幼儿深度学习

结合近期对幼儿自主游戏活动的观察,部分老师发现由于孩子年龄比较小,

生活经验的积累比较欠缺,因此在游戏中就会导致有些孩子总是周而复始地进行简单的游戏或者同一个游戏,老师是不是可以在他们的游戏中进行生活经验以及常识的介绍,丰富孩子的认知,或者当孩子的游戏出现瓶颈期的时候,老师是否能提供一些游戏的玩法,供幼儿参考。

针对老师们的困惑,观摩大六班游戏视频,请包老师分享如何推进游戏进程支持孩子学习活动的经验,组织老师进行研讨。

◆ 研讨题:

1. 观看大班游戏视频,记住精彩瞬间,结合《3—6岁儿童学习与发展指南》(以下简称《指南》)分析游戏中幼儿的学习与发展。

2. 结合本游戏案例或自己的经验做法,说一说老师如何帮助幼儿延续经验,支持幼儿深度学习。

主持人:刚才我们看到大六班推送的游戏视频,今天的游戏视频是以两倍速率的方式呈现的,看完游戏视频后,请推送游戏视频的大六班包智会老师进行介绍,以便我们了解一下游戏前后的情况。

包老师:本次截取分享的视频是我们班几个男孩子围绕汽车这一兴趣点,在螺母建构区经历的几次探索。从历次游戏的探索来看,孩子们在不断地围绕兴趣点去探索运用材料,随着材料运用的逐渐熟悉,游戏经验的不断丰富,孩子们的组装内容也在不断地升级。

结合对孩子们的几次游戏情况,可以看出孩子们在探索解决两个问题,第一个问题是让车怎样更平稳。第二个问题怎样减小阻力。在第一次的熟悉材料环节,几个孩子看见了车轮不谋而合,都想坐汽车。在简单地尝试体验后,我们回班又结合照片再次了解新材料。

在此基础上孩子们很快有了第二次尝试,在第二次尝试的时候,他们拼玩具过程中发现,中间留出来不就是座位吗? 于是有了车座,在组装完四个车轮后,他们又进行了简单的试车,在试车过程中发现不平稳,因为有一个转角合页装的位置和其他位置不太一样,迅速调整重装,而后又发现方向不好控制,因此又商量做了方向盘,继而产生跑车主题,为车做了尾翼,孩子们进行了几种尝试,尾翼还是不稳定。如何使尾翼更牢固这个问题，孩子们进行了长短板更换，用短板替长板，减轻重量后相对稳定，但没有解决关键问题。尾翼的不牢固问题关键在于他们只是简单地插进孔，对下端没有进行固定，因此尾翼总是一推就晃动，晃动中两端则更不稳。

孩子们能在尝试中思考到"前轻后重"的问题，而换用短板。在调整几次尾翼造型，仍没有解决这个问题，孩子选择"放弃解决"，继续体验游戏时，我选择利用视频和拍照记录。与此关联的另一问题也出现在"方向盘"上，因为方向盘下端触地，其实在行车游戏中是增大阻力的，显然孩子们没有意识到这一问题。

我选择先让他们充分体验第一次组装成功的游戏快乐。在后续讨论分享中继续讨论"怎样更平稳"这个问题，在讨论分享环节，我发现孩子们有组装固定意识，但是发现没有适合的孔位，所以就没固定。我选择等待，幼儿既然有组装固定意识，选用适宜材料是可以解决这一问题的。本次我对孩子们尝试解决问题的行为进行了肯定，帮助梳理了本次问题"尾翼不稳固"，鼓励他们再次进行尝试并提出新的期待。

在第三次游戏时，在解决尾翼的不牢固的问题上，孩子们也有自己的想法，觉得选用小的转角材料会更稳定。另一组尝试了拼插的方法组装尾翼，却在后期的游戏过程中，发现太沉选择拆掉。总的来说，对于尾翼这个问题，孩子们都尝试了自己的方法。终于有人发现方向盘杆地上不行，推着费劲儿，昱昱几个小朋友进行了改装，发现了木头轮拧得太紧车轮转不了，松了又很容易掉。最终得出结论，木头轮没有塑料铁轮好用。

在第四次游戏时，孩子们组装的战甲车中，三块条形木板的杆地为推车前行造成了巨大阻力，让他们不得不考虑解决这个问题。在前几次的游戏中，一直有这个问题，都因为阻力不明显，而被孩子们忽略了。这次战甲车的前进，为解决这个问题提供了良好契机。孩子们在观察和动手实践过程中发现了用螺丝去卡住防止积木条杆地，有了这个经验，相信他们对减小阻力这个问题有了新的认识。

有了前几次的游戏经验的积累，孩子们对平稳和阻力这两个关键问题有了自己的思考，也有了后续的滑板车，从用短板的拼接到一踩就塌，到后来调整对比，不断的熟悉材料，在游戏试玩后，他们得出结论：滑板车不行，不稳定且容易变形。随着视频的播放，越来越多的孩子参与到游戏之中，他们尝试拼接、拼插最后做成超级战甲车。整个游戏观察记录下来，给我最大的感受就是孩子们在组装中能更加主动地去检查螺丝有没有拧紧，组装得对不对称，去让自己的组装更加平稳，会有目的地去选择适宜的材料，避免触地，减少阻力的问题。随着孩子对材料越来越熟悉，组装的内容越来越丰富，速度也越来越快，有更多的孩子加入到组装战甲车的游戏里，自发地去做武器和4S店。

主持人：下面我们结合研讨题一进行研讨。

李　婷：对幼儿科学领域的发展有促进，在游戏中幼儿的观察、比较、分析能力体现明显，孩子们在对比观察中发现了车车不稳定，并围绕问题一次次去探究，不断解决问题。

孙　薇：我认为除了李老师讲的内容，还有同伴合作交流的能力得到发展和提升，体现的是孩子们社会性领域的学习，在反复的游戏过程中始终是五六个男孩子一起合作、一起研究，不断解决问题。

刘婷婷：在整个游戏过程中，孩子们为了做出一辆稳定且摩擦力小的车不断尝试、比较，有所发现，在活动中出主意想办法，自主、自信。

张　惠：对幼儿健康领域有促进作用，在游戏中，孩子们是专注的，开心愉悦的，安吉游戏的关键词之一就是投入，我们在视频中看到了孩子们专注的表情，为了将车底盘的螺丝拧到适宜的位置，两个男孩子躺在地上调试位置，专注的表情、动作感染着我们。

滑　君：孩子们在游戏中发现问题的意识不断增强，一次次发现问题，一次次争论，协商解决问题的方法，最后对解决问题的方法达成共识，共同尝试、验证。

边海娟：在游戏过程中孩子们选择螺母积木的孔位，长短板，探索材料的不同使用方法，适宜的地方。遇到问题猜想解决问题的办法并实验验证，如不对称的问题等。过程中还体现了孩子们对汽车构造的知识经验的了解与不断丰富。

刘俊玉：在游戏过程中孩子们不断经历失败但没有放弃，最终成功拼插了一辆能多人乘坐的车，过程中认真专注、不怕困难等良好学习品质得到充分体现。

李天云：大家发现了吗，其实还有另一方面的学习，就是过程中会有一两个小领袖，积极出主意想办法，得到别人的认可，其他的孩子则发展了互相配合的能力。

主持人：在践行《中国儿童发展纲要》（以下简称《纲要》）《指南》安吉游戏精神后，我们努力做到放手游戏，发现儿童，尝试更多地放手，才有了以上精彩的游戏案例。同时尝试看懂孩子们怎样玩游戏，游戏的主题、游戏的经验、对材料的选择和利用、游戏中孩子们的语言、交往、合作、游戏持续时间等。通过观察我们结合《指南》发现了游戏中幼儿的学习与发展。对幼儿五大领域的促进，健康方面：愉快的情绪，动作的发展。语言领域：表达、分享。社会领域：自尊、自信、自主地表现。合作、协商共同完成。遇到困难不放弃。科学领域：科学探究，观察、比较、分析等初步探究的能力，对车的构造的了解，探究中与他人合作交流的能力，发现需要探究的问题等。在整个游戏过程中更多体现的是认真专注、积极主动、解决问题、想象创造等良好的学习品质。现代社会最核心的是批判性思维与问题解决、交流与合作、创造与创新、自主行动、自我管理、自我意识，而这些在游戏中都有了很好的体现。

主持人：下面我们结合第二个问题开展研讨。

张浩君：老师的鼓励对幼儿是一种支持，一个微笑就是对幼儿的一种肯定。

李天云：放下手，老师的工作更多的是观察，但是在观察的基础上也要把握介入的时机，如，今天在游戏中，大六班的一个小女孩从高梯上下来时，停留了几十秒都没有往下挪动脚步，我看出了她的害怕，递过一只手，询问她是否需要帮助，她点头同意了，下了高梯之后，她开心地笑了，接着自己又尝试了一遍。不急于介入，但当孩子确实有需要时，也需要我们适宜地介入。

徐　洁：为了促进幼儿将游戏引向深入，我们的做法是在分享环节用照片、视频分享幼儿的玩法，如孩子们在玩滚筒游戏时，刚开始一个女孩子玩，尝试站上去之后特别开心，我们将她的玩法进行分享，还把孩子玩滚筒的游戏视频发给家长。老师与家长的鼓励引发了孩子继续探究的欲望，之后，人数逐渐增多，玩法逐渐增多。

李　　帅：老师提供的环境、材料也是一种支持。

主持人：刚才大家都介绍了自己的一些好办法，下面我们请包老师介绍一下孩子们在拼插车的游戏中，老师都给予了哪些支持。

包智会：第一，游戏活动的持续，得益于每次活动中充分尊重孩子们当下的快乐体验。不管是第一次尾翼不牢固问题始终解决不了，孩子们后来选择忽略以及组装滑板车选择的放弃。我都没有直接参与，而且尊重孩子意愿，玩他最想玩的游戏。第二，在问题的发现与解决过程中，老师可以等一等，等幼儿在游戏中去发现，幼儿游戏中自己发现的问题比老师引导的更深刻，解决问题主动性更强。第三，兴趣支撑，稳定的群伴关系和合作游戏探索相互促进。良好的群体关系可以帮助幼儿相互友好沟通，游戏想法容易达成一致，持续进行。

主持人：刚才每一位老师都围绕研讨题积极发表了自己的看法，有许多经验值得我们共同借鉴。以下几点我们可以达成共识：一是在游戏中老师与家长的肯定与关注，不管是成功的还是有问题需要解决的，老师的一个眼神、一个表情、一个动作都是对幼儿的支持与鼓励。二是在遇到问题时关键问题的引领很重要，引导孩子们就话题进行谈话，寻找解决问题的方法，梳理思路。三是表征绘画的支持，在表征绘画中进一步梳理思路。四是相关经验的丰富，幼儿有了车的相关经验才能在游戏中反映出来，为了制作自己想要的车，反过来又不断丰富关于车的更多经验。五是尊重并放大游戏的快乐，让幼儿的游戏体验更充分。孩子们每次做完车并进行试驾，发现问题，明确下一步调整的方向，也更加深了游戏的快乐体验，促进了游戏的深入。

第 三 篇　游戏中的安全问题

各班在放手游戏实践过程中出现了一些关于安全规则方面的困惑。

困惑一　在户外游戏中孩子们的安全是影响我是否能最大放手的重要因素。在每次游戏前后我都会与孩子们谈话，通过照片、视频带孩子观察游戏中的安全问题并进行讨论，但是意外还是会发生，由于我总是害怕孩子们受伤，在观察的时候主要是观察为主,不能静下心来持续观察,且心情浮躁。在另一个老师带班的时候我才可以静下心来享受观察的过程,自己带班的时候很困难,应该怎么办?

|困惑二 在户外自主游戏中我最担心的就是安全问题,在开学后我们升入中班,即将开始探索大型材料(如大方箱、木梯等),那在开始前要先引导幼儿知道一些必要的规则。如怎样安全地搬运材料、使用材料等,又怕影响他们自主探究的过程,又怕他们受伤。

结合老师们的困惑,大家共同研讨梳理明确每个户外区域的规则,增强区域中观察的目标意识。

◆ 研讨题:

结合自己组织孩子的游戏情况共同梳理户外游戏区域的共同遵守的约定,以及在最初的区域轮换中老师指导中应明确关注的点位。

主持人:本学期我们户外场地结合安吉游戏的开展进行了调整,并且实行轮换制,每三周各班游戏场地调整一次,场地平行班共用,年龄班之间共用,这就需要我们在观察的基础上和幼儿一起明确各区共同遵循的规则,老师带着目标去观察幼儿的游戏。今天我们结合调整后的区域进行梳理,帮助大家共同借鉴经验,以便今后更好地支持幼儿户外自主游戏的开展。我们梳理时分为 6 个大的区域,一是木梯区一二;二是网箱区;三是综合区;四是挖沙区(包括小班的玩沙区和中大班的玩沙区);五是积木区(包括小班的积木区和中大班的积木区);六是滚筒区。

下面结合自己班级玩过的区域进行自由分组,每组组成人员兼顾到不同年龄班的老师。分组后结合教研内容进行梳理。(主持人关注各组交流情况)

◆ **结合研讨题进行交流**

网箱区:

1.自由结组,分工合作取放网架及辅助材料,取放时注意有序。

2.爱护材料,探索材料的正确取放方法,不拖拽、不踩踏网架,需要在网架上面游戏时加放垫子。

3.注意自身安全,搬网架时幼儿站位的安全,滚筒放倒时的安全,在滚筒里幼儿的安全。网架竖放时的安全。

4.注意场地的合理布局，玩滚筒游戏的幼儿在指定区域进行。

滚筒区：

1.开始时，将滚筒分散摆放，避免拥挤，前期老师帮助幼儿放倒，后期幼儿尝试自己放倒，但老师要随时关注。

2.认识四种滚筒，探索中了解各自的特点。

3.放倒滚筒时，注意力度，巡视四周。收滚筒时，推到固定位置再立。

4.注意自身安全：三通型的滚筒，对在一起时，中间有缝隙，易夹手。

沙水区以及涂鸦区：

1.穿好鞋套或者雨鞋以及方便穿脱的衣服进沙池（涂鸦区）。

2.不扬沙、不揉眼、不争抢玩具，铲子不碰到别人。

3.节约用水。

4.中间喝水时要洗净双手。

5.收拾材料时，将玩具以及工具（含笔、调色碟）等清洗干净按类放回原处，摆放整齐。

6.穿鞋时用的沙发椅子收拾整齐。

7.小班沙池收放箱放入木屋。

积木区：

1.拿取材料有序取放，轻拿轻放，知道爱惜。活动中不需要的材料及时放回。

2.收放材料时不推倒，按图示要求分类收放材料，按照从里到外，从大到小的顺序摆放。

3.游戏中不用材料打逗，中途取放材料时不碰到别人的作品。

4.作品搭建较高时，注意到周围人员的安全。

5.第一个时间段玩的班级取出材料箱子，第二个时间段玩的班级放回材料箱子。

木梯区一（二）：

1.材料取放的规则

（1）短板、短梯单人单取。大的材料如，大号双梯、平衡板、大号单梯需要与同伴合作取放,不拖拽材料。

（2）方箱优先取放,注意幼儿分工。

（3）取板时要注意平板材料的滑落,放材料时注意按照标志有序摆放。

（4）注意搬双梯时手的位置,避免夹手。

（5）板车运送材料时,小朋友的分工与站位。

（6）在选择游戏场地时,与材料区、其他同伴的游戏区保持一定的距离。

（7）收材料时高双梯先放倒,避免收放碰到。

（8）玩具棚中放垫子时,下面做好防水。

2.活动前老师要检查材料是否安全,有无松动或脱落。

3.注意材料在场地中的摆放位置,合理规划场地。

4.游戏时安全注意事项:

（1）游戏前检查所摆放材料是否稳固（卡槽、双梯安全绳）。

（2）不用的材料及时送回。

（3）轮胎在使用过程中要注意压稳。

（4）游戏中不仅要注意自己的安全,还要关注小朋友的安全。

综合区:

1.爱惜材料,轻拿轻放,不在地上拖行,方箱不在地上滚动。

2.按图示收放材料。

3.观察场地中的收放辅助工具,(大平板车、小平板车、箱车、滑板车)根据材料的大小选择适宜的班车,运输时注意安全。

4.方箱搬运注意幼儿的站位、人数与搬运方法。短板、短梯单人单取。大的材料如,大号双梯、平衡板、大号单梯需要与同伴合作取放。

5.运输材料与游戏时,注意周围环境与人,不要误伤他人和自己。

6.游戏前检查所摆放材料是否稳固（卡槽、双梯安全带）。

7.注意场地合理分布。

主持人:我们大家共同梳理了每一个区域的规则与安全注意点。在带领幼儿进行区域游戏时能做到心中有数,尤其在刚进入这一个区域时更多的是老师要认真观察幼儿的行为，在讨论分享的基础上建立共同的约定。取放材料的规则，各个安全点的把握，这都是我们初次来到一个区域后的关注点。幼儿在熟悉材料的基础上才会不断生发出游戏的主题，并且不断地走向深入。

第 四 篇　创设支持幼儿学习的环境

结合近期老师在创设环境过程中出现的一些问题困惑进行研讨。

困惑一　幼儿对过程性展示的作品墙互动性不够，关注度不高（较少关注自己往次作品和同伴作品），在幼儿游戏推进和经验相互借鉴中，如何更好地发挥墙饰的教育作用？可以从哪些方面入手？

困惑二　适当的"留白"能够取得较好的游戏效果，对发展幼儿的创造力、自主性具有重要的意义。但是，到底留多少，怎么留。如果留得太多，什么都不提供，什么都不限制，幼儿无法开展活动。如果留得太少，老师提供了过于完整的材料，又限制了幼儿的想象，如何将"留白"艺术巧妙地运用到实际的活动中去。

组织老师们观摩中五班、中六班、大五班、大六班的环境。通过观摩研讨与交流进一步转变老师理念，提高老师结合安吉游戏理念创设支持幼儿学习环境的意识与能力。

◆ **研讨题：**

结合安吉游戏理念，如何创设支持幼儿学习的环境？

主持人：今天我们一起观摩了四个班级的室内环境创设，相信会给大家很多启发，下面就结合大家观摩情况说一说在如何创设支持幼儿学习环境方面自己的收获与感悟。

边海娟：通过看大家创设的环境，感觉我们班的主题墙饰创设老师放手不够，老师引导的痕迹很重，希望孩子们按照自己的想法去围绕主题探究。应该抓住一个孩子们感兴趣的主题，孩子们关注的一个问题，带领孩子们进行深入研究。给孩子更多的自主权。室内游戏、室外游戏要分开。

李天云：我觉得室内游戏、户外游戏可以分，也可以不分，应该追随孩子的兴趣,记录孩子的学习过程。

李　　帅:小班孩子近期主要是适应幼儿园生活,减少哭闹,墙饰支持更多是孩子的生活学习。

李天云:小班孩子受绘画表征能力的影响,可以多呈现一些照片,用绘画故事给予辅助。

吴敬雅:通过今天对环境的观摩,感觉对如何创设支持孩子的环境有了新的思路,班级区域游戏材料也在调整中,不进行严格的分区,而是以工具类、材料类、益智类进行摆放,创设自主的环境。

曲祥云:我的思考是结合小班孩子外出频繁地穿脱衣服,可以引导孩子关注一天里的天气和衣服的增减。

李天云:小班克服分离焦虑后,穿脱衣服等生活活动是重点,如何在这方面创设支持孩子学习的环境值得大家思考。其他班级建议大家思考怎样将每日签到和天气记录融合起来。

田莉莉:看到观摩的班级环境变化很大,以前更多考虑用什么边框装饰,比较花费时间。现在用孩子游戏过程、活动过程以及自己绘画表征的作品来呈现,支持孩子的学习与反思。在这个过程中孩子们的绘画能力、反思能力提高很快。只要孩子们玩游戏就有自己的想法,而且是他们自己的真实感受。每天进行签到和天气的记录,最大的收益还在于孩子们不迟到了,他们每天都能主动坚持记录。

边珅玉:我发现王老师班级的游戏故事墙是每人一个小透明袋子,将3周一轮换的户外游戏场地故事展现在上面,方便孩子们取放和观看交流,3周之后每人的游戏故事会取出来装进档案袋成册,环境是一个动态调整的过程。

主持人:通过今天的环境交流与研讨,大家收获颇丰。看到了这些班级结合安吉游戏理念创设环境的可借鉴之处,也对自己班级创设支持幼儿游戏、支持幼儿学习的环境创设有了新的思路。室内环境也是幼儿游戏环境的一部分,我们最大限度地留白,让室内空间的每一个角落都成为儿童自己的环境。我们的改变之处在于:一是从活动区的改变到墙面环境的创设,从游戏故事记录、种植记录、天气记录、阅读笔记等,处处都能看到幼儿的学习和发展,体现老师对幼儿的支持与接纳。二是改变过去主题墙饰创设三段体式，老师提前预设了活动脉络与思路，现在改变为追随孩子的兴趣与关注，灵活调整，每个主题板块的多与少完全取决于孩子探究的兴趣点与探究的过程。三是环境真正实现动态调整的过程，环境与幼儿的活动相契合，更好地支持孩子的学习与发展。四是更多去除装饰因素，呈现了孩子的绘画表征与探索解决问题的过程。五是室内活动区的改变。以往室内活动区，都是以游戏功能命名，益智区、科学区、理发店、小医院等，我们开始尝试改变布局，玩具材料按照积木、图书、材料、工具等分类摆放，孩子可以自主选择玩具材料，自由选择游戏地点。

我们每一位老师都要努力成为爱学习、会思考的老师，结合安吉游戏理念，不断创设孩子游戏的环境。

第 五 篇　撰写游戏案例的策略

通过观摩老师每月上交的游戏案例，发现存在以下问题：游戏过程描述过长，重点不突出、对幼儿的分析存在主观描述、对幼儿的发展分析不全面、对幼儿的支持措施缺乏针对性等。

观摩中三班沙水区游戏视频，请李哲老师介绍自己撰写游戏案例的经验，帮助老师们进一步明确如何撰写案例，如何观察、分析解读幼儿的行为表现。

◆ 研讨题：

撰写游戏案例时有什么困惑和问题？

主持人：下面请李哲老师介绍游戏视频背景。

李　哲：在一次大班哥哥姐姐游戏后，我们中班小朋友发现哥哥姐姐在沙池里挖出了一道道长长的水沟，这一道道的水沟吸引了孩子们的注意，大家围着水沟继续挖了起来，慢慢地水沟越挖越大，越连越长，连接成一条弯弯的长沟，我们由此发现了"河道"的形成。在游戏中老师看到的是孩子们在游戏中依据小船的宽度去挖河道的宽度，重点在于挖河道，但是在后期分享中，孩子们的想法是想让小船在河道中行驶起来，那小船怎样才能行驶？在讨论中孩子们知道要想让船动起来,就要借助外力,孩子们罗列的外力如发动机、风、水流等是否适用于我们的游戏,还有待于孩子们进一步去验证。

第二次游戏,孩子们继续加宽加深河道,进而去验证自己的猜想。钰钰用嘴吹小船,小船没动;骞骞用铲子泼水,沙水进了小船,小船倾倒;枫枫用手推,小船在惯性的作用下能滑行一段距离,但不推就不动。在后续分享中枫枫说:"要让水流动起来,上次老师讲过的《刻舟求剑》的故事,就是船随着水流走了,但是剑留在原地了。咱们现在是'死'水,得让水'活'起来。"水的流动能带动船动起来,这正是孩子们新的经验的增长点,他们由船动起来获得了宝贵的经验。那怎样才能让水流动起来,死水变活水呢?孩子们由最开始探索小船如何动起来逐渐地意识到船能随水流而动起来,他们的兴趣转移到探索小船如何随着水流动起来的,越来越多的孩子参与其中,从而开启了第三次探索活动(见视频)。

主持人:我们在研讨前先请李哲老师介绍一下自己在记录这个游戏故事中反复看视频以及修改游戏故事过程中自己的一些感受。

李 哲:通过书写案例,感悟如下:

1. 在我们观看幼儿游戏、分享游戏过程时,已经形成自己对游戏的想法,因此在撰写案例过程中就要克制、板正自己,不要将自己的想法体现在描述幼儿游戏的过程中,要客观地使用白描手法进行描述,这就需要我们在书写案例时斟酌自己的用词用句。

2. 一定要静下心来、反复多次地观看视频。在初次观看时我们大概能了解游戏的梗概,只有多次观看才能真正看到细节之处,发现孩子们的每一个动作、每一句话都传递着他们的学习与发展,这个时候我们才能更好地去解读孩子们的行为。

3. 在书写案例时要动脑筋,我们在写案例时要明确自己想要表达什么,哪些又是要重点突出的,脑子里要有一个框架,要明确案例的主题线索,书写案例体现着老师的教育智慧。

4. 要注重衔接问题,我们案例的目的在于记录、解读幼儿游戏,也要让别人看明白,这就要求老师们写完案例后跳出来,作为旁观者去读自己的案例,看看叙述清幼儿的游戏过程了吗?一个游戏是如何过渡到下一个游戏的是否交代清楚了。

主持人:刚刚我们听了李哲老师对活动背景的介绍以及自己撰写游戏案例时的一些感受,下面大家结合自己的工作说一说你在撰写游戏案例时有什么困惑和问题?

包智会:关于案例的书写,李老师的分享与总结也让我很受用,尤其是对孩子们游戏细节的把握与解读,值得我学习。详略得当,重点突出,也是之后自己书写案例的方向和要求,希望能有所进步。

张浩君:在撰写游戏案例时,应多次观看视频,注意幼儿动作、语言以及表情等方面的细节,梳理框架要点,有针对性地进行客观描写,老师的想法可以放在老师的思考里呈现。

李 婷:撰写案例时要关注每一个孩子关注到每一个细节,这样才能做出有效的思考和分析。

吴敬雅:李老师适时的介入,引发了孩子们的进一步探究。今后再撰写案例时,要关注细节,多看几遍游戏视频,并结合指南进行分析解读,让自己言之有物。

李玉雪:在撰写案例的时候我们要反复观看视频,根据孩子们发现问题解决问题的点作为主线选择重点,详略得当。这也是我以后要努力的方向。

主持人:刚才我们通过听李哲老师介绍自己在修改案例过程中的感悟以及老师们自己的一些切身体会,我们可以达成以下共识:一是游戏案例撰写要对缘起介绍清楚,让读者能看明白。二是要关注到细节之处。三是叙述有故事性。理清一个线索,一个问题接着一个问题呈现与展开,遇到新问题到解决问题。四是要详略得当。五是在书写方式上可以夹叙夹议,也可以先叙再议。通过今天的教研,希望大家回去之后都能再结合自己书写的游戏案例进行再思考、再反思与再修改。

第 六 篇　游戏后分享讨论的组织方法

经过一段时间放手游戏的尝试,老师们发现在带领幼儿进行游戏分享时遇到很多问题。

困惑一　小班幼儿,对于这类操作游戏的分享和讨论,更关注自己的游戏,在讨论别人游戏时参与度不是很高,老师录制视频角度对问题的呈现也有一定的干扰,这类游戏问题是否更适宜现场讨论,是集中观察讨论还是自由小组讨论?

│困惑二 班级孩子的分享欲望都非常的强,有些孩子分享的点也确实是值得班级孩子共同探讨深入的,但有的孩子比较执着于自己的游戏故事,探讨的往往不是我们现在探讨的话题.这个时候我们该怎样引导孩子解决当前的问题?

结合老师们遇到的困惑,通过研讨进一步明确分享的价值,明确分享的方法。

◆ 研讨题:

1. 游戏后分享的价值是什么?

2. 怎样组织分享活动?

主持人:刚才我们一起观看了两个游戏分享的视频,下面我们结合研讨题一进行研讨。

边珅玉:我觉得分享的价值非常大。把孩子们个体的活动融入集体活动中,不再是一个人的活动,而是大家一起去分享、去交流。在这个交流活动中,孩子们互相交流学习,分享自己的经验,然后从中发现问题、解决问题。让孩子们可以直观地看到活动中小朋友所运用的游戏方法,活动中体现出孩子的那些良好的品质,对大家来说都是一个好的学习平台和游戏方法的借鉴,为孩子们以后的活动做了一个很好的铺垫,对以后活动的开展有很大的帮助,老师也会很省力!而且分享活动帮助老师了解孩子想法、活动进程,对孩子们的倾听能力、理解能力、自信心、表达能力、坚持性有很大提升,在交流过程中也会激发孩子们的创造力,生成许多新游戏。

滑　君:分享环节,不仅能促进幼儿之间经验的交流,学习彼此的经验,还促进下一次游戏的进行。在同伴面前大胆表达也能增强孩子的自信心,对孩子语言表达和组织能力有很好的帮助。其次,也是对幼儿倾听能力的培养。分享是一个情感的迁移的过程,让幼儿体验同伴的喜怒哀乐,产生共情引发下次参与游戏的欲望。分享不仅对幼儿发展有良好的促进作用,对老师能力的提升也有重要的作用,通过分享环节,老师能更加了解幼儿的想法,在以后指导幼儿游戏中,对幼儿发展能力水平进行总结。

曲祥云：分享的价值除了对幼儿各方面的学习与发展，对老师也有一定的参考价值。分享可以让老师更全面地了解孩子的游戏思想和游戏进程，助推深度游戏，提升专业成长。

刘俊玉：分享的价值：一是对孩子的价值：分享是互相交流、学习的过程，促进生成活动的一种学习。在分享过程中，可以激发孩子的创新游戏，增强孩子的自信心，培养孩子的深度学习，有利于培养孩子的学习品质。通过分享交流，可以让老师和孩子发现彼此的闪光点，培养倾听的能力，激发孩子的参与性。二是对老师的价值是可以了解孩子的想法，找到新的游戏点，推动游戏的进程，同时，在一对一的或者一对多的指导中，培养了老师的专业化能力。

崔梦渝：可以促进幼儿活动的生成与延续；可以增进幼儿的自信，促进幼儿各方面的发展，促进幼儿学习品质的发展，游戏的坚持性、认真专注、不怕困难；还可以提升经验，借鉴别人的游戏丰富自己的游戏；对于孩子倾听能力、理解表达能力、观察能力都有了提高；通过分享，老师也了解孩子，了解游戏需要什么样的材料，有目的性的支持，帮助幼儿提高游戏水平。

主持人：分享的价值可以从两个方面来体现：一是老师层面，老师对幼儿的了解更全面、更精准。老师除了现场观察幼儿的游戏，也需要从幼儿的分享、记录中进一步获取信息，解读幼儿的兴趣及探究的过程和幼儿经验的发展水平。并通过老师的了解、判断从中生成教学，成为课程。在与幼儿的对话交流中不断提高老师的教育智慧与专业素养。二是幼儿层面，通过分享让孩子们体验到分享的乐趣，理解、倾听能力得到很好发展，孩子们变得大胆、自信。能促进游戏的延续，拓展儿童的游戏思路，促进幼儿的深度学习，促进幼儿反思与创造，促进良好学习品质的发展。

主持人：下面我们结合研讨题2进行研讨。

王　兵：关于如何分享的思考。在与幼儿的分享与讨论中发现，之前在网箱区游戏时，好像进入一个固定模式，总在提问："你发现了什么问题？是如何解决的？"其实孩子在游戏时，并没遇到问题，更何况发现呢？园长也说过，不要陷入固定模式。在学习文章中也提到，分享可以从新玩法、新发现、新体验，引发其他儿童的分享和讨论；有时是幼儿讲述自己游戏时遇到的问题和解决办法，其他幼儿交流他们在解决类似问题时的经验；有时是大家一起对游戏中出现的情况和问题进行分析，猜想可能的原因；有时是老师利用游戏情景提出任务让大家想办法解决……

滑　君：分享的时候要选取幼儿感兴趣的点，可以让幼儿说一说自己的游戏过程和心情等，此外，对于一些较普遍的安全性问题，老师可出示一些活动照片，请全体幼儿以"找茬"的形式帮助同伴寻找活动中出现的问题，提出注意事项，一起寻找解决办法，引起全班幼儿的思考和注意。例如，在我们班进行的搬梯子游戏中，由于幼儿已有相关经验，面对新的形状的梯子，他们产生了不一样的取放方式，有的是两个人一起搬一个梯子，有的是一个人钻到梯子里拖着走，有的则钻到了架子中间两个手举着梯子，还有的抱起梯子走，我将孩子们不一样的搬材料方式拍成照片，投放到大屏幕，请幼儿进行分析，寻找安全隐患，总结出针对不同材料的具体取放方式，这比老师直白的说教更加印象深刻。

吴敬雅：分享的时候可以分享安全问题，也可以针对孩子当时活动的情况或者活动材料体现出的教育的点来进行分享，比如我们今天玩的积木区，孩子们在回班后，先绘画自己的游戏故事，在一对一讲述倾听的过程中，我发现孩子们对积木的形状比较感兴趣，但又不是很了解，在分享时我除了鼓励孩子们说说自己搭的是什么，为其他幼儿提供新想法外，还引导孩子们一起认识了圆柱体、正方体等，促进了孩子们的科学认知。

崔梦渝：寻找有价值的游戏点，然后进行分享；分享一下孩子情感方面的像你今天玩游戏有什么样的感受、心情怎么样等；还可以针对幼儿个体的兴趣去分享，然后把个体兴趣变成了群体的热点；针对幼儿偶发性的行为例如什么是安全、什么是规则问题进行分享；过程中师幼的对话，你的提问也要引发幼儿的思考。

主持人：从视频中李老师的分享，我们可以感受到分享幼儿在游戏中感受的重要，这为我们打开了思路。我们分享时可以把握以下几点：一是找到有价值的点进行分享。三周一轮换开始的区域时，可以关注安全、规则、材料的收放。中后期关注游戏情节、主题、材料使用情况以及持续的探究等。既要关注个体的分享又要关注小群体的分享。分享可以从新玩法、新发现、新体验，引发其他幼儿的分享和讨论；有时是幼儿讲述自己游戏时遇到的问题和解决办法，其他幼儿交流他们在解决类似问题时的经验；有时是大家一起对游戏图像中出现的情况和问题进行分析，猜想可能的原因；有时是老师利用游戏情景提出任务让大家想办法解决。二是视频分享的个数把握再1至3个，时间把握在15至20分钟。三是分享的方式，游戏后的分享与游戏中同伴之间的分享相互结合。四是视频、照片的方式依需出示，可以一个个呈现，也可以对比几次游戏的情况进行呈现，引导幼儿观察，讲述游戏中的故事。四是分享过程中师幼对话体现老师的教育机智，老师的作用在于提问引发幼儿的思考，给他们更多说的机会。

第 七 篇　视频录制与剪辑的方法

通过观看老师每月上交的游戏视频案例，我们发现存在一些问题，如：有些是横屏有些是竖屏、视频中出现的文字较乱、视频录制用广角镜头、内容主题不聚焦、画面中的声音比较嘈杂等。

通过观摩小一班冯嘉宁老师提供积木区"空中滑梯"游戏视频、小四班李帅老师提供滚筒区游戏视频"滚筒玩玩乐"游戏视频后进行关于视频录制与剪辑的研讨，明确游戏视频的录制、剪辑的方法。

◆ 研讨题：

对比两个游戏视频，你觉得在不同的游戏情境下，游戏视频的录制、剪辑还可以做哪些呈现和创新？

主持人：刚才大家对比了两个视频，结合你自己在录制视频的过程中结合研讨题一发表自己的看法。

吴敬雅：在录制视频的时候我一般都是定人、定材料观察，根据当时幼儿游戏情况进行调整，在沙水区时一般都是近景特写之类，更便于看到幼儿的游戏内容，在滚筒或者积木区有时为了展示材料的不同会近远景交替。

边珅玉：我觉得录像的时候最好是横屏，定点观察几个孩子的活动，从开始到后面活动的发展。

滑　君：在拍摄游戏视频时，根据重点观察的人或者材料进行跟踪式的拍摄，有些活动持续很久，老师可以根据幼儿游戏进展，遇到的问题及解决方法或创新的玩法等关键节点，有重点进行拍摄和编辑视频，游戏中关键的节点不适合过高倍速处理。

包智会：关于视频呈现与录制：我觉得跟观察的区域有关，如果是类似于积木区的幼儿活动相对固定在小范围内的，老师适合定点横向录制，这样能呈现出孩子游戏的前后调整，便于后期观察讨论。在类似滚筒区运动量大的体能区，我使用较多的是定材料定幼儿追踪观察，呈现孩子对材料的花样玩法。

李玉雪：在剪辑视频的时候，我们可以把孩子们多次的游戏区分开，如每次游戏前加一张照片，标注时间、第几次游戏、起个关于本次游戏的名字，这样别人看得更明白；我们还可以根据孩子们的游戏加背景音乐，像收拾材料、一直重复性的可以加音乐，渲染气氛；老师对游戏视频的"注"要尊重孩子们的游戏和意愿，与孩子们说的话区分开。

秦　怡：关于视频的录制、剪辑：首先分享一个保存视频的小技巧：一个游戏可能会持续一段时间，我们每天都会录制大量的视频，等再编辑的时候会发现视频、照片太多，找起来很费劲。我们可以在手机相册新建文件夹，把当天录制的或者同一主题的视频放在一个文件夹里起个名字（如翻越大滚筒）还可以标上时间，这样我们在剪辑的时候能直接找到需要的视频，不会"大海捞针了"。我们在录制视频前要想好录什么，心中有目标，比如重点观察谁、重点观察哪些材料，要有一个主线，在录制的时候要注意角度、光线、尽量保证画面清晰、孩子的表情语言丰富一些。

赵希俊：结合游戏内容我觉得，游戏视频的录制不仅要关注游戏的角度，同时还要考虑到光线，保证录制的游戏视频更清晰，在分享的过程中更便于幼儿观察。

李天云：在录制游戏视频时，还应该注意拍摄的视角，有时需要蹲下来，这样观察得更细致。

李　哲：老师首先是在编辑视频时要明确游戏的主线及框架，要重点突出的地方可以正常倍速剪辑，不重要的地方就可加速。其次是突出游戏的层次，添加文字说明，第一次游戏是怎样的，第二次又是怎样的……加上一些简单易懂的标题让人更明确游戏的主线。最后是关注个体的发展，如：李帅老师的视频，都用了"我"这个代称，不能明确其中个体的发展与成长。

主持人：刚才大家结合观看的视频以及自己日常中录制视频的经验，介绍了许多好的方法和需要注意的地方，我们可以达成这样的共识：要带着明确的目的去观察（摄录、拍照），孩子们新到一个区域进行游戏，适合全面观察利用广角摄录。定点观察，摄录一个固定区域内孩子的游戏情况或一个孩子具体的游戏行为。变焦摄录适合定人追踪观察，按照需要变换焦距，追踪观察幼儿选取材料及游戏情况。游戏视频的录制不仅要关注游戏的角度，同时还要考虑到光线、录制的视角，保证录制的游戏视频更清晰，最好采取横屏的方式录制。剪辑时，突出游戏的层次，添加文字说明，在加完倍速后再配文字，这样文字停留的时间会长一点，观看者会更容易看懂。

第 八 篇　幼儿选择游戏场地的适宜性

结合近期对幼儿自主游戏活动的观察，有两位老师提出：在游戏开始时，一部分小朋友将材料选好后拿到自己选择的场地处进行游戏，还有一部分小朋友就近拿了材料就直接在玩具柜旁进行拼搭，在这一过程中出现被其他小朋友误会成哪些材料没有人要而被拿走，或被小朋友不小心碰到作品的现象。作为老师我们当时是否要提醒其调整场地，或者有没有其他方法让孩子开心游戏而不受影响呢。

◆ 研讨题：针对实践中的问题组织老师进行研讨。

主持人：结合近期老师在实践困惑案例中的问题我们进行研讨：孩子在游戏时，在材料箱前取完材料就近玩起来，影响其他孩子的游戏活动，我们是否介入，如何介入？请大家发表自己的看法。

赵希俊：我觉得一种方法是将孩子们出现的问题以视频的方式集体分享交流，让孩子们自己去发现问题，在下次游戏时由于时间问题，孩子们会有可能记不清了,游戏之前老师应引导幼儿简单回忆并提出游戏要求,也可以做游戏场地标记帮助孩子们找到适宜的游戏场地。

闫雅坤:对于游戏中出现的问题,在分享表征的时候可以与幼儿沟通一起直面问题解决问题。由于小班的幼儿年龄小,游戏经验不足,我们应该多给幼儿适应游戏的时间。

徐　洁:就近摆放材料问题是小班孩子的年龄特点,老师有时也要适时允许幼儿有这种自我摸索,试错的行为,不要急于去干预幼儿的游戏。

包智会:对于幼儿就近取材和场地打不开的问题,首先我带领孩子们熟悉认识场地,让幼儿了解可利用游戏场地。幼儿游戏场地从儿童视角看场地是否打开,让幼儿在游戏中去体验与选择。在初期,幼儿就近取材不仅表现在离材料柜就近取玩,还在表现就近取同伴的材料,对此强化幼儿材料取放规则意识。

曲祥云:孩子就近取材的原因除了小班幼儿年龄特点的原因,还跟小班孩子游戏经验不足有关,跟场地的空间大小有关。可以通过小型的集中游戏让孩子感知场地空间及分散游戏的概念,也要在游戏中让孩子感知就近取材的不便,把问题抛给孩子让他们自己意识到问题所在,从而自发地换位思考。这是需要一定时间和过程。

主持人:老师们结合自己的具体实践进行了分享,自己总结了一些具体的办法,有标记辅助、场地熟悉与认识,分享表征明确问题与解决办法,对材料摆放的思考与建议,以及给予孩子探索体验的时间。对材料摆放的思考与建议,以及给予孩子探索体验的时间。每位老师的发言都有闪光点,遇到问题会产生共鸣,结合取材就地游戏的现象,大家通过讨论分析出要从孩子出现问题的原因、场地与材料和老师的指导方法这几方面综合考虑问题的原因,解决的办法,达成了共识。

第 九 篇　幼儿兴趣转移现象的应对法则

结合近期对幼儿自主游戏活动的观察,老师们出现了一些困惑:孩子在游戏中会出现兴趣转移的现象,老师秉着"尊重幼儿"的观点,是否放弃其主题游戏的延续？虽然老师可以预见后续活动对幼儿深入学习产生的重要影响，并进行了积极的介入，可是幼儿十分有主见，想要进行自己更感兴趣的游戏，老师是否还需要继续介入，怎样激发幼儿持续游戏的热情。

◆ 研讨题：

针对幼儿兴趣不稳定老师是否应该介入，如何介入？

主持人：结合老师们提出的针对幼儿兴趣不稳定老师是否应该介入，如何介入？大家发表一下自己的看法。

吴敬雅：针对幼儿更换游戏内容，我觉得先不用急于去介入，可以再观察一段时间，如果幼儿只是一时的兴趣，可以在后续的分享过程中引导孩子发现游戏的更多好玩的地方，从而让孩子自主选择自己还要不要继续之前的游戏。我们要多观察，多与幼儿沟通，了解孩子的想法，从他们的视角去看待属于他们的游戏。

李　婷：小班幼儿游戏专注力差，有时幼儿在游戏的时候，容易被声音等干扰因素吸引，而不是被游戏本身所吸引，老师应该耐心等待，不着急介入，先判断幼儿游戏的进展情况，决定是否进行介入游戏，保证幼儿游戏的自主性和游戏流畅性。如需介入，老师应灵活选择介入，保证游戏质量。

冯嘉宁：我觉得没有绝对的介入和不介入，老师是否要介入，以及介入的时机和方法，介入的出发点在于对这些行为的观察，在于对这些幼儿行为背后意义的分析，应思考他为什么会出现这个行为。如果幼儿持续一段时间后没有变化，老师可以进行试探性介入，介入方式的选择上，可以利用小班幼儿爱模仿这一特点，老师平行式介入，老师介入的时机正确，可以扩展和提高幼儿的游戏内容和层次。

赵希俊：对于这种情况我觉得老师应该耐心等待不要急于介入，观察记录幼儿游戏的过程，随后进行分享讨论，了解幼儿的想法。

李天云：如果孩子在这个区域连续游戏的时间不长，要给孩子们对基本游戏材料的探索时间，有一个熟悉的过程。在观察、支持孩子的过程中也体现了老师教育观、儿童观的转变，在游戏过程中给孩子时间，观察游戏过程，不过重追求游戏的结果，放慢脚步和孩子一起长大。

主持人小结：针对小班幼儿兴趣转移，是否需要介入引导这一问题老师们积极讨论,大家也一致强调要根据幼儿的具体游戏情境进行判断。同时要尊重幼儿的年龄特点,给幼儿去尝试、体验、选择的机会,尊重幼儿游戏意愿,要让幼儿玩自己的游戏,而不是老师心中的游戏,也要进一步提高观察和分析能力,以及了解幼儿游戏行为背后的意义与原因。当判断不准是否需要介入时,应耐心等待,如果判断需要介入,可以尝试性介入,灵活运用讨论分享和材料环境支持等多种方法。

第 十 篇　游戏后材料的收放问题

近期收集了老师们关于游戏方面的一些问题案例。

| 困惑一　孩子们收放材料会出现互相碰撞打逗、推倒的现象。有的孩子对于公共材料的收放比较混乱,注意不到安全隐患。尤其新的班级,我们老师如何引导?

| 困惑二　一楼公共建构材料摆放问题。不同身高幼儿游戏感受体验不同,当引导幼儿讨论后,仍有幼儿将材料往高处摆放的问题。孩子更习惯用自己的视角去看待与尝试,这个过程老师是否需要进一步介入?面对同一活动区材料的整理,不同年龄的幼儿的整理习惯与整理能力有差异,如何强化活动区材料的收放整理中的公约意识。

通过问题案例的研讨,进一步引发大家对区域材料摆放的价值判断以及提升如何利用收放材料的环节促进幼儿发展的策略。

◆ 研讨题:

关于在公共区域孩子们游戏后材料收放的问题。

主持人:两位老师提出了关于公共区域孩子们游戏后材料收放的问题。大家可以结合自己的实践和思考发表观点。

刘俊玉:小班孩子学习模仿能力较强,可以采用老师示范、大带小、激励鼓励的形式,开展相类似的教育活动、表征,帮助幼儿认识并掌握收拾整理、爱惜他人作品的能力。

李　婷:对于材料收放混乱问题,我觉得一是老师要确保活动区材料的摆放应该是具体的和科学的。因为是公共区，所以材料必须有所固定并满足三个年龄段幼儿去放，游戏时还要保证幼儿了解游戏区的收纳规则，明白材料正确的摆放位置。二是根据班级幼儿的收纳能力控制好游戏时间预留充足的收纳时间，同时提醒幼儿不边收边玩，关注幼儿整理过程中好的经验方法，进行同伴借鉴，适当奖励，并鼓励幼儿继续探索更多好的整理方法。三是在收拾整理过程中，可以在收纳柜前安排幼儿进行监督，注意观察是否有收错的情况，并对同伴进行提醒并及时整理。最重要的是平时要注意幼儿收纳整理习惯的养成。

闫雅坤：在幼儿几次尝试后可以适当建立收纳规则，对于幼儿的高放兴趣，可以多观察几次游戏，也可以录下小班弟弟妹妹取材料时不方便的情况让中班哥哥姐姐想办法解决。

崔梦瑜：这是规则制定的问题，针对这样的现象，在游戏前我们有必要跟孩子讨论一定的游戏规则，例如：如何取放玩具；同伴间都想用一种材料怎么办等这种规则性的问题完全可以在游戏前跟他们说明。可能我们在游戏后还会出现这样问题，还可以利用游戏后的谈话，把游戏中的问题单独提炼出来与他们一起讨论。

张浩君：老师可以参与引导幼儿发现收纳整理中存在的问题，想办法去解决，并让幼儿明白收纳整齐的材料，便于取放和选择，从而培养他们的责任意识。注意榜样示范，对于不遵守游戏规则的幼儿，老师要及时介入。对能遵守游戏规则的幼儿，老师要及时给予鼓励。老师不仅要运用多种方式引导幼儿制定适合他们的游戏规则，还要在游戏中持之以恒地引导幼儿遵守游戏规则，进而养成良好习惯。

冯嘉宁：每次进入一个新的区首先让孩子们知道都有哪些材料，分别存放在什么地方，这样他们才能够根据自己的游戏需求找得到，拿得出，游戏后放得回。认识标记，便于幼儿收放。为幼儿提供收放材料的自我评价，你觉得自己收放得整齐吗，其他小朋友方便拿取吗？提高幼儿自主性；由外部评价转为内部评价。幼儿参与制定规则，讨论如何快速收放，如先收同一类的材料，提高幼儿参与性；调整材料摆放位置（具有分散性），便于幼儿活动；收材料时也可避免幼儿扎堆的现象。作为老师，更多的是需要在日常实施的过程中，关注孩子们的行为，从引导与支持的角度去帮助他们建立相应的意识与行为习惯。

曲祥云：公共区域涉及小中大不同的年龄班，既有大的整体的规则，又有灵活机动的适合本年龄班的小规则。大班可以结合材料收纳摆放做一个主题活动。

秦　怡：整理与收纳是幼儿在园一日生活中必不可少的环节，贯穿融合在所有的活动中，比如整理衣服、水壶摆放等，养成良好的收纳习惯，具备对自己的个人物品的收纳与整理的经验。

主持人：收放材料是很好的一个教育机会，我们应该把握好、利用好。进入一个新的区域，我们要引导孩子观察材料，了解材料，才能够做到拿得到、放得回。对于公共区域的游戏材料应该有大的收放的范围与规则，因为这个区域是不同的年龄班孩子在玩，所以也会有各自不同的收放方法。在材料收放中，老师要多观察，是否在这个过程中需要调整？也可考虑到中大班共同使用的原因，共同讨论规则。同时，进入一个新的区域一定要考虑到收纳的时间预留充足。因为收纳也是教育的一个环节。

孙　薇：我们还要注意家园合作，在幼儿园懂得怎么收拾整理了，回家家长包办代替，应让幼儿在园、在家一个样子。

主持人：同意上面老师的想法，收纳不只是区域的收纳存在着这种教育契机，一日生活中有很多收纳的环节，包括家园之间的合作，都是我们应关注的。

李天云：我同意老师们的观点。收纳是一种学习，不要把它当成一个过度的环节，要给幼儿一定长的时间来进行收纳。我发现，通过实施安吉游戏，孩子在收纳这个方面有了很大的进步。以前在看亿童建构区的时候，收材料的时候哗啦推倒，这种现象比比皆是，但是今天我看曲老师的视频，我都觉着非常欣赏这些孩子们。就是经过长期的培养，孩子们已经养成了这种有序收纳的习惯。在收纳的过程中，老师也有意识去录视频与大家分享，教孩子们掌握这种方法。

第 十 一 篇　回溯性教案书写

实施放手游戏后，老师对如何撰写教案存在一些困惑，以前是提前备课书写教案，放手游戏后我们需要撰写回溯性教案，回溯性教案应怎样撰写呢？

｜困惑一 现在游戏后的回溯性教案的书写对我来说依然有困惑，比如书写形式以及如何与观察记录区分？

｜困惑二 我们实施安吉游戏，回溯性教案中游戏目标应如何制定，案例书写时，应如何适时分析解释孩子的行为？

｜困惑三 在游戏中如何选择观察对象，怎样保障非观察对象的发展，对于重复性行为老师应该怎样记录？

针对老师的困惑，大家将自己书写的教案共同上传共享网盘，通过互相观摩每位老师的教案，在研讨的基础上借鉴优秀教案的记录方式，明确教案书写的内容，进一步树立以幼儿为本的教育理念。

◆ **研讨题：**

1. 通过看每一位老师的教案，你发现了哪些可以借鉴的地方？

2. 对照《幼儿园保育教育质量评估指南》，在教案的各环节中如何体现和落实，请列举评估指南中的对应条目及你的理解。

3. 关于教案的书写你的困惑和建议？

主持人： 活动前我们下发了每位老师的电子教案，布置了研讨题，下面请大家结合研讨题和自己看教案的情况以及困惑问题发表自己的看法。

李玉雪： 我觉得安吉游戏记录中加了照片更清晰，分享讨论的时候有孩子和老师的互动更直观，生成的活动也比较多，结合孩子们的实际情况。

崔梦渝： 在小班的教案里，有的老师把关注幼儿情感纳入生活活动中，我觉得这点很好。有的老师在教案中体现很多生成活动，反映出老师们生活化课程的理念，都是根据孩子当下活动产生的问题、兴趣点等展开讨论并生成活动，并将幼儿的语言记录下来。对于回溯性的活动内容，大家在写的时候细节十分到位，而且是站在孩子的角度去思考，客观分析幼儿的游戏行为，配上活动照片更加直观反映幼儿的游戏活动。

徐　洁： 教案中的回溯性目标较有针对性，是结合本次活动而制定的回溯性目标，而不是笼统地放在多个活动的目标。在表征分享时，包老师能够将幼儿的每句话归纳总结提炼一下，使看教案的人清晰地了解幼儿的游戏过程，能够跟随幼儿的游戏去思考。

李晶晶：王老师在描述幼儿活动过程时用数字进行标注，层次清晰，并注重对幼儿动作和语言的描述，可见老师在观察时很仔细，客观进行记录描述，详略得当。

陈　超：崔老师的教案书写时多数是采取的对话式的方式进行记录，语言简洁，便于幼儿理解，对出现的问题会运用照片帮助孩子们进行梳理。

冯嘉宁：通过观看老师们的教案，以下地方值得借鉴学习：在教案中体现谈话活动，可以就某一话题，例如贴近幼儿生活和日常经验的话题或者幼儿当下感兴趣的话题和幼儿进行交流，随机生成讨论，可以在一日生活的各个环节都可以进行，营造宽松自由的交谈氛围，既可以帮助幼儿倾听他人谈话，培养幼儿谈话的意识和技能，也可以在谈话中进行学习；观察与反思不再是套话，而是做到了真观察真反思，根据活动中幼儿的学习与表现反思材料的提供是否适宜，老师的支持是否适当，在活动后与班级老师及时沟通，持续关注幼儿的后续表现。

杨会珍：万老师的教案中加入了随机谈话部分，我觉得值得老师们借鉴，《指南》中也指出应加强老师对幼儿的一对一倾听，我认为这种倾听可以是多方面的，不必局限于游戏表征环节，随机谈话部分也可以体现指南精神，且随机谈话面对的幼儿更加广泛，话题也更加宽泛，有助于内向幼儿进行表达。

张浩君：在看老师们的教案时，我发现万老师的教案中有利用早餐前或者午点后讨论与计划的环节，也有大家一起的讨论的环节，还有针对个别问题进行讨论的环节，这样可以更好地支持孩子们的后续活动。日常的一些想法和话题生成讨论，可以在一日生活的各个环节都可以进行，营造宽松自由的交谈氛围，既可以帮助幼儿倾听他人谈话，培养幼儿谈话的意识和技能，也可以在谈话中进行学习。

秦　怡：书写回溯性教案时不仅是对一天活动的复盘，也是进一步理解幼儿、向幼儿学习的过程。老师及时记录很关键，尽量利用琐碎时间，先简单快速记录，或者用照片、小视频的方式记录，便于我们在梳理时回忆。

张　惠：通过看老师们的教案，我从中收获了很多学习和借鉴的内容。比如，李晶晶老师的教案中，不仅有涉及新增墙饰的运用，而且在游戏前增加了计划与讨论环节，这样可以借助游戏计划来促进幼儿的自主游戏，培养幼儿做事的计划性、目的性和思维的缜密性，形成良好的个性和学习品质，最终达到更高的游戏水平。

王　兵：在看小六班李老师和崔老师的教案时，我发现他们的教案真的是源于生活，而且结合了小班孩子刚入园的时候来设计的活动。比如崔老师写的就是在怎样收放积木，李老师写的是上下楼梯怎么办，把一日生活融入教育中，而且老师还会针对性的进行反思，值得我们学习。

曲祥云：我感觉大班老师的教案整体水平较好，当然这也与大班孩子的年龄特点容易出现学习生长点有关。我印象最深刻的是大六班老师的教案。通过对比李老师和万老师两位老师的教案，可以看出大六班孩子持续的游戏、学习的探究过程，以及老师们默契的支持性策略。说明班内老师在日常对孩子的共同的有效观察和班级研讨。比如两位老师对沙水游戏的记录等。

主持人：在研讨中，大家思路越来越清晰。下面，我就结合教案的书写，再明确以下几点：

1. 调整后的教案是融计划、记录与反思于一体。

2. 教案的书写要融入新理念，我们对安吉游戏的尝试、一对一地倾听与记录，《幼儿园保育教育质量评估指南》的体现，如发现和支持幼儿有意义的学习，采用小组或集体的形式讨论幼儿感兴趣的话题。结合幼儿的兴趣点、关注点注重活动的生成性。

3. 目标可以是发展目标也可以是观察目标。

4. 游戏记录中附有照片更清晰，同时体现老师站稳10分钟的观察。（扫描观察、重点观察），可以看出老师对一个游戏前后连续地观察与跟进。其他活动亦体现连续性。

5. 游戏之外的其他半日活动环节均可采取回溯式的记录方式。有的老师已有这方面的体现。

6. 传统游戏要融入自主游戏精神。如小马过河等。

7. 关于记录，我们可以尝试个性化地记录，简单的文字、色彩的标识、符号等均可使用。

8. 关于反思,从幼儿的角度,老师的角度来反映。老师亦可通过记录幼儿的表现,反思寻找自己的闪光点。不只聚焦问题,如果有问题就要思考支持性策略,要注意提炼自己的做法和理论之间的联系。从幼儿的积极行为中判断自己的正确行为,看到自己的努力过程。还请老师们结合今天的研讨明确以后教案的书写,借鉴他人的优点,完善自己的计划、记录与反思,让教案不流于形式,成为助推自己成长的路径。

第 十 二 篇 计划、游戏、分享环节与深度学习

游戏前老师会带领幼儿商讨制订游戏计划,但在过程中老师发现有些幼儿的计划与游戏并未产生联系。

|困惑一 在实际观察中,有的孩子没做游戏计划依然玩得很开心,有的孩子做了游戏计划依然偏离计划,那么,做这样的游戏计划对于孩子来说真的有意义吗?

|困惑二 游戏后还需要重新与幼儿讨论有关最初计划的问题吗?

结合老师们存在的困惑,通过观摩大四班户外综合区及游戏分享后进行研讨提升老师结合计划的制定促进幼儿在游戏中深度学习的支持策略。

◆ **研讨题:**

如何通过计划、游戏、分享环节支持幼儿在游戏中深度学习?

主持人:大家观摩了大班户外综合区,并通过视频的方式观看了边老师组织的游戏后分享活动,下面我们请边老师就活动的开展进行反思。

边海娟:综合区是我班孩子特别喜欢玩的区域,无论是做计划,还是玩游戏、表征、分享,他们一直都是从简单到复杂,一步一步在不断探索。开始做计划,我们也像以前那样全体做,但是不能很好地一对一倾听、记录。于是,改为分组(一三五组,周一三五做;二四六组,周二四六做),但是仍然达不到预想的结果,因为有的孩子在为了做计划而做计划。所以,通过观察孩子们的表现,也尊重自主游戏的特点,我请幼儿自主选择做计划,也就是现在的做计划的方式。为幼儿准备A3和A4纸,以组为单位的幼儿选择A3纸,个人做计划的选择A4纸,然后老师

一对一倾听、记录，游戏的时候带到综合区选择不影响孩子们游戏的位置放好。

在本次活动分享的时候，我主要分享了三个小视频，第一个是解决问题的（踩着一块或两块消防卷上到五块消防卷），第二个是学习品质的（张予晨和徐承浩发生矛盾），第三个是深度学习的（利用消防卷卡住木板）。

主持人：孩子们最初在小方箱上跳，到在大方箱上跳，再到在方箱上加消防水带，是一个循序渐进的过程，孩子们不断加高以及不断尝试与挑战，遇到问题解决问题，体现了主动发起，带着明确的意图进行游戏，不断挑战自我，解决新的问题的深度学习的核心要素。下面我们结合问题三"计划、游戏、思维共享环节如何体现对幼儿游戏中深度学习的支持？"进行研讨。

秦　怡：引导幼儿将游戏中的记录与原先的计划作比较，有利于帮助幼儿迁移已有经验，调整自己的游戏行为，培养爱探索的学习品质。幼儿在交流和互动中，回忆并表述自己的游戏经历，思考和梳理自己的游戏经验，提出自己的困惑。在交流分享中，生生之间观点碰撞、互相启发，不仅能丰富认知经验、开阔眼界，而且有利于激发幼儿对新事物的探究兴趣，促进幼儿的深度学习。

杨　悦：在分享环节，老师的引导应该有侧重点。例如，侧重提问胆小不敢尝试的孩子，鼓励他积极参与游戏，下次就侧重提问胆大勇敢的孩子，引导他讨论分享，这样可以相对地照顾到大多数的孩子，也可以更加深入地了解班里不同孩子的内心世界，后期也好跟进孩子的游戏。

张　惠：整个活动，不管是计划、游戏还是分享环节，孩子们都是充分自主的，这就给孩子们的深度学习创造和提供了充足的条件和机会。孩子们通过亲身体验、动手操作、想办法解决问题，过程中他们解决问题的能力越来越强，而且尝试从解决问题中抽象出核心的经验，这些核心经验将来可以迁移至解决其他类似的问题，这就是孩子们深度学习的过程。

冯嘉宁：游戏前做计划，我想玩什么，和谁一起玩。在做计划的过程中，幼儿可以明确自己的目标，思考如何完成这一目标，而且游戏计划可以更好地支持孩子的游戏。在分享环节，老师对幼儿游戏进行深度学习的支持，这特别考验老师的专业水平。需要我们老师对幼儿的行为有强烈的敏感性。在孩子的游戏过程中，抓住他们的兴趣点与困惑点。在分享环节边老师一共分享了三个游戏，分别是跳台、搭架和木板加木箱搭成的跷跷板。这三个游戏老师在提问的过程中，幼儿可以总结自己的游戏过程，通过老师在游戏中发现幼儿的各种困惑点、兴趣点，让幼儿进一步进行提升、复述、概括，进而发展幼儿的高阶思维。

杨会珍：对大班幼儿来说，做计划有助于幼儿明确游戏目的，计划是可以灵活多样的，可以是个人计划，也可以是小组计划，无论哪种计划对于大班幼儿来说都应该详细，而不是一个笼统的游戏目标。我们要鼓励幼儿按计划游戏，但是也允许幼儿在游戏时有新的玩法。我们可以采用计划与过程对比记录的形式来引导幼儿进行绘画，这样幼儿的计划和过程就能同时呈现出来，也便于幼儿分析与反思、总结本次游戏，计划下次游戏。

李晶晶：做计划有助于幼儿明确游戏目的，提醒幼儿按计划游戏，做事有计划有条理性。游戏后可以引导幼儿讨论游戏与计划是否一致，如果不同及时询问原因。游戏时，老师细致观察，及时鼓励，关注幼儿安全，过程中予以适时引导。分享讨论时，根据幼儿兴趣点、安全、关键性问题进行讨论。边老师分享的第一个和第三个视频，是关于问题解决的，边老师进行追问，引发幼儿思考，拓展幼儿游戏经验。第二个视频就同伴发生矛盾，最后协商解决了，边老师提问，如果是你，你会怎么办？引导幼儿进行换位思考，关心理解他人。

赵　蕊：幼儿在游戏之前进行游戏计划，能够更加清晰自己的游戏思路，并且可以将游戏以后的游戏故事与游戏计划进行对比，分析有什么区别，原因是什么。幼儿可以在不断地计划、实施在计划中思考，各方面水平都能得到提升。

张晓林：在制订计划、游戏后的交流分享中，老师能够帮助幼儿回顾游戏过程，幼儿在交流和互动中，回忆并表述自己的游戏经历幼儿在游戏之前进行游戏计划，能够更加清晰自己的游戏思路。

主持人：做计划有助于幼儿明确游戏目的，提醒幼儿按计划游戏，做事有计划有条理性。游戏后可以引导幼儿讨论游戏与计划是否一致，如果不同及时询问原因，寻找解决问题的办法。游戏时，老师细致观察，及时鼓励，关注幼儿安全，过程中予以适时引导。比如，很多孩子选择从加了许多水带卷的高方箱上往下跳，安全性如何，姿势如何，对于姿势不正确的幼儿，老师可以引导其关注正确姿势幼儿的动作，适时指导，不一定都要回到教室后用视频、照片的形式进行分享，现场分享效果更佳。

第 十 三 篇　让幼儿成为环境的主人

结合本学期环境创设中老师们存在的问题困惑，大家通过交流研讨明确如何创设以幼儿为本的环境，让孩子成为环境的主人。

◆ **研讨题：**

通过观摩三个班级的环境，你有什么感受，结合自己班级环境思考如何进行调整。

主持人：今天我们观摩了大六、中六、小六班环境，聆听了三位老师的经验介绍，下面我们结合研讨题通过观摩三个班级的环境，你有什么感受，说一说结合自己班级环境思考如何进行调整。

闫雅坤：通过观摩大六班的阅读册子，让我感觉到老师的坚持，从开始一直记录就会直观地看到并了解到孩子的变化，我回去之后对我们班要进行调整，注意孩子活动的留痕；大中小班都有山坡的主题游戏，但是内容由浅入深，侧重点也不一样，小班注重幼儿的乐趣和感受，中班内容比较丰富涉及点很多，版面装饰很精致，大班结合幼儿的发现寻找有价值的点，让孩子们有更多机会接触自然，丰富了科学知识；"夏秋之争"一个孩子们的偶然对话，老师抓住并进行引导挖掘有价值的点，体现了老师的专业性，中班的阅读墙也是充分体现了老师的坚持由浅入深，一次次地引导幼儿阅读，观察丰富词汇，提高了语言表达、观察能力；万老师能够将一天的情况用墙饰的方式进行展现，当家长进班时，能直观地了解幼儿一日生活，让家长更加放心，老师更用心。

王　兵：通过观摩包老师班级环境感觉班级活动开展的丰富、扎实，班本课程的记录、留存非常用心；中班的环境创设非常精致，颜色搭配协调，内容形式丰富有图片、文字、绘画、二维码等；小班能够结合幼儿的年龄特点从幼儿的实际情况提供适宜的材料,比如:天气记录材料的提供,有印章、粘贴、活动小人等。

郑　雪:看完包老师的班级最大的感受就是老师具有一定的课程意识,内容源于孩子的生活、发现、表现,比如"夏秋之争"班本课程等;中班的阅读强非常注重幼儿的情感,内心感受,我在工作中只注重孩子了解哪些方面的内容,在阅读活动方面还需要进一步的改进;小班就是根据幼儿的需要,适合幼儿的年龄特点。

李玉雪:小班提供的星期翻牌蕴含了很多有价值的点,比如对数字的认识、来几天剩几天这种加减运算,还有对小班幼儿情感的支持,活动使用图片、二维码的形式非常用心,一方面孩子在自由活动环节可以与其他小朋友进行交流,另一方面家长进班通过扫码可以看到孩子的日常表现;包老师班级各个墙都发挥了重要的价值,我们能感受到包老师的工作的用心,每个课程都会发到群里,活动的由来、进展、孩子的表现等,让家长看到孩子的发展,更加配合老师的工作。山坡游戏我们也开展,但是点比较分散,包老师班级的山坡游戏抓点很有价值,他充分观察幼儿,也许就是两个孩子之间的对话,就能发现有价值的点,生成活动,把孩子一举一动都放在眼里,这也是我现在有缺乏的。结合最近学的"三段式"我要真正倾听和观察孩子。

包智会:我觉得通过观摩其他两个班级我们班在环境创设方面还要下功夫,比如边框的设计、配色方面等,让墙饰如何变得既有价值又有美育功能,还有就是二维码也是我们今后可以借鉴的一种展示方式。

主持人:结合今天观摩学习,我们梳理一下:1. 环境真正做到了以儿童为主体,一日活动中,老师真正去关注幼儿当下生活与需求,了解孩子已有的经验和兴趣点、生长点,一方面以孩子关注的话题为引领,在问题—对话,记录—答疑梳理的循环过程中,引发了孩子们对主题活动进一步的探索,让孩子在深度学习与持续性关注下有故事可说。另一方面我们应站在孩子的角度去思考、探寻,引导幼儿学习合作、协商、解决问题,与幼儿平等交流与对话,建立师幼双向尊重理解的关系,打造出富有课程班级文化环境。2. 关注幼儿的年龄特点,让孩子能够积极主动地参与一日生活的自我管理和自我服务环节中。比如小班绘画水平处于涂鸦期,对于天气的呈现采用印章,粘贴的形式,大班应怎样将时间日历这种记录相结合,所呈现的环境不是一成不变，孩子们的生活环境像一个动态图，跟随孩子的变化而变化。3. 版面灵动、美观，富有童趣。要将教育意义与美感相结合。大家回去之后结合今天看到的以及自己的思考进一步调整班级环境，真正让环境回归儿童立场，发挥墙面的最大价值。

第三节

老师感悟

第 一 篇　从"我"到"我们"，让游戏更加"有戏"

2020 年 12 月的一天，一个普通的一天，在会议室里，园长向我们宣布模范幼儿园成为安吉游戏试点园，作为模范幼儿园的一员，我的内心里感到骄傲和自豪。可是在短暂的喜悦之后，第一次感受安吉游戏离我这么近，对于接下来的放手，我有许多的担心、顾虑、纠结。担心，还有半学期，我的大班孩子就毕业，这么一放手，孩子们彻底疯玩了去小学能适应吗？顾虑，家长们能理解接受安吉教育理念吗，接下来的家长工作该怎样开展？纠结，安吉游戏理念已经远传海外，到了我自己实施了，却不敢放开手。

回顾这一年的实施探索过程，以前的担忧顾虑仿佛是很久以前的事了，反思自己是什么时候开始变化呢？也许是第一次放手后，对孩子们游戏的惊喜发现。也许是第一次集中教研，大家交流讨论解决实施过程中的困惑。也许是看到幼儿园一次次地"大刀阔斧"的改造，只为更好地满足幼儿游戏。也许是园长们深入一线地观察、询问，不断地鼓励我们放手，让孩子试一试。在实施安吉游戏的一年里，悄然变化而不自知，我想这份适应与信心离不开身边的每个人。

班级管理中的"我们"，安吉游戏实施以来，在业余时间我和赵老师、张老师会主动分享自己的观察发现，在分享中感受了解孩子们游戏生活中的有趣点，有时候一段孩子们间的"有趣行为"能承包我们整天的开心点。分享中我们也会相互沟通交流看法，还记得刚实施放手游戏时，每次户外都是我们三个人一起出去，害怕一个不注意，孩子们发生危险，每次活动后大家相互沟通交流，对于下次活动中的观察则更有目的。正是三人齐心协力、相互补位，让我顺利度过了最初的"危险焦虑期"。在安吉游戏开展以来，我越来越离不开与班级老师的配合，每一次的游戏观察或追踪记录，都离不开班级老师的支持。放手游戏，拉近了我与班级老师的配合与团结，"我们"让班级管理更有效，放手游戏实施更彻底。

幼儿游戏中的"我们"，以前的游戏是老师组织主导，总会有为什么孩子们参与积极性不高的困扰，为什么总有一部分孩子不遵守规则喜欢自己玩自己的。实施放手游戏后，孩子们自己选择游戏材料、游戏伙伴、决定游戏内容，孩子们每次游戏中的投入与喜悦，让我们不用再去花时间精心准备教具，设计教学环节。更多地是静心去观察发现，耐心去倾听分享。在每一次观察与倾听中，我也收获着属于自己的成长。

从最初的观察提心吊胆，到现在的观察从容淡定。记得有一次，参观学习的老师看着孩子们从高双梯上跳下来，不可置信地问我："这么危险，就让他们自己玩，你们不管吗？"看着她担忧的眼神，我好像看见上半年的自己，我记得我当时笑着回应道："没事儿，他们可以，他们知道自己可以。"这份相信源自我日常对孩子的观察与了解，实施放手游戏后，让我更加相信幼儿的力量，也让我在观察的时候更加从容。从开始的盲目录制到现在的有技有法，从开始的只抓游戏亮点到观察关注孩子的个性发展需求，学习观察分析孩子游戏行为，有了自己的观察记录经验。对于运动量大的体能区，如滚筒区、梯子方箱组合区，我会较多地使用追踪记录法，定材料或定人观察。对于运动量较小的体能区如积木区、沙水区，我会更多地使用定点观察法，在观察记录过程中，我捕捉幼儿游戏生长点的能力有所提高。结合视频录制、剪辑并多次观察分析，对游戏案例书写、解读幼儿游戏的能力有所提高。每一次的讨论分享，孩子们的经验和想法都让我惊喜的同时，也锻炼了我的回应能力。在表征记录环节，孩子们的绘画、讲述让我再次和他们一起回顾游戏，一对一记录中，孩子们讲述变得更自信了，对老师分享变得更主动了，我们也更幸福了。安吉游戏是一场老师"退出"游戏的革命，也是走进幼儿游戏真正的开始，幼儿游戏让老师和孩子互动更有效，"我们"的游戏更动人。

教研互助中的"我们"，安吉游戏探索实践一年来，也是我进步最大的一年。从开始实施放手游戏以来，园里经常组织集体教研交流，有实施的困惑与问题，方法与措施,观察的方法与讨论的角度,每一次从共性问题到个性帮助,从困惑担忧到解惑解答,从园长到每位老师的分享交流,都能让你从中寻到情感共鸣,开阔自己的思维,丰富实践的方式方法。集大家之力,以研促长,每次大家游戏案例的分享,都充满着对本班孩子的一份自豪与喜爱,我们大家也在不断地案例分享、教研讨论中坚定方向,树立信心。

这一年,班级管理上,我们齐心协力;游戏探索中,我们分享讨论,双向成长;教研学习中,我们彼此汲取前进的力量。从"我"到"我们",放手游戏让老师与老师,幼儿与幼儿,老师与幼儿有了更多交流成长的机会,谋取教育与快乐最大化,有幸登上这列游戏革命的快车,在游戏中助推幼儿深度学习,支持幼儿更好地成长,遇见更好的自己。

（大六班　包智会）

第二篇　从放手到悦纳,在游戏中启迪智慧

自园里推动安吉游戏以来,我和孩子们都处在一个教学相长和同步转变的过程中,我们做得最多的就是一个字"放",我在学着"放手",孩子在尝试"放开"。巧合的是在一年内的初探阶段,我就经历了从大班到小班的转折和过渡,这是一个巨大的挑战,在探索中有收获也有困惑,当然最重要的还是学会了悦纳幼儿、悦纳自己,启迪了新的游戏智慧和教育智慧。

一、在"真自主"中触碰到了游戏课程化这一课程模式

孩子们游戏中的自我探索、经验积累与教育活动中的经验梳理、提升之间,形成了互为促进、互为生长的关系,有效地促进了幼儿经验的螺旋式提升,又被幼儿运用到下一次的游戏中。是的,游戏课程化就是从幼儿的游戏出发,及时把握幼儿学习的生长点,通过引导和建构新的游戏,促进幼儿学习与发展的过程。其间我也在不断探寻发挥自己专业力量,建立"儿童就是目的"的课程模式之路。

一是在游戏中观察、把握幼儿学习生长点,生发课程,不怕失误,助推师幼同

步的深度学习。

二是在观察、解读、分享中，基于安吉游戏理念实现游戏课程化，支持幼儿的学习与发展。

二、注重分享环节发挥的重要作用

小班幼儿的记忆力、观察力、语言表达能力都比较薄弱，所以在分享环节我会较多地借助照片、视频为载体帮其回忆游戏过程，并根据其年龄特点，适当地在视频的相应位置进行停顿，引导幼儿重点观察。也尽量提指向性、针对性较强的问题开阔幼儿的思路。在幼儿进行表达时耐心地倾听他们的想法，不打断，给他们充足的时间和空间，对于他们有动作和象声词的表达特点，给予积极的鼓励，促使其乐于表达、敢于表达，在此基础上帮其提炼完整语言、适宜的词汇以及游戏经验。

分享中幼儿通过观察、发现、表达，相互借鉴经验、迁移经验，这是一个信息加工和重新构建的过程，对于小班而言也是学会学习的过程。而游戏中幼儿也会观察他人的游戏，从被吸引到主动参与，从学习者到探索者，从"旁观"中走入游戏。这种"旁观"方式老师也同样拥有，特别是面对小班，"旁观"的智慧尤为重要，我们的观察不仅要发现孩子的发现还要有目的的进行记录，因为其价值可以延伸到分享环节，引导幼儿深度游戏的突破点也许就在这里。

三、发挥表征在幼儿一日生活中的重要价值

表征是反映幼儿的思维、表达情感、良好沟通的媒介、创造想象的基础，也是老师读懂幼儿、了解幼儿的需求的重要途径之一。幼儿在游戏探究过程中，获得的是具身认知，是一种直接经验，需要通过口头语言和书面语言进行表达出来，把直接经验用抽象的方式表征出来，进而发展成为一种综合素质。表征是从"感知"向"思维"过渡的中间环节。表征记录是幼儿学习的核心经验之一，是记录幼儿表达自身的猜想、问题、知识经验以及探究和结果的过程。

不同年龄段的幼儿有着不一样的表征方式和表征水平，这既和年龄特点有关，也和幼儿的发展水平有关，但不管哪个阶段的幼儿他们都有属于自己的独特

表征。从中看到了孩子们不同的想法、不同的思维和不同的表达方式,体现了孩子们的个体差异性。老师需要去倾听和发现,并忠实地去记录。因此我们在幼儿的一日生活中,也需要针对不同的情况进行分析与支持,并对一日生活、环境创设、观察等方面进行反思与后期调整。

但小班初期我们总会面临孩子没有图像符号表征的经验技巧、语言表征不流畅等问题。我引导幼儿到中大班欣赏哥哥姐姐的绘画、手工、建构等艺术表征,倾听哥哥姐姐的语言表征,拓展其表征经验,并与幼儿一起从创设墙饰,引导其将自己的表征作品张贴在墙上,成为环境的一部分,以便于他们随时回顾并与同伴讨论游戏故事、植物记录、天气记录、阅读记录等表征内容,潜移默化地影响幼儿。同时,将经验迁移到家园共育中去,在家发展幼儿表征的能力。针对表征能力较弱的孩子,以"简单标志—加入人物—加入游戏材料和内容"这样的顺序进行引导,从内容和形式上进行表征的丰富。在一日生活中,更加关注幼儿的自主表征,给予幼儿充分的时间和空间,以支持者、陪伴者和倾听者的角色贯穿始终,并不断反思和调整,从而激发幼儿提升记录表征的兴趣,推动发展幼儿表征记录的能力。

四、发现了回头看视频的重要性

通过回头看幼儿游戏视频,我发现了幼儿的学习,也关注到不同幼儿的情绪情感,更反思了自己的观察与指导。每看一遍视频都有不同的发现和收获,这也是我学会观察的过程。

五、梳理困惑问题,开启新的探索

(一)老师的个案观察和其他幼儿需要之间的平衡性关系

当我们定材料、定人进行观察时,总会忽略其他个体。观察的目的不仅是发现和记录幼儿的游戏本身,更重要的是要触及幼儿的心灵需要,才能反映出安吉游戏关键词中的"爱"和"喜悦",但我们往往不能兼顾。

(二)进入小班后,游戏与表征分享在时间上脱节严重,连续不上

由于我们班的游戏时间不能回班后马上进行表征与分享,因此好多游戏和视

频经常被我遗漏，当下没能进一步了解幼儿的游戏想法，也没能进一步与幼儿一起讨论相关问题。如果我当时能及时分享，也许孩子的建构思维就会拓展，促成深度游戏。

（三）区域轮换后需不需要衔接之前的游戏，如何衔接

比如，户外积木区孩子们的探索和学习给了我很多的惊喜，但是，我在想下一轮积木区游戏要两个月以后了，到时我要怎样引导幼儿衔接这四个星期的经验进行深度学习？还是在毫不干预的情况下再观察他们能否自主衔接上之前的游戏经验？

（四）怎样创设有准备的环境助推有深度的学习？

如何创设有准备的环境？当前的室内外游戏环境、材料等如何调整，才能让材料"说话"起到隐性指导作用？如何支持幼儿在游戏中自主自然地深度学习，避免老师口口相授指导等问题，我还需要在观察、复盘中发现问题，借助多元教研平台在反思调整的循环实践中不断思考、前行。

从大班到小班的转折很大，我一直担心从零开始的安吉游戏会很难组织与开展，因为看不到大班幼儿对庞大建筑的建构原理、科学原理的探究，而小班也很难理解这些。但通过这些日子的游戏观察、记录，我仿佛拨开了迷雾，脑海中浮现出一个想法，那就是：从零开始的游戏才是真游戏的温床。放松心态、放慢脚步，小班初期可以从引导幼儿关注现象开始，循序渐进地涉及原理。观察中，孩子们游戏的快乐体验也时时感动着我，我发现相对于大班孩子的认真专注、团结协作，小班孩子更容易被成功的喜悦感染，更容易收获快乐，因此我的观察多了一项对幼儿情绪情感、表情的分析与记录，这也拓宽了我的观察思路和领域。接下来探索"不教"的真正自主游戏开始了！

（小三班　曲祥云）

第 ③ 篇　我们的蜕变

2020 年 12 月，我园有幸成为浙江省安吉游戏实践园，从第一阶段的放手游戏、发现儿童，到第二阶段的解读游戏、理解儿童，一直行走在安吉游戏的路上，渐行渐思，安吉的孩子是幸福的，我们模范的孩子更是幸运的。在改革的路上老师、孩子、家长都有着不同的变化。

一、老师的变化

（一）经历了"游戏观"的蜕变

从乱、怕、放手到惊讶、欣喜、成长。开展之初，心里各种担心、各种疑问，是真放手吗？常规怎么办？孩子会磕到吗？家长同意吗？到真正开放的时候看着孩子们自己取放材料，从高高的滚筒上、梯子上跳下来时，我的心提到了嗓子眼，看到孩子微微地擦伤时，既心疼又怕家长不高兴。在慢慢的尝试中，我看到了孩子们玩滚筒时各种各样的新玩法；上不去滚筒时用跷跷板辅助和同伴合作让自己上去；玩积木时在轨道游戏中的探索、想象等，带给我一次又一次的惊讶和欣喜。其间园长组织我们一次次地进行研讨，老师们个个都对安吉游戏有着说不完的话，甚至有的老师因为自己没有发言而感到遗憾，这是我从来没有看到过的教研气氛，让我对安吉游戏更充满期待、充满好奇。

（二）经历了"游戏中"的蜕变

在放手游戏后，我开始思考孩子在游戏中得到了什么样的发展，怎么在尊重孩子游戏的情况下支持和引导孩子的深度学习并进行解读呢？

为了帮助幼儿梳理经验、进行深度学习，使孩子得到相应的发展，每次游戏后，让幼儿观看在游戏现场拍摄的照片、视频，组织幼儿进行分享，我会提出启发性提问，让幼儿在梳理和表达自己的想法、做法的同时，学会换位思考。同伴间会结合自己的已有经验从多个角度进行讨论、分析甚至质疑和反驳，产生新的认知，这样更激发他们自主探究的欲望。

适时的支持和引导源于老师的观察和思考，从而判断幼儿的发展水平。像我们近期进行的陀螺游戏，根据幼儿自发的游戏情况进行思考，从幼儿的兴趣点出发，分享游戏视频了解幼儿原有经验，并提出挑战性提问激发幼儿兴趣；由单数孔、双数孔制作陀螺寻找中心点，幼儿在操作过程中理解了轴对称和中心对称；通过多个陀螺进行组合，知道了重心稳定性与平衡的关系；最后将齿轮游戏经验和陀螺进行组合，让陀螺左右、上下联动起来。陀螺活动源于幼儿的兴趣，孩子们在持续的一段时间中运用低结构材料进行探索与创作，满足了不同发展水平的孩子的兴趣和需求。

二、幼儿的变化

一年的时间，惊喜的变化，孩子们从刚开始接触安吉游戏不敢大胆尝试，过于依赖老师，缺乏主动性，到后来越来越投入，越来越有创意，也越来越喜欢探索和冒险，在游戏中获得了巨大的喜悦。

（一）游戏中的变化

有的孩子在积木游戏中探索如何让小车动起来；有的孩子拿几块垫子玩起了角色游戏；有的孩子将魔尺带到户外，做成了奥特曼变身游戏；有的孩子在高高的梯子上大胆地跳下来……只要老师不打扰，不中断，他们能玩一天的感觉，这样有趣的事情还有很多，每天都有不一样的在发生着。

（二）分享与表征中的变化

从一开始孩子们画简单的几笔，到后来越画越多；从一开始一画画就哭的元元也开始动手画了起来，到后来即使把纸张划破了一个洞，也会微笑面对；从刚开始记录时不会说，到后来滔滔不绝，我们跟不上记录；从刚开始分享时老师问一句他们说一句，到后来孩子们之间就会变成一场辩论会，我想这是安吉游戏带给孩子们的快乐和成长。

（三）一日生活各环节中的变化

曾经的过渡环节会消耗孩子很多的时间，让孩子无所事事，而现在孩子们在过渡环节中，可以自己安排自己的活动，观察自己种植的东西和喜欢的动物，进行测量、用放大镜仔细观察、讨论等；随时将自己对天气的感受绘画下来，知道天气和我们生活之间的联系；自主选择感兴趣的绘本，和同伴一起反复看、反复听，以自己喜欢的方式记录和创编故事；在吃午点的时候能够对应自己的名字或者数字编号拿自己的那一份，不仅认识了自己的名字还认识了同伴的名字，潜移默化知道了生活中的数字等。

三、家长的变化

在孩子们自主而乐趣无穷地游戏之时，家长也经历着一连串的转变。

起初开完家长会，家长们有各种担心，在家长眼中，他们只是一个个长不大、需要细细呵护的孩子。伴随着安吉游戏的展开与推进，孩子们把幼儿园玩的游戏记录带回家和家长进行表征，在一问一答中增进了亲子关系，家长也感受到孩子的变化，意识到孩子的身上隐藏着一个大大的宇宙，家长的观念转变了。

在游戏中孩子一点一滴的情况我都会拍摄下来和家长进行分享，家长觉得自己的孩子被老师关注着、呵护着，对于我专业的评价感到惊讶和开心，家长知道了游戏中的放手不等于放纵，感受到老师的专业性，孩子在这样的环境中可以保持兴趣，激发想象力、创造力，家长的理念也转变了。

之后的日子里，我坚持将孩子每一阶段的游戏情况汇集成视频，有针对性地私信家长，并告诉家长孩子的游戏故事，让家长了解孩子在园的情况，知道安吉游戏的精神和对孩子发展的价值。在我的影响下家长对孩子的理解和信任也不断深化，他们学会站在孩子的角度去考虑问题，用开放的教育观教育孩子，不给孩子太多约束和禁锢，家长自身行为得到了改变。

最让我感动又自责的是我班出现了两起安全事故，一个孩子眼角缝了三针，一个孩子胳膊骨折，我和班里的两位老师都心疼得默默流泪，但我没有想到的是，没有一个家长埋怨老师的，甚至还安慰我们，这让我的心里更是自责。通过这两件事我也在反思自己的工作和家长的态度，说明家长是认可老师的，认可安吉游戏的，他们能够感受到游戏带给孩子的进步，家长从内心接受安吉游戏、更理解老师的工作，我也将会带着家长的这份理解更尽心尽力地照顾好每一个孩子。

安吉游戏给我们带来的变化是巨大的，今后在"真游戏"的这条路上，坚定不移的走下去，把安吉游戏的理念运用到一日生活各个环节当中，相信我园会成为幼儿健康成长的乐园。

（中六班　万福超）

第 四 篇　放手游戏，发现不一样的儿童

转眼间，园所实践安吉游戏已经一年了，这一年，我有担心、有惊喜、有感动、有收获。放手游戏，让我的教育理念有了很大的转变，其中最大的就是看到了不一样的儿童，发现了每一个孩子的闪光点。

以前，我认为我们班的孩子们浮躁、常规活动差、坚持性不够、创造性不强，有时还会有意无意地给某些孩子贴标签，好像自己的眼睛都被他们的"调皮、不听话"蒙蔽了，时刻担心他们的安全，常常会感到无奈、疲惫，作为老师的幸福感欠缺。

从实施安吉游戏以来，我尝试着放手，学习让我的教育理念也悄悄发生了变化。在观察的时候，我努力做到"站稳十分钟"，看到了孩子们每一个精彩的瞬间和闪光点；在分享的时候，我学会倾听，充分给孩子们机会去猜测、质疑、辩论，不对他们的任何一个想法盲目地下结论，鼓励他们在游戏中自己去尝试、验证；在做记录的时候，我努力走进孩子们的内心世界，耐心、平等地交流让我了解了他们的想法、感受和困惑。

在将大轮胎运上大木箱的游戏中，浩浩看到亮亮搬来一个四个连在一起的大轮胎问他："你这是要干什么呀？"听到亮亮想把轮胎放到木箱上，浩浩非常轻松地说："小事嘛！"他们刚开始一起搬，随后又向小朋友借来一个长板架在木箱上一起向上推，当大轮胎的重量超过他们的想象时，浩浩转来转去寻求他人的帮助，亮亮站在原地突然就想到可以用撬轮胎的方法将轮胎运上木箱，他一跺脚、眉毛舒展开、露出笑容说："我想到了。"接下来两人分工，亮亮去借梯子，浩浩请求明明的帮助，被明明拒绝两次后，他又找来涛涛和泽泽，几个人一起撬轮胎。在之后

的几天他们一直在探索如何利用撬和推才能将轮胎运上去,过程中他们有争执、有说笑、有交流、有合作,虽然大轮胎还是没有运上去,但是孩子们的体验是难忘的。他们积极主动、不怕困难、不断尝试、善于合作的品质让我非常感动,我从来没有想到我们班的孩子可以这样了不起。从这个时候开始,我开始享受观察,我对孩子们的偏见也有了转变,对他们有了新的认知。

木梯区游戏中,峰峰爬上最高的双梯从蹲在上面到站起来赶紧蹲下到站得直直的、转一个圈,从自己一个人玩到带动、小朋友们一起玩,从彩旗飘来飘去够不着到在两个双梯之间架长板够彩旗,我从来没有想到平时坐小椅子都不好好坐着,活动中注意力不集中的峰峰也有认真、专注、积极、敢于尝试、冒险、合作的闪光点。

在走轮胎的游戏中,刚开始阳阳自己扶着栏杆上轮胎,到用一个小轮胎顶住爬上去,他不断地尝试,从上不去到站不稳再到会走轮胎,阳阳每天都在反复地练习,连续一周的时间一直延续到了网箱区的白色滚筒、大油桶,每次他都大汗淋漓却从不放弃。我惊讶的是内向、不善言辞的阳阳有如此强大的毅力和坚持,有时我在想具备这样的精神,还有什么样的问题是孩子解决不了的呢?

在网箱区游戏中,浩浩和小朋友们一直在尝试用几个消防水带可以从最高的黑色滚筒里面出来,正当他们玩得起劲的时候,"不速之客"圆圆来了,他很快就跳了进去,这可把浩浩惹怒了,无论如何他也不让圆圆出来,个子小小的圆圆抓住滚筒的边,用尽全身的力气一遍遍向上跳,在他的不断努力下,没有用消防水带就跳出来了。红红也跳进滚筒里面,她淡然地把自己的大长腿钩住滚筒的边,双臂用力轻而易举地跳出来。我在旁观察的时候非常惊讶,没有想到平时不太受欢迎、调皮的圆圆身体这么灵活,一直不听话的红红能借助自己的身体身体优势轻松跳出了滚筒。

这样的例子有很多,孩子们一直在颠覆我的原有观念,创造出无数个惊喜。其实,每个孩子都有自己的闪光点,只是平时为了所谓的"听话""好管理"让我忽视了对他们全面的观察和了解,放大了他们的缺点。放手游戏后,孩子们在自主的情境下展现出最真实的自己,我看到了完整的孩子。我想我要学会把这种自主的理念应用到一日生活中，关注每一个孩子。

（大六班　李玉雪）

第 五 篇　和孩子一起成长

时间过得飞快，开展安吉游戏也快一年了。在这一年里有困惑、有迷茫、有担心，渐渐地有惊喜、收获和感悟。我在想安吉游戏带给我们什么？不只是儿童游戏的变革，作为老师，安吉游戏让我的儿童观、教育观发生了翻天覆地的变化。

翻看一年前的刚开展安吉游戏时的体会，我是这样记叙的：带着顾虑，我们开启了"放手游戏"。在初期的游戏中，场面混乱，孩子们在操场上奔跑、追逐……我也很困惑，这样能促进孩子在游戏中深度学习吗？没有老师的指导，游戏怎样才能达到高水平？经过几次游戏后，孩子们逐渐带给我惊喜。

现在再看，为什么会困惑？因为不信任。不相信儿童是有能力的，总觉得自己"教"，才能教出"高水平"。但是事实恰恰相反。在之前公共区有一个"建设银行"，每次有参观活动都会有一个叫小静的女孩当"柜员"，为在超市和照相馆里游戏的小朋友们存钱、取钱。因为她很安静，坐得住，不会乱跑。在我"用心"的安排下，每次小静都是一脸苦闷地坐在椅子上，等待寥寥无几的顾客上门，其他大部分时间就是按照我的要求制作存折或者数钱。一次我发现银行里的小静用彩笔在计算器上涂画，于是我及时制止，引导她继续数着保险箱里面的钱。直到一天，小静问我："老师，我可以换区吗？"我当时是这样说的："你是银行的工作人员，要是你不在，大家都不能取钱，怎么玩呀？"就这样在我"语重心长"的劝说下，小静继续"坚守岗位"。现在回想，我自以为的"高水平游戏"其实连游戏都算不上，只能称作"老师的高控行为"罢了。

可安吉游戏不一样，当我在重重顾虑下试着放手后，发现了游戏的魅力，看到了孩子的想象力和创造力。小班的孩子，能按照地面的影子将多个积木摆放成一条直线，能搭建出饼干机、披萨机甚至衍生出杠杆原理的"弹跳饼干机"。在以前这简直是我不能想象的。在安吉游戏中，我发现孩子们的智慧，令我敬佩！教研中我也不止一次提到安吉游戏改变了我的儿童观，让我信任孩子，信任孩子是有游戏能力的，有想法和自我保护能力。

开展安吉游戏初期，我除了困惑更多的是担忧，怕孩子磕碰，家长不理解。在《放手游戏发现儿童》一书中提到孩子们是有自我保护能力，小班时没有太深刻的理解，直到升入中班。本学期第一个游戏区就是"木梯区"，高高的梯子对刚升入中班的孩子们极富挑战。每次游戏，我的精神都时刻紧绷着，总怕有意外发生。在第二次游戏后，就有一个孩子玩起"高梯跳跃"的游戏，当我第一次看到孩子从五层高的梯子一跃而下时，我胆战心惊。这可是以往小班游戏中不曾接触过的。而且一人跳下后，吸引更多的孩子进行挑战。大琪过来加入游戏，慢慢向上爬。当爬到最高处的时候，大琪停下。他开始用力抓住梯子，一点点把身体扭过来，翻越梯子，然后在另一侧梯子的第三层跳下来。在观察中我发现，虽然都是跳跃，但"难度"不同。胆子最大的墨林可以站在梯子的最顶端一跃而下。而其他小朋友会坐着跳，或者从矮一些第三层跳下来。孩子们根据自己的能力，"自动设置"不同的游戏难度，果真孩子们懂得在游戏选择更适合自己的挑战，懂得保护自己。

安吉游戏让我们做到放手观察，发现孩子的游戏。安吉游戏变成一种理念，贯穿于一日生活中。幼儿园的山楂红了，当我们采摘山楂的时候问题接踵而来。孩子们发现够不到上面的果子怎么办？跳起来摘。可是高高的枝头依旧挂着红彤彤的果子。于是孩子们尝试摇晃大树。轻轻晃动的大树好像在和树下的小朋友问好。大家觉得一定是力气不够大，那就请来力气最大的小朋友，大家合作一起摇晃。大树晃动的幅度变大，可果子还是稳稳挂在枝头。这时峻峻提议拿一个棍子去敲大树上的果子。可是很快就被否决，因为大家觉得这样敲击，大树太疼了！试了三次，都没能成功摘到果子。孩子们没有放弃，反而"越战越勇"又开始了新一轮的尝试——爬树！可人虽爬到树上，果子却没能够到，连旁边的小树杈都快要折断了。用孩子们的话来说"也不是好办法"。最后大宇提议用安吉游戏的梯子，大家合作搬来梯子，成功摘到果子！

正是安吉游戏带给我教育观念上的改变，让我从头到尾都没有干涉孩子们的活动，而是鼓励孩子自己想办法。在观察中我看到了孩子们积极沟通，团结合作、分工明确，看到了孩子们的智慧，感受到了孩子们摘果的乐趣。当赋予孩子们更多的自由后，收获也变得更多。

我不需要再费尽心思装饰边边角角，而是将时间和精力都用来观察幼儿游戏，解读幼儿行为。不用想尽办法"教"孩子玩，呈现所谓的"高水平游戏"。放手游戏，退后观察更能发现孩子的智慧。不用精心设计公开课，一次次"试课"，因为每一次的游戏分享与表征，都是精彩的"公开课"，孩子们发现问题、激烈讨论、解决问题。更重要的是让幼儿独立思考，促进深度学习。

安吉游戏改变了游戏，改变了孩子，也改变了我。把游戏的权利还给孩子，一定有意想不到的收获，感谢安吉游戏让我和孩子一起成长！

（中五班　王　兵）

第 六 篇　"观"游戏 "童"精彩

游戏在每个人的生活中都扮演着重要角色。对于儿童来说，游戏是他们用天真的心灵、纯粹的方式感受世界的途径。每一个游戏的背后，都是寻找快乐、探索知识的过程。通过一年的安吉游戏实践，我收获了很多，对自己的职业有了新的认识，内心很多固有的想法也发生了天翻地覆的变化。

虽然前期我读了很多有关安吉游戏的书籍，也进行了相关的培训。但是，在刚开始时，我还是有些不知所措，不敢放手，怕孩子出危险，看着混乱的局面，我心惊胆、战焦头烂额，慢慢地我整理好自己的心绪，静下心来观察，与孩子交谈，了解孩子们的想法。孩子们也从对老师说的想怎么玩就怎么玩，半信半疑中，做平时不被允许的"危险"活动。从小心翼翼，到专注做自己的事情，能大胆表达自己，轻松自在。在安吉游戏中，孩子们收获最多的是内心的喜悦。

当我们真正去观察，去发现幼儿，看到了孩子独有的精彩。在玩积木区时，我发现很多小朋友都对跷跷板感兴趣，先开始时，是我们班的悦悦和琦琦用积木搭了一个可以用手配合上下启动的手动跷跷板，游戏分享环节时，孩子们看了他们游戏的视频，提出建议可以搭建一个我们平时坐着玩的跷跷板。更多的小朋友加入改造跷跷板的游戏活动中。于是，我们根据幼儿的游戏兴趣，开展了"有趣的跷跷板"主题活动，从中了解跷跷板的构造，以及跷跷板在生活中的妙用，与孩子们分享一些搭建技巧和方法。孩子们在这些活动的启发下，对跷跷板的探究不断丰富深入，从手动跷跷板，到真正可以坐的跷跷板。再到单人踩和双人配合踩跷跷板的游戏。在游戏中孩子们发现脚踩跷跷板具有不稳定性，他们借助立在地上的长板"扶手"，很轻易地掌握平衡，跷跷板平衡车就此诞生了。孩子们又给他们的车安装了不同的配件，用不同的方法发射炮弹。跷跷板游戏这个主题，经历了将近一个月，每次的分享交流，孩子们都是那么积极，想要和伙伴们分享关于跷跷板的新玩法，其他孩子听了别人的玩法，给出新的建议，有的小朋友听了他们的介绍，逐渐有了游戏兴趣，并热情加入其中，虽然人在变化，但是我们的游戏在慢慢发展。

一百个儿童有一百种语言、一百种想象、一百种表征，只有真做了，才真正理解这句话。"一对一"真正让老师有了专业的认同感—理解幼儿，看懂游戏。这段时间的感悟：游戏是老师读懂幼儿的"教科书"，而"一对一"则是老师读懂幼儿的工具。开展安吉游戏后，我和孩子们之间的距离变得更加亲近了。

每天孩子们来园的第一件事就是记录天气，刚开始很难，但是我们一直坚持，慢慢地它不再是一种负担，而形成了一种习惯，孩子们来园叠好衣服后能主动去记录天气，从惜字如金到侃侃而谈。他们说的也会偏离天气这个话题，或是天马行空的想象，抑或是在家里或路上发生的事情，我也会一一记录下来。现在的我很享受这个记录的过程，这是我和孩子们难得的交谈时光，感觉在我眼前他们不再是千篇一律的提线木偶，而是一个个鲜活有趣的灵魂，我愿意用心去倾听了解他们的内心小小世界。

在开展的过程中，我觉得自己在观察和分享环节还是比较薄弱的。分享是基于观察的，观察时要站稳 10 分钟，关注细节。我在很多时候不能静下心来，主要原因是担心孩子们的安全问题，尤其是刚开始轮换新区时，更多的是扫描式的观察，缺少真正的定点观察，怕自己错过别的游戏。怀着这种想法去观察，就会让我们得观察不完整，因此，我们还是要去除浮躁，去除功利心。希望自己能够在实践中不断摸索，不断收获新的成长。

（中六班　李晶晶）

第 七 篇　放手、观察、倾听，发现更多美好

在实践安吉游戏的这一年中，我有过很多困惑，也有很多收获。在这一年中，孩子们在快乐地成长着，而我也发现了更多美好。

一、敢于放手，发现不一样的幼儿

安吉游戏一直强调"放开手、管住嘴"，以前的我是放不开的，担心安全问题，担心孩子们没有老师的组织会不会都挤在一起根本玩不了游戏，但是随着安吉游戏的开展，我发现孩子们是有能力的学习者，是真正的游戏家。当孩子们面对丰富的材料时，他们也会进行甄别，选择适合自己的材料做游戏；当他们在玩从高处跳下、爬梯闯关等游戏时，孩子们也会利用自己的经验来评估到底自己会不会受伤，能不能顺利进行游戏。比如我们班里有一个小男孩，当别的小朋友在高梯上进行探索时，他也渴望能上去，但是他面对高梯时，并没有盲目就往上爬，而是先试着爬了一下，当他觉得太高时，并没有继续而是很干脆地下来，重新选择其他游戏。当他做好心理建设进行第二次尝试时，相比之前有了进步，但却还是坐在最高处不敢下来，又不希望老师去帮助他，他很想自己独立通过高梯，但是最终在评估下觉得自己不能够安全通过，又再次返回了回去。后来的几天他一直在玩其他游戏，当再次站在高梯前时，他的勇气战胜了害怕，这次能够在小心翼翼中通过第一个高梯了，当他通过后，坐在第二个高梯最高处，大声地喊着："老师，你看，我过来啦！"他内心的激动与喜悦让站在旁边的老师都跟着激动了起来。他能够一点点挑战自己，最终通过高梯，是自身和危险做了很多比较后的结果，这也表明孩子们在游戏时，能够根据自己的游戏水平来选择游戏内容，同时也提醒了我，只有我敢于放手，才能让孩子大胆尝试，一次次挑战自我，从而让自己获得新的认识。而我也在不断地放手中看到了孩子们更加真实的游戏情景，更加丰富、有趣的世界，看

到了更多与平时不一样的孩子们。

二、学会观察与倾听，走进幼儿的多彩游戏世界

观察与倾听是我们了解幼儿的重要途径，让我们更真实的走进幼儿世界。刚开始的时候我不知道该观察什么，看到孩子们游戏，只是感觉他们很快乐，但是并没有细致地观察过他们的游戏，很多时候都是匆匆扫过，但随着学习和研讨，我知道了要站够十分钟，要耐下心来观察孩子的游戏，倾听孩子的语言，要仔细分析孩子游戏行为背后的故事，我也看到了孩子们多彩的游戏世界。不同形状的积木拼搭出了城堡、饼干店、火箭、小火车；大大小小的滚筒或爬或站或钻，成为孩子们挑战自己、探索游戏的最好场所；一片沙地、几根水管成为孩子们的乐园；几片叶子、走过的蚂蚁成为孩子们探索的契机。在每天的安吉游戏中，孩子们都在专注地进行着自己的游戏，而我也发生了变化，从原来游戏的组织者变成了现在的观察者，跟随着他们一起去游戏、去探险。

接触安吉游戏以来，我也开始慢下来仔细倾听孩子们的心声，这让我感受到了每个孩子丰富的内心世界。小班幼儿刚开始接触天气和游戏故事时，我觉得这太难了，他们语言表达又不丰富，游戏内容也简单，能够说出什么呢？但是当我真正认真倾听每个孩子的讲述时，我发现孩子们总能让我感到惊喜，比如有一天阴天，班里一个小女孩是这样讲述的：我在路上看见太阳公公还睡着懒觉。有一次游戏时我发现几个女孩子坐在轮胎上开心地笑着、旁边松散地摆放着一些高高低低的轮胎和拱形门，后来听她们讲述游戏故事时，我知道了她们在玩艾莎公主的游戏，游戏中她们是不同的公主，住在不同的宫殿，她们有游乐场、有唱歌的地方，她们在做着自己喜欢的事情……通过倾听，让我触碰到了孩子们心中那个多彩的游戏世界。尤其是安吉游戏中鼓励与孩子的一对一倾听，这样不仅能让我更好地了解每个孩子的想法，还让我感受到了对每一个孩子的尊重，对每一个孩子的想法和游戏的尊重。

这一年中，通过一次次的培训、教研和每天的实践，我从紧张孩子们的游戏到现在学会了相信孩子们能很好地游戏，我学会了去观察和欣赏孩子们的游戏，学会了倾听每一个孩子的心声，并且在他们的游戏故事中发现到了不一样的幼儿，看到了无数的精彩瞬间，同时我也体会到了"安吉游戏"的魅力。感恩遇见，让我看到这么多的惊喜，也让我对未来有更多的美好期待。

（小五班　吴敬雅）

第 八 篇　安吉游戏助推教师成长

在初探安吉游戏的第一年，作为一名新老师，从一开始的茫然、困惑到现在小有收获，让我体验到了安吉游戏的魅力所在。在安吉游戏中，无论是老师还是孩子，都在慢慢地向"真"靠近，游戏不再是老师预设的游戏，取而代之的是孩子的"真游戏"。在深入接触和实施安吉游戏的过程中，我真切地感受到自己和孩子们的变化。而我也在不断进步，与孩子们共同成长。在一次搭建活动《百变滑梯》后，有了以下所感所悟。

一、学会放手

每个孩子都是好奇、积极、主动的个体，放手是对孩子的尊重，我们要尊重孩子的学习方式，尊重孩子的游戏权利。幼儿搭建滑梯的游戏是持续一周的视频录制，而我作为一名新老师，受到传统"老师本位"教学观和思维定式（滑梯就要让"小球"顺利滚下来）的影响，会用老师眼中的"成功"去干预幼儿的游戏，在每次游戏后我都会引导幼儿如何顺利让"小球"从滑梯上滚落下来，获取成功。在进行相应的引导时，例如"小球为什么拐弯了？小球为什么越跑越远？"幼儿的回答是"小球它累了，小球玩去了"这是由于幼儿的年龄特点"泛灵性"决定的。在安吉游戏理念的引导下，我渐渐转变教学观念，放下关注结果与成效的"功利性追求"，重新审视师幼关系，争取做到幼儿在前，老师在后，让幼儿做游戏的主人，做到后退、欣赏、愿意等待。当放手游戏以后，我发现了孩子们更多的"哇"时刻。我很高兴在这个过程中一直陪伴着孩子们，并帮助他们记录下整个游戏的发展过程，在这个过程中我明白了，孩子们都是游戏高手，不需要我们的安排与设定。只有放下想看到的游戏，才能看到幼儿自己的游戏。

二、学会等待

等待也是老师的一种支持。徐则民教授提出"站稳10分钟"，提倡定点观察，记录游戏的连续性过程。在"空中滑梯"录制过程中，双倍木板滑梯的搭建过程，我只记录下了滑梯搭建的结果，没有记录下幼儿搭建的过程。当老师"站稳10分钟"认真观察、记录幼儿游戏的过程后，老师可以在一个一个视频和照片的回看中研究游戏主题的演变过程，也能关注每一个幼儿的个性特征、学习特点。在老师分析幼儿行为、写案例的时候，都有助于其摆脱"不深入、凭感觉"的状态，也可以做到案例"有凭有据"。在以后的游戏中，还要加以改进，做到"站稳10分钟"捕捉幼儿的精彩时刻。

三、学会倾听

倾听是我们回应孩子的出发点，是一切的基础。在空中滑梯游戏中，幼儿出现了自发的行为：把滑梯的末端挡住，当挖掘这个行为背后的意义时，幼儿说道因为小球跑得太远了，把别的小朋友的作品碰坏了，这是幼儿最真实的想法。在绘画表征阶段，小班幼儿的游戏故事记录以涂鸦式为主，在大人的眼中，就是画了一堆五颜六色的线条，我在帮一个幼儿记录的时候，他说在玩卖蔬菜的游戏，紫色的是紫甘，绿色的是菠菜，粉色的是芋头，红色的是大萝卜，他所用的颜色和蔬菜颜色都能一一对应。但是他说没人来买他的蔬菜，因为菜不新鲜了。我由衷感叹幼儿内心世界的丰富。还有一次帮孩子往文件夹里放画的时候，她看着之前的画，高兴地指着画说："这是我画的蛋糕"。我当时很惊讶，因为只有好多线条，画得很抽象，是她一个月之前的画。虽然是很小的一件事，但给我的触动很大，幼儿在表征的时候，不只是天马行空地表达，真的要做到尊重幼儿每一次的游戏，认真倾听幼儿的每一次表达。

四、重新审视游戏

幼儿园倡导"以游戏为基本活动"，老师首先要树立正确的游戏理念，肯定游戏的价值。虽然孩子在安吉游戏中学到了什么，孩子都说不出来。其实幼儿已经在游戏中了解很多概念和原理（如"空中的滑梯"搭建活动中，孩子对平铺、架空、联动等搭建技巧的掌握，在沙水游戏中，水流的速度、冲击力，坡度，落差，船的重力，水的浮力等科学原理的理解与应用），虽然孩子们不会说这些词，但是他们的行为已经表明对这些概念和原理有了基本的理解。所以，我们不能忽略这类程序性知识，要打破"能说出来就是学会了""说不出来就是没学会"的认知，肯定游戏中幼儿的发展。

在以后的安吉游戏中，我会记录每一次惊喜，珍惜每一次对话，享受每一次老师与孩子在游戏中的共同成长。

（小一班　冯嘉宁）

第四章

家园共育，护成长再谱华章

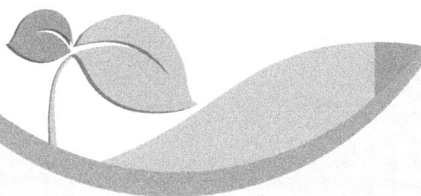

第一节

园长手记

　　家长是重要的合作伙伴，家长的支持是我们顺利开展安吉游戏实践的重要因素。实践安吉游戏初期，我们组织家长进行培训，主要向家长介绍什么是"安吉游戏"，"安吉游戏"的发展历程，游戏对幼儿发展的价值，以及渗透"安吉游戏"精神的幼儿在园一日生活的安排，让家长对"安吉游戏"有初步了解。开始实践后，老师通过微信群发送孩子们游戏的照片、视频；让幼儿将游戏故事带回家，请家长帮助记录幼儿讲述内容；向家长开放半日游戏。老师通过多种途径和方式，让家长认识到游戏对幼儿的意义，发现游戏中幼儿的学习与发展，成为"安吉游戏"改革道路上的同行者。

第二节
家长感言

第 一 篇　记录活动中的发展

学期末的时候孩子带回很多作品，有孩子每天早晨的天气记录、游戏故事、阅读记录，老师都按日期整理好，每张画上都有老师细心的记录，我拿在手里翻看的时候发现，孩子的语言表达渐渐地变多了，从开始的一两句到在纸上密密麻麻的好几行，这些都是孩子的进步。

现在的琪琪已经不是那个需要我每天担心的小朋友了，是一个能适应自主游戏，能和小朋友合作游戏、有想法有创意的小朋友了。我在和孩子每天的交流中感受得到安吉游戏是孩子喜欢的，她愿意在游戏中自由探索、发探冒险、喜欢挑战自己、能感受到孩子在游戏中的喜悦。（中一班　高乐琪妈妈）

孩子每天早上到班后，用孩子们喜爱的表达方式记录天气情况，并画出来作为记录，这样可以让孩子充分表达自己的想法。孩子还回来和我分享了，种植的辣椒，做了哪些记录。通过这种方式，增强了孩子的观察能力和语言表达写作的能力。（中二班　张昊宸妈妈）

我不确定具体从什么开始，孩子回家第一件事就是观看天气预报，关注天气和温度，当曲老师把天气记录本发回来时，看着孩子抽象的绘画，老师详细地记录，我对于老师和孩子间的对话特别有画面感，也倍感亲切，是如此耐心和细心才会每天去坚持给孩子记录天气，到现在，孩子从关注一天的天气到关注一周的天气，还自然地习得了温度的认识,从数字认读到尝试记录,在活动中感知数字的运用与意义。

关于安吉游戏,在开家长会时,听着曲老师的介绍,我了解到了游戏故事要一对一地倾听,作为"佛系"妈妈我没有教过孩子画画,孩子在家也不喜欢画画,特别担心孩子画不好也说不好。直到有一天,孩子带回来了一张关于乌龟的调查问卷,请我帮他查一查乌龟的眼睛为什么是白的? 当我俩用手机搜索后,他认真开始作画并让我记录,一字一句,一笔一画都让我特别惊喜,也让我深刻体会到兴趣才是最好的老师,这也许就是安吉的魅力吧,感谢老师们的辛勤付出。感谢安吉游戏给孩子带来的变化与成长。(中三班 胡铭洋妈妈)

第 二 篇 在惊喜发现中转变

虽然听好多人提到孩子在幼儿园学到了很多知识、认识了多少汉字、学会了加减法。开始我也很羡慕,现在我慢慢地领悟回来,兴趣是孩子最好的老师,现在的一日生活中孩子学会了观察,能在我送她入园的路上说:"妈妈,你看今天的太阳是橘色的,昨天是红色的。"他能够学会勇敢:"妈妈,我今天爬上了最高的梯子,并跳了下去"。他还学会关心小朋友,能够在爬山坡的时候拉小朋友一把;学得更加自信,能够站在全班小朋友面前分享自己的游戏故事;学会自己记住小任务,有任务意识等。我相信这些习惯的养成都是为以后的学习打下良好的基础。我愿意静待花开,相信这些良好的习惯将是孩子成功路上的垫脚石,为孩子在以后的学习生活中积累更多的经验。(中一班 高乐琪妈妈)

刚开始了解的时候我总担心孩子的安全问题,总怕孩子会受伤,随着进一步了解,我更加了解我的孩子,他会自主判断游戏的危险程度从而自己掌控游戏,他不仅会保护自己还会保护同伴,也让我懂得拥有冒险精神的孩子不等同于危险的孩子。

自从孩子在上幼儿园后他回到家做事情更有主见了。(她会自己选择自己想做的事情，为自己的生活做好规划）有一次我带着孩子去小区里的花园里玩，我发现她变得健谈、活泼，就连以前她最不敢尝试的健身器械都能玩得特别开心，还会和我讲解多种玩法。我想在那一刻我才真正理解了安吉游戏的意义，作为家长能做的只有配合老师工作，尊重并信任我的孩子。（中四班　崔翊妈妈）

不知不觉刘子祐小朋友已经在幼儿园学习生活了一年半了。这期间一直进行的是安吉游戏的教学方式，一开始，我担心孩子在进行这样的活动中会有困难和危险，但日子一天天过，刘子祐也时常与我分享幼儿园的生活。读绘本、玩游戏之后会进行绘画并记录自己的认知与想法，刘子祐从开始的畏难不想做到画一些小点点，再到现在能积极主动地进行记录甚至有时会自主创作。当看到他的游戏故事时，我很惊讶，原来孩子的内心世界如此丰富，他们对材料的探索和运用有时比我们大人还要有想法。刘子祐特别喜欢户外的各种游戏，这些游戏老师不会参与和指导，让孩子们遵从自己的想法，每次他和我分享户外活动时都会很兴奋。滚筒这些材料让他的游戏变得更加有趣，并富有挑战。当他能够凭借自己的力量爬上最大的滚筒，他很自豪，也更加愿意去挑战新的难度。

在这不长不短的一年半时间里，我发现孩子的专注能力、理解表达能力、思维逻辑能力、动手能力，都有了很大的提高。他在生活中也能认真思考、观察、发现生活中美好的事物，愿意与人分享，与人合作。我想这就是安吉游戏给孩子们带来的成长。（中五班　刘子祐妈妈）

作为教育工作者，我深知，一个人一生要奉行的基本准则和良好习惯是在幼儿园习得的。为此，我在多方比较之后为孩子选择了模范幼儿园。因为在西西入园的年龄，模范幼儿园是安吉游戏的试点园。

安吉游戏以游戏为主的教育方式在最大程度上保全了孩子的天性，同时也最大程度上开发了孩子的能力。当我觉察到西西的成长变化时，为自己当初的抉择而暗自庆幸。

每一个孩子都是天生的画家，安吉游戏开发了孩子们这方面的天赋本能。孩子们每天入园要用画笔记录天气,户外游戏之前要用画笔做游戏的规则,游戏结束之后要用画笔回顾游戏内容,阅读绘本也要用画笔记录阅读感受……凡此种种,日积月累,孩子们的绘画表达越来越丰富。我家西西不具备绘画天赋,入园之前就连简单的涂色都很难做好,对于画画也没有表现出太大的兴趣。但现在每天放学都要画上四五张,丑丑的线条里是孩子丰富的想象力,她找到了一种可以肆意表达自我的方式。

沙水区、滚筒区、山坡游戏区……安吉游戏让孩子们在户外和"野趣"中自然无拘地游戏。孩子们真正成了游戏的主人,从策划到实施再到总结反思,都由老师引导,孩子们自主完成。这样的游戏方式没有成人的干预和制止,没有对与错的评判,让孩子们尽情享受游戏带来的快乐。安吉游戏带给孩子们的不只是快乐,更是潜在的习惯养成和能力培养。每个周末,西西都会对吃什么或者玩什么作出自己的规划。有时还会主持召开家庭会议,会议之前她会画一张图,上面会安排好参会人员和分组情况。我想这种规划意识和策划能力应该都是在游戏中慢慢习得的。

"鱼缸里的鱼,为什么有时是一条,有时是两条,有时是三条?""那是因为材料的不同,还有光的折射。"现在对于一个幼儿园中班的孩子能给我分析玻璃和塑料的材质不同,能在表述中运用到"光的折射"我一点也不感到惊讶。因为安吉游戏为时间赋予魔法,让我们在某一个不经意的瞬间惊叹孩子的成长。

和同龄人相比,也许西西没有多背两首诗,也许西西没有多认几个字。但我想诗可以再背,字可以再认,良好的人生基础是不能再铺设的。一个人受用一生的良好习惯和基本能力是在幼儿园里习得的。唯愿每一个孩子在游戏中去尽情玩耍,去自由热爱,去发现世界的奥秘。

游戏的尽头是发现,是成长。(中六班 闫静翕妈妈)

第 三 篇　游戏中发展

——身体素质的增强

看到老师经常发送的视频和照片，让我很惊喜，其中一个游戏是孩子们在反复做一个小测试：轮胎从高台上滑下来如何能停止，且设置的障碍物能稳定不倒。老师在旁边作为观察者和记录者，全程都是孩子自己在制定游戏目标，并一直为之努力，最终达成了目标，透过屏幕我感受到了他们游戏的快乐。也许这正是安吉游戏的魅力所在，小小的一个游戏可以让孩子们独立思考、发现问题并不断修正方案去解决问题。这个过程既锻炼了他们的动手能力、语言组织能力、沟通能力，又培养了孩子们团结协作的意识，看到孩子们在游戏中累得呼哧呼哧的，也是对体能的一种锻炼。

我还发现孩子通过户外活动身体变得更棒了，在幼儿园里孩子不再是单纯的室内游戏，长期的室外游戏锻炼了孩子的身体，他不再像以前那样娇弱；孩子的专注力提高了，以前注意力难以集中，现在无论是坐下来画画还是自己拼乐高积木，都能专注很长一段时间，遇到问题也有耐心解决，不像之前那样急躁；最重要的一点是孩子通过和小朋友的共同游戏，增强社交能力，现在的他无论和同龄人还是成年人，都能很好地沟通和交流。（大一班　郝云汉妈妈）

第 四 篇　游戏中发展

——自我保护能力的提高

第一次听到安吉游戏还是开家长会的时候老师向我们做介绍，观看宣传片后，起初的我对此并没有太深的理解和认识，只知道模范幼儿园是天津市安吉游戏的试点幼儿园，慢慢地幼儿园的环境和游戏材料也变得不一样了，很多的方箱、木梯、炭化积木、滚筒、小车、轮胎、沙水玩具等，虽然不像很多大型玩具一样豪华高档，却给予了孩子一个真正可以自己动手的场地，一个无限创作和游戏的空间。

作为家长，我开始有些担忧，孩子们这么小，能否安全地使用这些材料，会不会摔跤受伤，心里有好多顾虑，每天晚上孩子放学回来，我都会问她："你真的喜欢这些游戏吗？"孩子总是分外雀跃地讲述着在积木区搭建跷跷板游戏、在方箱区能从最高的箱子上跳下来、在沙水区和小朋友开通了河道、在综合区能站在滚筒上走很远……"那你受伤了吗？"我总是急切地追问着孩子，"我会保护好自己也保护好别人。"带着顾虑的我看到"一起长大"APP里老师上传的视频和照片，孩子们发自真心的喜悦、认真专注的神情、相互合作的友爱精神、敢于挑战的冒险精神，我陷入了深深的反思，作为家长的我也要学会适时放手，相信孩子。

开展安吉游戏以来，我发现孩子在家也发生了不小的变化。在与别人相处时，知道了合作和谦让的重要性；在平时的玩耍中，遇到有危险隐患的事情，懂得如何化解危险；在平时生活中，知道了如何帮助别人；遇到争执和矛盾时能大胆说出自己的诉求和理由，而不是一味地依赖大人，我想这都是游戏中培养出的良好习惯和品质。（大二班　王蓝若妈妈）

第 五 篇　尊重童年的游戏

我对安吉游戏的进一步了解是在孩子拿着自己的一幅画给我讲述开始的，曾经连话都说不清楚的孩子慢慢变成了说起话来就滔滔不绝的"小话唠"，越来越清晰的吐字也让他更加自信了，看着他画得并不娴熟的线条，我慢慢了解游戏带给孩子的快乐并不只是在那短短的半个小时或一个小时的游戏中，而是持续在孩子们一整天的生活中，以及那满足后的快乐。

我对安吉游戏的进一步了解是在陪孩子玩时他给我的一个个小惊喜中，"妈妈，你看我！"说着，孩子便把手撑住墙边，脚蹬到一角，两三下便爬上一米多的高台，我对他竖起了大拇指，以前什么事情都要喊妈妈的小不点慢慢变成了无所畏惧的小勇士，我知道这是来自老师的鼓励，来自挑战自我的游戏中。

孩子的变化让我知道安吉游戏是真正尊重童年的游戏，是真正带给孩子们快乐的游戏。（大二班　姜天佑妈妈）

日常中，孩子看到小水坑兴奋不已，想去踩踩蹦蹦，家长会说，不行，鞋子湿了我们怎么走路？孩子看到泥巴软软糯糯，想去摸摸捏捏，家长会说，不行，手脏了、衣服脏了怎么办？多不卫生啊！而在安吉游戏中，孩子们穿上雨衣雨鞋，快乐地踩出水花，他们说，那是水花在跳舞；孩子们守在沟渠旁边，用小手一次又一次改变了水流的方向，听着哗哗的水声，他们说，那是水龙在唱歌。回家后，宝华意犹未尽，用泥巴捏个大碗送给妈妈，捏个兔子送给爸爸，捏个小青蛙送给要高考的姐姐，希望她高考成绩能够"呱呱叫"。近日听到最多的消息就是"我们的电影院"。"妈妈，今天我和好朋友们一起搭建了电影院……"

"妈妈，今天的电影院更丰富了，旁边还有甜品站……"

"妈妈，我们准备在电影院放映电影呢，我得准备个节目呀……"

"妈妈，今天我们上台表演了，热闹极了……"

看着孩子开心的样子，我由衷地感谢幼儿园创造了这样一个自主、安全、快乐的环境，能够让孩子们快乐地茁壮成长！（大六班　马宝华妈妈）

第 六 篇　阅读活动对幼儿的改变

每两周一次的亲子阅读是幼儿园给我们创造的最好的亲子时间，孩子有任务意识，能够更认真地去对待一个新的故事，从小班到中班，和孩子每次都不丢下这项活动，每次都认真完成，在绘画的过程中发现孩子的绘画能力有了很大的提高。最开始孩子在绘画的时候很简单，对故事内容的讲述也是寥寥几句，现在最近的一次亲子阅读活动，我发现孩子对新的故事看一遍就能复述出来了，还能画出重要的故事情节，和我说出故事里有什么，能自己总结自己在故事里获得的收获。（中一班　高乐琪妈妈）

开展亲子阅读活动，小班第一次进行亲子阅读时，听故事环节比较容易进行，当记录时我觉得对孩子来说挺困难的，孩子既不会画也不会说，说得比较潦草，但是进行的次数多了，我发现孩子拿到记录单时就能很好地完成绘画，能画出故事简要情节且能突出人物或事物的特征。当我记录时孩子的语言表达也很流畅，孩子总结的故事内容也很到位，这样的方式在不经意间培养了孩子的想象力以及语言表达能力，还让孩子拥有一个良好的阅读习惯。看到他这样的进步，我想不仅是阅读的功劳，因为孩子也告诉我，在幼儿园会跟小朋友们进行自主户外游戏，孩子跟我讲游戏的材料，和拼搭了哪些内容，以及游戏时如何进行搭建和组合，和谁玩的等，游戏后也会与我做绘画分享，孩子也会跟老师讲游戏内容，自己发现的问题、问题的解决办法，老师进行记录，我觉得老师能够倾听孩子的表达，切实地了解孩子真实的想法，帮助孩子解决问题、给孩子回应，我听着孩子滔滔不绝的讲述，我想幼儿园为孩子提供的环境和老师为孩子所做的一切都值得家长的认可，幼儿园和老师的努力都会促使孩子不断地进步，同样在家游戏时也更专注、想象力创造力也很惊人，而且孩子还学着老师的模样引导爸爸玩游戏，爸爸也会跟我惊叹道："儿子太会玩了，我都想不出来还能这样做！"（中三班　刘奕辰妈妈）

　　绘本阅读是大部分幼儿的必修课，它扮演着启蒙老师的角色。从入园开始，每周一次的绘本阅读记录让我对这些"启蒙老师"有了重新的认识。安吉游戏注重游戏内容的连贯性和游戏效果的持续性。阅读绘本绝不停留在阅读层面，而是要能读能画能讲以至于能创作。初始陪西西完成绘本阅读记录表，只是单纯地当作一个任务去完成。最近她把自己的画做成绘本，还绘声绘色地讲给我听，我终于懂得这游戏的初衷。庆幸自己每一次陪她做绘本阅读记录都是认真且不敷衍的。（中六班　闫静翕妈妈）

第三节

共育妙招

第 一 篇　幼儿园安吉游戏开放活动的邀请

亲爱的家长朋友：

你们好！感谢您一直以来对模范幼儿园各项活动的支持和配合。2020 年 12 月，我园被为教育部确定为安吉游戏试点园。经过近 4 个月的努力，我们改造户外环境，添置游戏材料，合理安排游戏时间和场地，"放手游戏、发现儿童"，把游戏的权利还给孩子，让孩子在游戏中体验学习"爱、冒险、投入、喜悦、反思"。为了让家长们近距离感受"安吉游戏"的魅力，了解幼儿园、老师、孩子在"安吉游戏"中的变化，我园将开展"安吉游戏"家长开放活动，特邀请您来园参观、体验。

一、具体开放时间

为避免场地拥挤，采取分批开放活动的形式。

1. 大班、小一班、小二班、小三班 4 月 28 日（本周三）上午 8：40—11：00 开放。

2. 中班、小四班、小五班、小六班 4 月 29 日（本周四）上午 8：40—11：00 开放。

二、地点

模范幼儿园前后院操场。（各班"安吉游戏"活动场地每三周轮换一次）

三、注意事项

1. 为了孩子的健康，请您不要在幼儿园内吸烟。

2. 由于是户外游戏，尽量请父母前来参加。

3. 孩子游戏时家长可以观察、体验游戏，但是不要去指导孩子游戏，让孩子们能自主游戏。

4. 孩子取放游戏材料时，尽量让孩子自己取放，不帮忙，请相信孩子的能力。

5. 在游戏中请您认真观察，您看到了游戏中孩子有哪些学习和发展？孩子的游戏主题是什么？在游戏中孩子探索了什么？是怎样探索的？（方法）和同伴之间的关系？语言的交往？

6. 游戏结束后，孩子们会有画游戏故事环节，请您深入了解孩子的想法，帮助孩子做好游戏故事记录。

7. 观摩结束后请您填写对开放活动的反馈记录。

谢谢您的配合，真诚期待您的热情参与！

天津市静海区模范幼儿园
二〇二一年四月二十六日

第 二 篇　安吉游戏开放活动的家长反馈

班级：_____　幼儿姓名：_____　时间：_____　游戏场地：_____

安吉游戏倡导把游戏的权利还给孩子，提倡"放手游戏、发现儿童"，让孩子在游戏中体验学习"爱、冒险、投入、喜悦、反思"。我园自成为安吉游戏试点园以来，经过四个月的学习实践，幼儿园、老师、孩子都发生了很大的变化。为实现家园同步教育，开展一次安吉游戏开放活动，重点请您观摩游戏活动，请您在观摩后认真填写以下记录。

1. 您看到了游戏中孩子有哪些学习和发展？

2. 在游戏中孩子探索了什么？是怎样探索的？（方法）

3. 记录孩子的游戏故事时有哪些发现？

4. 您对幼儿园的半日活动有哪些意见、建议？

第 三 篇　家长开放活动精选

01 教育活动中您有什么感受？在过程中您看到了孩子有哪些表现？获得了哪些发展？

　　家长1：图形活动锻炼了孩子的推理能力和手眼协调能力，成语接龙和看图识成语锻炼了孩子的思维能力和语言表达力，我感觉孩子对成语方面比较感兴趣，参与度也比较高。

　　家长2：孩子们的注意力都非常集中，表达能力都不错，有胆小的孩子，老师也会引导他回答问题，基本上所有的小朋友都能互动起来。而且孩子知道举手回答问题，有序参与活动。

　　家长3：孩子能够跟上老师的进度，可以听从老师的指令唱儿歌做动作。积极举手发言，声音洪亮，老师很努力地带动孩子们的思想和动作。教学活动，户外活动和小便洗手喝水吃饭等都事先安排好了规则，孩子们只要按照规则自己去做就可以，很省力。

　　家长4：感觉孩子特别开心，寓教于乐的形式特别好，孩子更容易接受！孩子的注意力非常集中，语言表达能力增强，思维能力得到锻炼，回答问题积极，喜欢展现自己！

02 户外游戏中您有什么感受？您看到了游戏中孩子探索了什么？有哪些学习和发展？

　　家长1：我看到孩子能够在队伍散开的时候主动去组队，努力去做社交活动的样子很可爱。虽然没成功但不影响她搭积木的好心情。她搭电梯搭了五层，跟她的身高一样高了，努力的样子也很吸引人。电梯期间倒了一次，虽然有些不开心，但没有气馁，鼓起勇气又搭了一遍，还搭得更高了。她非常欢迎有新朋友加入她的搭建团队，开心有朋友跟她一起分享搭建的快乐。

家长2：户外活动，老师多次进行安全提醒，孩子们自由组合各种玩具，既培养了学生的合作能力，又培养了孩子发现问题自主解决问题的能力，交流中也锻炼了语言表达能力。比如在滚筒游戏的时候有的孩子无法顺利站上去，就想办法让别人帮忙扶着，还有的把筒滚到滑梯旁边，扶着滑梯站上去，很棒！

家长3：户外活动过程中我发现，孩子能够做到积极参与，勇于尝试各种户外活动。也勇于探索问题，勇于发现自己玩的玩具为什么和其他小朋友的不一样，也尝试其他小朋友的玩法。通过和小朋友的互帮互助可以体现他们的合作能力，但是安全意识还没有完全建立。

家长4：孩子在户外活动中与小朋友一起合作完成了搭积木游戏，相互合作共同努力很快就搭起了坚固的小城堡，活动结束后也能自己把积木放到对应的箱子里，活动时也不在场地中乱跑乱跳，能够有序地进行游戏，不仅让孩子明白了团队合作的重要性，也养成了自律有序的好习惯。

03 在绘画表征环节您有什么感受？您在记录孩子的游戏故事时有哪些发现？

家长1：孩子通过绘画来表达自己的感受，在记录孩子的游戏故事时发现孩子比自己想象中感情更细腻，通过画笔去描绘自己所玩过的游戏，孩子远比我们想象得更优秀。

家长2：孩子能将自己的游戏内容与困惑利用绘画形式表现出来，孩子的介绍既生动又有趣，是对游戏的总结，有助于语言能力的发展。

家长3：绘画环节看着孩子画的图画，听着他给我讲他画里的故事，顿时觉得孩子长大了。我用心倾听，认真给孩子记录，在记录的过程中我能够感受他的快乐！

家长4：孩子充分地表达了自己游戏的过程，包括人物、环境、天气等方面，我们发现孩子有自己的观察角度和表达方式，出乎家长的意料。

04 在生活活动中您看到了什么？您的孩子在生活活动中有哪些学习和发展？

【观察与发现】

家长1：孩子能够独立上厕所、洗手、喝水、吃饭，摆脱了凡事依赖大人的习惯，进步很大，而且会积极向家长介绍教室的每一处功能区，可以看出孩子的自理能力和观察力都有了极大提升。

家长2：看到了学校和老师很用心地培养孩子们，尽可能地拓展孩子们的能力，并提高孩子们的各项能力。在这里感谢模范幼儿园和幼儿园的老师们，因为有你们，孩子们才不断成长和进步。我们很感激和感动，一起加油努力！

【反思中共勉】

家长3：通过家长开放日，才恍然大悟，孩子在生活中一点一滴的进步源于幼儿园，老师们无论是教学活动还是户外活动，都在引导孩子们良好的品德，爱思考的习惯，和与人沟通交往的方式，这些潜移默化深深影响着孩子的成长的过程。

家长4：无论是教学质量还是园区的硬件设施以及老师的人员素养都非常棒，值得肯定，孩子能在这么优秀的模范上幼儿园家长很放心，短暂的三年幼儿园生活就要结束，相信在孩子的童年回忆中一定是个难忘的童年时光。在未来的日子里，祝愿模范幼儿园越办越好，桃李满天下，也祝愿小朋友们健康快乐地茁壮成长。

第五章

放手游戏，助力儿童成长

第一节

园长手记

2022 年的冬季，病毒肆虐，老师们居家办公，我们充分利用这个难得的"休闲"时间，梳理前一阶段实践成果。老师们将手机中占用内存最多的幼儿游戏中拍摄的照片、录制的视频进行整理，撰写游戏案例，剪辑游戏视频。正在这个时候，天津市教育科学研究院课程中心回蕴玫主任与我联系，天津中小学智慧教育平台开设安吉游戏专栏，征集安吉游戏视频案例。机会难得，时间紧任务重，我与业务园长反复阅读，将老师们上交游戏案例进行初筛，评选出 14 个游戏案例，然后和每一位老师沟通，提出修改意见，修改后老师进行游戏视频制作。这段时间我们的工作节奏加快，每天都要在电脑前工作近十个小时，观看老师们的游戏案例和游戏视频，每个案例和游戏视频都进行了 2 至 3 轮的修改，历时半个月的时间，终于完成，顺利提交，十四个视频全部采用。借此机会，感谢天津市教委学前处和天津市教科院课程中心的领导，为老师们提供了这样一个重要的平台。

聚焦自主游戏，助力幼小衔接

幼小衔接是幼儿成长过程中一个自然而重要的阶段，顺利实现幼儿园到小学的平稳过渡对儿童成长具有重要意义。2021 年中华人民共和国教育部印发了《关于大力推进幼儿园与小学科学衔接的指导意见》，对幼儿园入学准备和小学入学适应提出了具体要求，园所作为教育部安吉游戏实践园，大胆尝试将幼小衔接工作融入自主游戏中，通过实践安吉游戏的自主精神助力幼儿入学准备。

一、建立衔接机制，在合作中找准衔接切入点

我园与模范小学仅一墙之隔，为帮助儿童顺利实现从幼儿园到小学的平稳过渡，我们建立"园＋校"教研联动协作衔接机制，开展联合教研，找准衔接切入点，共同做好双向衔接。

由区学前和小学教研员共同牵头组织区级联合教研小组，定期到幼儿园和小学组织开展幼小衔接专题教研，带领幼儿园老师到小学观摩听课，教研室小学语文教研负责人组织小学老师到我园大班观摩半日活动，观看户外游戏及分享表征活动，观看幼儿园班级环境创设。随后教研组成员一起就观摩发现共同研讨：幼儿园的环境和活动对幼儿入学后的适应优势，小学老师怎样在幼儿原有经验基础上以游戏为切入组织小学的适应内容。同时提出了幼儿不适应小学的突出问题表现在：生活自理能力、规则意识、安全自护能力、对新环境的适应、良好的学习习惯等方面。这为开展游戏助力幼小衔接聚焦幼儿身心、生活、社会、学习方面的核心准备提出了研究课题。

二、突出衔接重点，在游戏中培养幼儿核心能力

"把入学准备教育目标和内容要求融入游戏活动和一日生活，在游戏和活动中提升幼儿能力。"是教育部《幼儿园入学准备教育指导要点》重点要求。我们根据联合教研中发现的幼小衔接存在的突出问题，聚焦自主游戏，在自由、自主、自发地游戏中培养幼儿运动协调能力、自我服务、自我保护、合作交往、面对挑战的适应能力、遵守规则等核心能力以及积极主动、认真专注、解决问题等良好学习品质，全方面做好入学准备。

（一）聚焦自我管理，帮助幼儿做好身心与生活准备

运动能力是身心准备的一个重要方面。我园注重户外自主游戏质量，为幼儿提供充足的时间和空间、场地和材料。为了满足幼儿游戏需求，不断改造环境场地，通过移、增、扩、堆四部曲将大面积的灌木移走，修建小路、水池，增设收纳棚，扩大沙池，堆起土坡，让幼儿亲近自然。提供木梯、方箱、滚筒等低结构、可变

性的游戏材料,让学习在游戏中自然发生。

孩子们会在滑索游戏中,利用多种材料设置障碍,不断提高游戏难度,增加趣味性的同时也锻炼了臂力;小心翼翼地爬上近两米高的五节双梯,只为够到幼儿园空中悬挂的小彩旗。在大胆尝试、主动探索、深度游戏中运动能力、心理适应能力都得到了提升。游戏结束后,他们会自主收纳各种游戏材料,重重的梯子、大滚筒,满场地的积木,在大家共同努力下很快收拾整齐,身体素质、归纳整理能力都得到了提高。整齐的书包、衣帽柜,自助餐时自己盛饭的准确性都体现出孩子们的进步。

安全意识和自我保护能力也是幼小衔接的一个重要内容。在户外自主游戏中,老师大胆放手游戏,引导幼儿在相对安全的环境下通过直接感知、亲身体验发现不当的操作材料方式和运动方式存在的安全隐患,讨论规则明确方法,在自我管理中提高安全意识与能力。如幼儿在综合区游戏时发现并总结出:取双梯时手不能放在两个梯子之间,避免夹手;在方箱上不能推操,往下跳时要看清下面垫子上是否有人;选择游戏场地时不能离其他小朋友的材料太近,容易妨碍其他人游戏等。借鉴此方法,在老师引导下孩子们又找出了生活中的安全隐患,如上下楼梯时不能跑靠右走;午睡时上铺小朋友不能站起来等,在游戏和生活中既习得了安全意识,又提高了自我保护能力。

(二)聚焦真实游戏情境,帮助幼儿做好社会准备

从幼儿园步入小学,是一个人社会化的又一新阶段。实践中老师把游戏空间真正还给孩子,给予幼儿充分的自主,让幼儿完全按照自己的游戏计划,选择游戏材料,确定游戏主题,寻找合作伙伴,在真游戏情境中培养良好的社会性品质,充分做好社会准备。

小班幼儿在挑战滚筒游戏时,当同伴不敢站上去时,主动搬来小凳子,并且鼓励同伴:别害怕,勇敢一点,我扶着你。当看到同伴流鼻涕时,主动跑去拿来手纸递给同伴。善良、友爱、互助这些良好的品质自然融入孩子们的游戏之中。

轮胎游戏中,孩子们从不敢站上去,到在轮胎上自由行走,勇敢执着、坚持不懈的精神充分体现;从走一个轮胎到挑战多个轮胎,从正着走、倒着走到交换轮胎走,创新能力不断突显;从一个人玩到多人合作玩,协商、轮流、合作,交往能力得

到了充分发展。

在"滚筒桥"主题游戏中，孩子们合力调整单梯和油桶的距离，讨论创新游戏玩儿法，处理游戏中出现的争端和冲突，相互协商制定并共同遵守游戏规则，闯关游戏不断升级，团队合作也愈发默契。正是因为真实游戏情境的创设与利用，幼儿在前老师退后的关注与支持，我们才看到了幼儿在游戏中的发展。

（三）聚焦学习品质培养，帮助幼儿做好学习准备

幼儿是在游戏中学习和发展的。从室内游戏到户外游戏，老师充分放手、持续观察、利用视频、照片分享适当介入与回应，努力看懂幼儿的游戏。幼儿在游戏中逐渐养成好问、善思、专注、坚持等终身受益的学习品质。

积木游戏中，小班小朋友搭建跳台，没有正方形积木，就用两个三角形拼成一个正方形，了解了三角形与正方形的关系。扭扭建构游戏中，孩子们将螺丝和螺母拧在圆形材料中间的孔中，自由探索制作出陀螺，老师通过提问"除了圆形材料，还可以用什么材料制作陀螺？引导幼儿寻找到更多形状的材料。在寻找过程中，发现了长方形的材料有单数孔、双数孔后，开始了对中心点的探索，老师关于陀螺图书以及玩具给与经验的支持，并将游戏现场拍摄的照片、视频与幼儿进行分享，提出启发性的问题，让幼儿在讲述自己作品的同时，思考别人的想法和做法，积极地互动。从陀螺的诞生，到不同形状的陀螺，再到联动陀螺，促使幼儿在原有经验基础上持续推进对材料的探索，不断发现问题和解决问题，从而达到积极主动、认真专注、不怕困难、敢于探究与尝试、乐于想象与创造的深度学习。

三、重视家园共育，在同频共振中巩固提升

家长是科学开展幼小衔接工作的重要力量，我园在常规做法的基础上为家长打开两个通道，即观察与体验和倾听与记录。每周在班级群，老师向家长推送游戏视频，让家长经常性地看到幼儿在游戏中的学习与发展；在家长开放日中，家长能够亲自参与到游戏中，亲身体验游戏的挑战。一位家长在开放感言中写道："在游戏中，孩子的坚强和不放弃是超乎我意料的，一次又一次地尝试，一次又一次地站上跳板，从逃避到勇敢面对，再到成功！我发现她真的长大了，真的能独当一面

了。"家长真切"看见"通过游戏活动幼儿的进步与成长。

请家长帮助幼儿记录游戏故事，在倾听与记录中进一步感受幼儿在丰富多彩的游戏活动中获得的发展。我们定期请家长帮助幼儿记录游戏故事，一个大班幼儿将自己画的训练场的游戏讲给家长，家长用一千余字记录了孩子如何选取材料、不断调整难度，尝试解决问题，如何吸引伙伴参与游戏的心路历程。家长由衷地感慨："孩子可以做到条理清楚地讲述游戏故事，上了小学听说读写都不用愁了。"在倾听中家长理解了幼儿游戏的想法，深刻认同了游戏就是学习的理念，从而家园沟通更为顺畅。

幼小衔接是幼儿园与小学双向的衔接，是家园协调同频共振的过程，我园将积极营造育人环境，打造游戏乐园，让幼儿在游戏和生活中获得全面发展，为进入小学做好充分的准备。

第二节

游戏案例

第 一 篇　陀螺变形记

扭扭建构材料具有广阔的想象空间和可创造因素，对培养幼儿的思维能力有着非常积极的作用。小班时孩子们就对这种材料非常感兴趣，常常将材料拼一拼、拧一拧，瞬间变成漂亮逼真的"蝴蝶""松树""小花"。升入中班后，发现孩子们有了不一样的玩法。

第一代陀螺：陀螺的诞生

升入中班孩子们第一次走进扭扭建构室，煜煜和瞳瞳拿着圆形玩具在地上滚着玩，一会儿煜煜随手在浅子里拿了一组螺丝螺母，并拧在圆形中间的孔中，放在地上一转，真的转起来了，一个好玩的陀螺就这样诞生了，瞳瞳看到说："哇，陀螺，真的是陀螺。"随后瞳瞳也做了一个一模一样的陀螺，两人的陀螺游戏瞬间吸引了好多孩子，活动室中陀螺成了最受欢迎的游戏。

｜老师的思考

第一次制作陀螺源于孩子们偶然的操作，当玩具转起来孩子们兴奋地喊"陀螺"时，我意识到他们生活中玩过陀螺玩具，将两个玩具组合在一起变成陀螺，是将原有经验的迁移和创新。如何保护孩子的创新意识推进游戏深入开展让我陷入了沉思。回班后，在分享游戏视频的过程中我知道了孩子们有很多的陀螺原有经验，我相信孩子们能继续探索陀螺的奥秘，于是我继续观察着他们接下来的游戏情况。

第二代陀螺：不同形状的陀螺

1. 有的能转，有的不能转

再次活动的时候孩子们都痴迷地投入到陀螺的制作中，梁梁分别做了最中间孔交错叠在一起的三孔陀螺、五孔陀螺和不是中间孔交错叠的七孔陀螺，并尝试在地上转动，自言自语道："怎么这个能转，这个一转总是歪呢？"接着又转了几次，还是不行。

| 老师的思考

通过观察，我发现梁梁制作的陀螺出现了这些问题。

（1）有的螺丝插在了中间孔中；

（2）有的没有找到中间点，所以才会造成陀螺总是往一边倾斜的问题。

面对这种情况，我觉得孩子们还不太清楚陀螺的对称结构。我没有直接给他们答案，而是让他们带着问题继续探究，到底是不是找到中心点就可以转得又快又稳了，中心点到底在哪里呢？

2. 寻找中心点

第三天游戏时，用单数孔的孩子基本直接找到了中心点。茗茗拿的是两孔玩具，将螺丝直接插到两个孔中间，再将长条玩具打开，双数孔陀螺制作成功，拿起一转就笑了。

林林拿了两个四孔玩具，将螺丝插到第二个孔里，随即又拔出来，然后用手指点数孔数，随后又去拿材料，这时看到茗茗的陀螺，林林马上回到刚才游戏的地方，继续拿起玩具，将螺丝插在最边上的孔中，又数了数两边的孔，自言自语道："两边都是三个孔了，一样多了。"

突然，琦琦跑来激动地说："老师，你看我做的陀螺，转起来像小花一样。"说着就在地上转起来了，我说："真的像小花啊，你是怎么做到的。"琦琦边说边数着："这是我用弯弯的玩具做的，我找到它的中心点了，你看两边的孔数是不是一样多。"

墨墨正用正方形制作陀螺，将两个正方形边上的两个孔重叠放在一起，拧上两个螺丝，转的时候发现转不起来，翻看了一会儿把一个螺丝拧下来又转可是还不行，又调整两个正方形的位置，再打开一点，陀螺真的转起来了。

| 老师的思考

孩子们对陀螺越来越感兴趣了，他们开始用不同形状制作陀螺，长条单数孔玩具通过目测就可以找到中心点了，两孔的也比较简单，随便用一个孔重叠在一起就是中心点，就能做出陀螺。可是像林林在制作四孔陀螺时却遇到了困难，找到一个点后通过点数发现中心点两侧的孔数不是一样多，当时没有找到解决问题的办法，可是他没有放弃，通过借鉴同伴经验的方法继续创作，使两边的孔数相同，陀螺就转起来了。墨墨在制作正方形陀螺的时候，用了两个螺丝，发现转不起来，自己又开始探索去掉一个螺丝，这样就只有一个中心点了，陀螺顺利地转了起来。

陀螺需要一个中心点，中心对称才能转起来，这样深奥的原理，在没有老师的讲解，没有老师的示范的情况下，他们在游戏中通过自己的探索发现并制作成功，这样的创新能力是多么难能可贵，这是孩子们终身受益的品质。

第三代陀螺：多个陀螺进行组合

达达继续改装昨天的组合陀螺，这次在中间的支点处加了一个螺母，支点变高了，陀螺转起来了。一会儿，他又将加高的螺母拧下来，用正方形玩具代替，在正方形的底部拧上螺丝，转陀螺时却总是歪，再把最底下的螺丝拧下来，陀螺真的飞快地转起来了。

| 老师的思考

回班分享时，我问："为什么在正方形下面拧个螺丝，转的时候总是歪呢？"达达说："因为螺丝支撑不住那么大的陀螺。"我又问："为什么没有正方形的时候用螺母加高就可以转呢？"他说："没有正方形陀螺就没有那么高，加上正方形陀螺变高，支撑不住了。"孩子从发现问题到解决问题，不仅完成了科学的探究过程，还在与材料互动的过程中，知道重心与平衡的道理。他们能够改装陀螺，充分体验了丰富的想象力和较强的动手能力，孩子不断地向自己的原有认知经验发起挑战。

第四代陀螺：连动陀螺

接下来的日子，孩子们依旧陶醉在自己的陀螺世界里，专注地操作并改进着。梁梁和曦曦又发明了新的陀螺，一次可以转动两个陀螺。梁梁用五孔长条做了两个一模一样的，将两个同时摆在地上，转一个让另一个转动起来，可是总有碰不到的时候，于是他将两个陀螺放在一个七孔长条玩具的孔中，并调整距离，最终一个陀螺连带另一个陀螺一起转动。

曦曦做了一个五孔的、一个三孔的陀螺，将大小不同的两个陀螺上下组合，一转小陀螺大陀螺也了转起来，双层陀螺就这样做好了。

老师的思考

孩子制作的陀螺又升级了，他们利用齿轮的经验进行探索陀螺游戏，因为距离掌握不好，在下面用材料进行固定，这样距离就不会有变动了，用上下联动的方式转动两个陀螺，这些对于幼儿来说，都具有一定的挑战性、创造性，这些充分说明他们都是有能力的学习者。

老师小结

一、适宜的材料和充足的游戏时间，为儿童的探索提供无限可能

扭扭建构材料以螺丝螺母为特性，将不同形状的材料随意组合，这些特性使幼儿的游戏不受玩法、空间的限制，从而为幼儿的探索提供无限可能。

给予幼儿充足的时间保障，幼儿就有机会与材料进行持续、积极的互动，在原有经验的基础上持续推进对材料的探索，不断地发现问题和解决问题，从而达到深度学习的状态。

二、支持和引导幼儿开展深度学习

适时的支持和引导源于老师的观察和思考，从而判断幼儿的发展水平。本次活动中为开展深度学习，我对幼儿的支持与引导主要体现在：从幼儿的兴趣点出发，分享游戏视频了解幼儿的原有经验，并提出挑战性提问激发幼儿的兴趣；由单数孔、双数孔长条形状制作陀螺寻找中心点的问题，幼儿在操作的过程中理解了轴对称和中心对称；通过多个陀螺进行组合知道了重心的稳定性与平衡的关系；将齿轮的游戏经验和陀螺进行组合，让陀螺左右、上下联动起来。

为了帮助幼儿梳理经验，每次游戏后，师生一起观看照片、视频，进行分享，我会提出启发性的提问，让幼儿在梳理和表达自己的想法和做法的同时，也会思考别人的想法和做法，这是一个深入反思的过程。同伴间会结合自己的已有经验从多个角度进行讨论、分析甚至质疑和反驳，产生新的认知。这样更激发他们自主探究的欲望，能够突破原有经验获取新经验、新知识。

三、珍视游戏的独特价值，培养良好学习品质

《指南》指出："要珍视游戏和生活的独特价值，创设丰富的教育环境。最大限度地支持和满足幼儿通过直接感知、实际操作和亲身体验获得经验的需要。"他们在持续的一段时间中运用低结构材料进行探索与创作，满足了不同发展水平孩子的兴趣和需求，体现出他们已经具备了较好的学习品质，能积极发现问题，独立思考并解决问题，不怕困难等这些学习品质对于他们的发展来说是非常有帮助的。

（本文作者万福超　此视频案例在2023年经专家评委综合评审，被认定为天津市学前教育资源库"安吉游戏"板块入选资源）

第 ② 篇　一个由双梯引发的探索故事

幼儿园的双梯很常见，一个双梯也很简单，当双梯和自主游戏发生碰撞的时候，会有什么精彩的故事发生呢，一起走近大六班浩浩小朋友的探索之旅吧！

第一次游戏：爬上双梯够彩旗（2021年10月15日）

看到明明站在大木箱的轮胎上摸到了彩旗，浩浩搬来一个五节双梯爬了上去，他双手扶着梯顶的两边不断挪动双脚，调整位置，然后夹着双臂、微微弯着双腿，小心翼翼地站起来又马上蹲下。反复尝试了几次后，浩浩也摸到了彩旗。

老师的思考

当看到浩浩站在这么高的双梯上时,我的心脏都要跳出来了,我忘了拿出手机去记录,站在离浩浩最近的地方,关注着他的一举一动,几次想介入,但安吉游戏倡导的"闭上嘴、管住手、睁大眼、竖起耳"的理念又让我选择了相信和放手。我发现浩浩是有安全意识的,他不断调整双脚的位置,寻找重心站稳,反复尝试从蹲着到站起来。从游戏中我了解到浩浩的动机是摸到彩旗,游戏分享时,我让他说说自己的感受,他说一开始非常害怕,双腿发抖,但是当成功地摸到彩旗时很开心。我想这就是冒险带给他的喜悦,期待他后面的游戏表现。

第二次游戏:风车转起来啦(2021年10月19日)

这次浩浩把五节双梯搬到了风车的下面,他爬上去慢慢站起来小心地瞥一眼旁边又赶紧蹲下,然后骑在上面仰望天空、微笑着看着下面正在游戏的小朋友。他再次站起来,轻轻地摸了摸风车和线绳,大喊"乐乐",这时手中的风车快速转了起来,浩浩激动地笑着说:"转喽,乐乐,看我!"并向好朋友分享自己的喜悦。

老师的思考

浩浩第二次爬高梯的动作明显熟练了很多,当看到风车在自己的手中转起来的时候,他会兴奋地向同伴分享自己的喜悦,自豪之情溢于言表。在游戏分享的时候,我又让他说说感受,他说:"站在双梯上看下面的人小小的,好像幼儿园也没有多大。"我想他的喜悦不仅是因为成功,更有不一样的视角带给他的新奇和刺激。

第三次游戏:尝试高梯转圈(2021年10月20日)

浩浩爬上双梯玩了一会儿风车后,抓住风车的线绳一点一点挪动双脚,并在又高又狭窄的梯顶上面转了一圈。随后他把双梯拖到彩旗的下面,不断调整并对准彩旗,但他刚站到梯顶上,风把彩旗吹走了。

老师的思考

经过前两次的尝试,浩浩已经积累了丰富的游戏经验,他不再满足原来的玩法,而是尝试冒险、探索新的玩法。浩浩身体的平衡能力、动作的协调性、灵活性有了明显的提高，越来越大胆自信了。游戏分享的时候浩浩提出，有风够不到彩旗，下次他要想办法，他会想什么办法呢，让我们拭目以待吧！

第四次游戏：多人一起游戏（2021年10月21日）

甜甜和小雨搬来一个双梯想把它立起来，但是没有搬动。浩浩从梯子上下来笑着说："我帮你们。"然后他爬上自己的双梯轻松地拨动着风车，哼着小曲，上下晃动绳子，"嗨，甜甜，我还敢转一圈。""我还可以自己站着。"他拽着风车的线绳快速地转了一圈，挺胸抬头，站得直直的。不一会儿，甜甜和小雨又搬来了一个双梯，浩浩迅速下来把双梯立好。三个人都爬上去，浩浩左边看看、右边瞧瞧、呵呵笑着，和朋友们聊起了天。

架长板够彩旗

浩浩搬来了两个双梯和长板放到彩旗下，他把长板的一边架在一个双梯上，又踮起脚尖将长板托起来去架另一个双梯，由于距离有点远，双梯又高，长板总是掉下来。他请求小雨的帮助，拉近两个双梯的距离，把长板架靠在一个双梯上，对小雨说："咱俩上去搬吧。"他们从双梯的另一边爬上去够长板，但是没有搬动。第三次尝试，浩浩架好长板的一边，抬起的另一边卡在了双梯的第三节处，小雨先向外拉又向里推，长板不能抬起来，她请我帮一帮他们，我鼓励他们再试一试。浩浩抬长板又被卡住了，小雨就向外拉梯子，直到长板的一边能够被浩浩举到第五节高的位置时小雨又拉近梯子，终于架好长板。浩浩抬头看彩旗发现长板没有对准还是够不着，想直接拉过去。梯子慢慢合上快要倒下时，我赶紧过去扶住。他们把长板和梯子搬过去重新架好。浩浩爬上去站在上面，举起手来够彩旗，一阵风吹来，彩旗飘走，浩浩也向前走，终于追到了彩旗，他兴奋地大喊："可以啦，成功啦！"

| 老师的思考

通过前几次的分享，浩浩吸引了同伴的加入。当同伴遇到困难的时候，浩浩主动去帮助，并且站在双梯顶上，示范表演转圈，插着兜哼着小曲，充分享受着自主游戏带给他的自信和喜悦。

当在两个双梯之间架长板时，浩浩主动请同伴帮忙，两人合作，反复多次调整梯子的距离，在两个梯子之间架起一座桥，当站到自己搭起的桥上够到风刮起来的彩旗时，终于实现了自己的计划，再一次体验到了成功的喜悦。在这个过程中，我有放手，给幼儿自己解决问题的机会，也因为放手，才看到了幼儿积极主动、不怕失败、善于合作和解决问题等良好的学习品质；但是我没有放任，当梯子有安全隐患时我立即扶住，我想这就是介入时机的把握。

第五次游戏：穿越高梯（2021年10月22日）

浩浩将三个双梯摆成一排拉到风车的下面，他从第一个梯子慢慢爬到第二个、第三个梯子上，返回时又小心翼翼地走了过去。

| 老师的思考

幼儿是天生的冒险家，这一次他再次挑战自我，将三个梯子横着排好，在又高又窄的梯子上面，从一个梯子跨到另一个梯子上，再一次体验惊险和刺激，并不断增加游戏难度、挑战自我、创新玩法，这就是自主游戏的魅力。

老师小结

一、儿童观的转变

在我的印象中浩浩是一个注意力不集中、调皮、坐不住的孩子，通过放手游戏，我看到了他认真专注、敢于挑战、不怕失败、坚持乐观、善于合作，能够发现问题、解决问题等良好的学习品质，发现了不一样的儿童，转变了自己的儿童观——我相信儿童是有能力的主动的学习者。

二、教育观的转变

在这个游戏中，我秉承"儿童在前，老师在后"的原则，最大限度地放手，尊重浩浩的兴趣，支持他的冒险，每次活动后我都会鼓励他反思自己的游戏，说出自己的内心感受、耐心倾听、详细记录，增强了他的自信，激发了他更多的游戏灵感和兴趣。我的教育观也发生了改变——激发幼儿的内在动机远比物质奖励更能激发幼儿的主动性。

表5-1　不同阶段幼儿和老师的感受变化

游戏阶段	幼儿感受	介入方式	老师心理
爬上梯够彩旗	非常害怕，双脚发抖。感觉快要摔下去了，但是也开心	靠近、对话、游戏分享	非常害怕，要不要停止游戏，非常矛盾
风车转起来啦	喜悦并分享给同伴	靠近、对话、游戏分享	和浩然一同欢喜、感动
尝试高梯转圈	站在高处看"幼儿园也没多大嘛"	靠近、对话、游戏分享	惊喜、等待
多人一起游戏、架长板够彩旗	开心、自豪	靠近、对话、游戏分享	"站稳十分钟"，全程关注、认真观察、尊重、佩服幼儿
穿越高梯	想要挑战更刺激的游戏	靠近、对话、游戏分享	放手游戏、相信幼儿，热爱、崇拜、敬畏幼儿

（本文作者李玉雪　此视频案例在2023年4月被认定为天津市学前教育资源库"安吉游戏"板块入选资源）

第 三 篇　轨道探索记

　　小小的积木，在我们成人的眼中就是各种形状的木块，可以随意垒高拼搭。但在孩子的眼中，积木可是他们的神奇宝贝，充满着神秘的力量。当萌娃遇上积木，会碰撞出怎样的火花呢？老师在这个过程中又有怎样的发现与支持呢？我们一起来看一看吧！

初遇轨道

　　进入积木区后，然然和泽泽用两块长板上下搭在一起，在斜坡的中间形成了一条棱。航航拿小圆柱放在斜坡上，小圆柱滚到棱的位置偏离了轨道，掉下斜坡。——和然然都拿着大圆板进行挑战，他们的圆板滚到有棱角的地方都是颠了一下，然后继续往下滑。

老师的思考

孩子们已经拥有了曲面易滚动的经验，所以都选用有曲面的材料当小车。对于大圆板和小圆柱在滚动到斜坡上棱时的不同结果，我们进行了讨论。孩子们首先考虑到在开始时将"小车"放正就不容易偏离轨道。对比之下觉得滚动曲面较宽的小圆柱更易掉落。大圆板重，觉得重的东西比较抗"颠"。虽然，这种情况具有偶然性，但是孩子们的这种辩证思考和观察比较能力是值得肯定的。

"省力"的轨道

梁梁拿来几个小圆柱放置在台阶上，然后在圆柱上放上长板，调整小圆柱的位置，将两块长板的衔接处正好放置到小圆柱的中间位置，搭成轨道。但是在用长板搭围栏时，长板还是往下滑。一旁的果果用四块长板搭出轨道，他调整木板的位置，将轨道木板衔接的位置调整到台阶上，在轨道的底端用两块积木抵住。然后搬来很多短木板，在每一级台阶上放两块，夹住轨道的两边。从轨道顶端到轨道底端都加上了短板围栏，将原来抵住木板的积木放在了围栏的两侧，加紧底部的围栏。最后在轨道顶端上面悬空的部分，横放一块短板。孩子们在林念搭的轨道上开心地玩了起来。

老师的思考

孩子们借助台阶的高度搭出"省力"的轨道。虽然省力，但是也带来一些问题。因为台阶和木板不是完全贴合的，当木板悬空没有了支撑点，就会受重力作用往下滑。梁梁和果果都发现了这个问题，经过不断调整，他们找到了斜坡需要固定好的三个重要位置，即：顶端、衔接处和底端，并且找到了搭建围栏的合适材料，我们的"省力"轨道雏形就成型了。

小车上坡问题

梁梁用两块长板搭出斜坡，在斜坡下面用长板和圆柱搭出上坡，然后平铺一段路，在轨道两端用短板做成围栏。他做好后，用小圆柱在斜坡上走，试了几次，小圆柱都上了斜坡，上了一段路后小圆柱又从上面滚下来。在表征时，梁梁画了今天的游戏，说出了自己遇到的问题，小圆柱上坡上不去。我利用分享环节，和小朋友讨论解决这个问题的方法。

益益说："可以在它卡住的地方用手把它推上去。"非非说："可以在它要上坡的时候推它一下。"然然说："可以在轨道刚开始的地方推它一下，让它下去的速度更快。"硕硕说："可以用积木推，用后面的积木推动前面的积木。"柯柯说："用风吹也可以"茗茗说："可以让上面的斜坡变得更斜。"梁梁说："下坡更斜，小车下去的速度就变快，也许就冲上去了。"小晴说："可以换一个轻一点，表面光滑一点的积木当小车。"果果说："可以找一个重一点的滑一点的轮子当小车。"

老师的思考

在孩子们的表述中，我发现他们已具有很多关于滚动的经验，他们发现小车的滚动速度越快冲击力越大。所以孩子们在思考小车上坡问题时，想到从加快小车运动速度入手。孩子们还考虑到启动时的推力、风力、下坡的坡度以及小车的重量与光滑度对小车滚动速度的影响。这些经验，为幼儿今后进行物理探究打下了良好的基础。

多变的轨道

柯柯和潼潼用四块长板在台阶上搭出斜坡，轨道顶端木板高出台阶，然后搭出上坡，用短板搭出围栏。柯柯用两个圆木板做成的小车从轨道上滑下，小车轻松地上了上坡。潼潼用小圆柱当车，小圆柱也轻松地上了上坡。他还用短板在轨道末端围成方形，在方形中间位置搭出门，停车场出现了。他多次尝试，用小圆柱当车进入到停车场的大门位置。一旁的果果和小墨将轨道进一步加宽，将上坡的长板换成了短木板，他们用小木板当车在轨道上滚动，小车也轻松地滚过上坡。然后又换用小圆柱，小圆柱也轻松地滚过上坡。

老师的思考

孩子们在搭建时，能够根据讨论的办法进行尝试，柯柯将下坡加高，使坡度变陡，将小车换成了更重的更光滑的轮子，小车轻松地通过轨道。柯柯还注意到围栏总倒的问题，用长方体积木将围栏加固好。潼潼用圆柱滚动也成功了，孩子们验证了斜坡加高完成上坡的办法可行。潼潼又把轨道进行创新,加盖了停车场,撞击大门又增加了难度,需要力度与准度。果果发现了新的方法,将上坡变短,用不同的材料当小车,都完成了挑战。

老师小结

一、幼儿自主发起的"轨道游戏"蕴含着丰富的发展价值

（一）在自主探究中提升发现问题、解决问题的能力

幼儿在游戏的过程中,先后遇到了小车遇棱偏离轨道、怎样搭建斜坡更省时省力、木板在台阶上下滑轨道滑落、围栏固定不住向下滑、小车上坡上不去、小车怎样顺利通过轨道等一系列的问题。为了解决这些问题,孩子们不断地与同伴合作探究、多次反复操作,不断调整搭建方式,寻找适合的材料。解决问题的过程,给幼儿提供了充足的发现问题、解决问题的学习机会。

（二）在直观体验中,发现物体在斜坡上的运动变化

游戏中,孩子们通过动手操作和直观体验中,直观地感受到不同的物理现象。木板在台阶上没有支撑点悬空状态下,会受重力的作用向下滑落,在不断调整角度的过程中,找到轨道的三个重要支撑点,解决木板滑落的问题。在小车在轨道滚动的过程中发现了小车的滚动速度越快冲击力越大。小车上坡问题,可以从加快小车运动速度入手,孩子们考虑到启动时的推力、风向与风力、斜坡的坡度和长短以及小车的重量与光滑度对小车滚动速度的影响。这些经验,为幼儿今后进行物理探究打下了良好的基础。

（三）坚持不懈,养成良好的学习品质

游戏中,幼儿专注于调整木板与台阶的角度,找到木板在台阶上的支撑点,探究如何让小车上坡,耐心地一遍又一遍验证自己的猜想等游戏行为,体现出明显的目的性、计划性和坚持性。在幼儿解决问题的过程中,积极主动、认真专注、不怕困难、敢于探究与尝试的良好学习品质悄然养成。

二、充分发挥老师作用，促进幼儿深度学习与发展

在游戏过程中，我进行认真细致地观察，及时捕捉探究中的学习生长点。我捕捉到的学习生长点，分别是：寻找与建立物体支撑点的方法、斜坡与小车速度的关系、影响物体冲击力的因素。实际上捕捉探究中学习的生长点并不难，因为这些都是孩子们游戏中遇到的问题。老师通过细致的观察，是可以捕捉到这些学习生长点的。及时赞赏与鼓励，引导幼儿不断探究与挑战。在游戏中老师需要扮演好欣赏者的角色老师的赞赏与鼓励是对他们最好的认可，这也会带给他们不断探究的自信和勇气。组织讨论，将探究引向深入。针对幼儿在游戏中出现的，我会在游戏结后，组织幼儿进行讨论。在讨论的过程中，我会播放视频让幼儿重温游戏过程，我还会通过提问引发他们深入思考，努力使每一次的讨论成为再次游戏和探究的开始。

三、进一步的支持策略

在之后的活动中，老师的支持策略主要有：第一，引导幼儿对同等条件下所用的坡度轨道与小车材料滚动过程进行猜想与记录，从而帮助幼儿掌握斜坡与滚动的相关经验；第二，提供不同类型的轨道的图片，丰富幼儿对轨道的认知，并提供丰富的材料，鼓励幼儿尝试搭建其他类型的轨道，也可以引导幼儿发挥想象，搭建具有创意的轨道。

（本文作者李晶晶　此视频案例在2023年经专家评委综合评审，被认定为天津市学前教育资源库"安吉游戏"板块入选资源）

第四篇　挑战滚筒

小班的小朋友们第一次接触到滚筒时表现得非常兴奋，他们好奇地看着眼前这些长短大小不同的滚筒，不停地围着滚筒转来转去，期待着与滚筒进行玩法的碰撞。

第一次滚筒游戏

兮兮选择了白色滚筒，骑在滚筒上来回摇晃，玩了一会儿，她尝试站到滚筒上，开始一只脚上去另一只脚上不去，她使劲踮起脚，脚抬起来滚筒向前摇晃，她停止，再次尝试，滚筒还是向前摇晃，尝试了几次后，她找来一条紫色的平衡桥支撑在滚筒后，踩着平衡桥上滚筒，还是出现了一只脚踩上去另一只脚刚踮起滚筒就摇晃的现象，尝试了几次后，她又去找来一块黄色的平衡桥，两个平衡桥把滚筒夹在中间，她又一次尝试，这一次两只脚都上去了，滚筒开始摇晃，她赶紧下来，将两条平衡木向中间推了推，继续尝试，两只脚上去蹲在滚筒上，滚筒摇晃瞬间骑在滚筒上下来，再尝试，这一次陶陶过来从后面帮助她推了一下平衡木，兮兮感到后面动了一下，又赶紧把脚退回来，反复尝试了很多次，最后刚要由蹲着变为直立身体的时候又赶紧下来。

分析解读

1. 在我心目中兮兮是个胆子特别小的女孩，我没有想到她会去挑战站立滚筒，从开始的坐在滚筒上摇晃想到挑战站立滚筒，她对滚筒产生了兴趣，能够根据自己的兴趣进行相关游戏探索活动，她没有因为滚筒摇晃而感到害怕放弃游戏，而是继续尝试，兮兮第一次挑战站立滚筒虽然没有成功站上去，但是在我心中她已经成功了。

2.《指南》科学领域目标、建议中指出，"能够运用多种感官或动作探索物体，关注动作产生的结果""支持和鼓励幼儿在探究的过程中积极动手动脑寻找答案或解决问题。"在最初的站滚筒失败后，她分析是滚筒太高，选择了一条平衡木踩着上去，解决另一只脚上不去的问题，但是还是上不去，所以又选择了第二条平衡木，可能是认为滚筒滚动，是她上不去的原因，所以想用两条平衡木夹住滚筒已解决晃动的问题。兮兮具有一定的观察能力、反思能力、初步的探究能力和解决问题的能力。

支持策略

兮兮没有站上去的原因一是材料的选择不太适宜，平衡木很轻，不能有效地固定住滚筒，二是身体的平衡和协调能力发展得不是很好，三是胆子还是有些小，还有恐惧心理。因此我鼓励兮兮继续保持探究滚筒的兴趣，同时提供一些适宜的材料给予支持，回班后请卉卉介绍站上去的方法，借鉴同伴经验，鼓励幼儿继续挑战困难。

第二次滚筒游戏

兮兮借鉴了卉卉的方法，选择了一个带有台阶的平衡木支撑在滚筒后面，这一次她选择了一个小号的滚筒，她踩在平衡桥上试探着两只脚分别踩到滚筒上后，停顿了一下待滚筒稳住后慢慢地直立起身体，快要成功站直时身体不稳跳了下来，再次尝试，重复前面的动作，慢慢站起，我在旁边鼓励："加油！"她慢慢地站立起来，我又鼓励道："好厉害！"这一次她刚站立起来就赶紧下来，持续时间很短，然后继续重复，再次尝试上去的速度明显较上一次快了一些，站立时能稍微停留一下，再下来。她一直重复站立滚筒。这时陶陶过来想要推着她向前走，陶陶扶着滚筒，兮兮站在上面，陶陶对她说："你脚动一下向前走。"兮兮不敢动，陶陶急于求成，一推兮兮马上跳下来，陶陶走开了。三三走了过来想要尝试站到滚筒上，可是站不上去，兮兮帮她搬来一个小凳子放在滚筒前面，让三三上，三三说："我害怕。"兮兮对我说："老师，三三不敢上去，她害怕。"我说："那你帮帮她吧。"兮兮对三三说："三三别害怕，勇敢一点。"三三露出很不开心的表情，兮兮拉着三三的手说："来，三三，别害怕。"兮兮站到滚筒上对三三说："你上来我扶着你。"三三从小板凳上上滚筒，兮兮从另一侧下去把手递给三三去，三三还是不敢。这是兮兮对三三说："你流鼻涕了。"然后她马上跑开了，过了一会儿又跑回来，原来是给三三拿纸去了。

| 分析解读

1. 这一次兮兮借鉴了同伴的经验在材料的选择和站立的方法上进行了调整和改变，老师的介入帮助幼儿建立心里安全感，兮兮在老师的鼓励下克服了心理障碍，最后终于成功地站到了滚筒上，兴趣大增，接下来无数次地重复上下滚筒的动作表达心中的喜悦。

2. 游戏中,陶陶主动过来帮助兮兮,他想推动滚筒让站在滚筒上的兮兮向前移动,见兮兮未动脚步后,他提示兮兮向前走,虽然没有成功,但是同伴之间相互帮助的品质是安吉游戏"爱"这个关键词的充分体现。

3. 当三三遇到困难时,兮兮能够关注到三三情绪的变化,了解三三的需求,提供各种办法来帮助她,如:语言上的鼓励"三三,没关系的!你可以的……,动作上的支持,如:拉拉手、抱一抱;经验上的提示,如:自己示范如何站到滚筒上,还主动帮助三三拿纸擦鼻涕,知道关心小朋友。

┃支持策略

1. 鼓励幼儿与同伴合作进行在滚筒上走的游戏（一个站在滚筒上一个推滚筒),提高同伴之间的协调配合能力,体验合作游戏的快乐,鼓励幼儿进一步挑战滚筒不一样的玩法。

2. 投放不同的滚筒材料,鼓励幼儿在不同的材质的滚筒上尝试站立、行走、滚动等动作,提高平衡能力、协调能力。

3.《指南》指出:"结合实际情境,提醒幼儿注意别人的情绪,了解他们的需要,给予适当的关心和帮助。"通过照片和视频,老师引导小朋友们观察陶陶对兮兮的帮助、兮兮对三三的帮助,鼓励小朋友之间相互关心、团结友爱,让善良、友爱、互助这些良好的品质融入到孩子们的一日生活之中。

第三次滚筒游戏

兮兮继续帮助三三站滚筒,她和三三用很多塑料平衡材料将滚筒卡住,三三还是不敢,兮兮喊来边梓桐两个人扶住滚筒,三三来回换脚还是不敢上滚筒,又喊来赵洪璋,三人扶住滚筒,这次三三终于站到滚筒上,兮兮说:"漂亮!"边梓桐说:"成功了!"赵洪璋说:"真牛啊!"三三高兴地笑了!

┃分析解读

1. 上一次帮助三三挑战没有成功,这一次兮兮继续关注帮助三三,兮兮自己挑战滚筒时选择的是一个台阶的平衡木支撑,而她在帮助三三固定滚筒时选择了很多的材料固定在滚筒前后,显然三三游戏中的害怕、胆小的表现,让兮兮意识到安全的问题，所以她为三三提供了很好的安全保障，具有一定的安全意识。

2.《指南》指出："支持幼儿用适宜的方法探究和解决问题。"虽然材料上兮兮已经帮助三三准备好，但是三三还是不敢挑战，兮兮又想到了找同伴来帮忙，先是两人固定，再到三人一起扶住滚筒，让滚筒更加稳定从而帮助三三成功站立。兮兮能够根据出现的问题灵活选择解决办法。

3. 三三成功后，边梓桐、赵洪璋、兮兮都主动夸奖三三，能够在小朋友成功后去赞美他人，为同伴的成功感受到快乐，体验到同伴共同游戏的快乐，这种相互关心、相互帮助、相互鼓励的氛围让人感到温暖。

4. 三三从最初的不敢尝试到最后的挑战成功，她最终依靠同伴的动作支持、语言鼓励、爱的能量战胜了自己，露出了开心的笑容，感受到同伴的帮助、挑战成功、战胜自己的多重快乐，获得了自信。

一个简单的滚筒游戏蕴含着勇敢坚持、挑战自我、爱心互助、发现问题、解决问题等良好的学习品质。让我发现了幼儿自己探究学习和同伴互助学习的有效性，发现了放手游戏后，"老师发现儿童，儿童发现世界"这一理念的魅力，孩子们对滚筒的探索还在继续。

（本文作者刘婕　此视频案例在 2023 年 4 月被认定为天津市学前教育资源库"安吉游戏"板块入选资源）

第 五 篇　百变滑梯

在积木区，孩子们正在探索积木的不同玩法，用小积木自由探索和创作。他们最喜欢的是搭建斜坡，让圆盘积木从斜坡上滚下来，关于百变滑梯的故事就这样开始了……

看！我们的滑梯

活动一开始，承承就拿了好多长方体立柱（薄），他先将长方体立柱（薄）立起来，上面平铺长木板，并将两块长木板进行连接。在搭建中他左右看了看，发现长方体立柱（薄）之间距离过近，又将四块长方体立柱（薄）进行等距摆放，调整距离。承承又跑着拿来一块长方体立柱（薄）作为连接点，将长木板斜放，就这样，一个滑梯就建好了。承承高兴地说道："看！我们的滑梯。"

老师的思考

在搭建过程中承承不断调整长方体立柱（薄）之间的距离，可以看到幼儿边行动边思考的特点，了解幼儿背后的思维过程。在承承的认知经验中，滑梯的面是平的就是搭建成功了。所以当他搭建完成后，并没有发现滑梯不牢固的问题，我没有直接告诉他，而是做到等待和放手，让幼儿自然积累搭建经验。

滑梯总倒，怎么办

看着建好的滑梯，两个人都很兴奋。承承说："做好了，发射吧！"赫赫拿了一个圆盘，开始了第一次的尝试……刚滚到两块长木板连接处的位置掉在了地上，滑梯就倒了。仟仟看到后哈哈大笑。承承刚要笑，又马上蹲了下来，说道："没事，再搭起来就行了。"这次他在两块长木板连接的地方的下方放了一块长方体立柱（薄）。赫赫抱着圆盘走过来，想搭建斜坡。承承连忙跑过来说，"不行！不行！这个放在下面，在下方"赫赫一边比划一边说，"咣，让"小球"直接跳下来""对对对"承承点头说道。赫赫把圆盘放在了滑梯上，开始了第二次尝试，他小心翼翼地滚动圆盘，刚刚滚动滑梯连接处的地方，滑梯又倒了！

老师的思考

在第一次尝试后，滑梯出现了倒塌的情况，承承能够控制自己的情绪，正确看待失败，并重新搭建。滑梯的倒塌，与承承的原有经验发生了冲突，这个时候承承是一个主动的学习者，能够独立思考，他意识到了滑梯倒塌的原因：两块木板之间没有支点，于是从四块长方体立柱（薄）等距摆放调整为长木板连接处的下方再放一块长方体立柱（薄），四块长方体立柱（薄）变为五块长方体立柱（薄），但在第一次调整时，由于长木板连接处的长方体立柱（薄）发生了偏离，仍没有解决滑梯倒塌的问题。在这个过程中，滑梯的斜坡造型也悄然发生了变化，长木板斜放是为了让小球"滚"下来，长木板平放是为了让小球"跳"下来。

嗖！滑下来

承承在之前搭建经验的基础上，他对滑梯进行了调整，这一次他在两块长木板的中间的下方放了一块长方体立柱（薄），并在第二块长木板下面放了好多长方体立柱（薄），用来增加稳固性，搭建完成之后，承承说："这就变成滑梯了"他又取了长方体立柱（薄）连接在了斜坡后面，将滑梯大大地延长了。承承开始了第三次滚圆盘的尝试，他用手扶着圆盘滑滑梯，这次圆盘顺利地通过了滑梯跑了很远很远……小朋友们都来玩滑滑梯的游戏，承承半跪在地上，把手伸出来，做了一个发射的姿势，圆盘纷纷滚下滑梯。

接着他又对滑梯进行加固，在每个木板的上面都叠放了一个同样形状的木板，上下木板错落摆放，用上面的木板压住下面木板间的连接处，这样滑梯就更稳固啦。

┃老师的思考

在第三次尝试时，承承改建滑梯并获得成功。为了增加滑梯的稳固性，采用以下办法：如用很多积木缩短间距，在蒋玉承的认知中，积木的密度越大越稳固。用双倍木板巩固滑梯，在双倍木板滑梯的搭建过程，我只记录下了游戏搭建的结果，没有记录下幼儿搭建的过程。徐则民教授提出"站稳10分钟"，记录游戏的连续性过程。在以后的游戏中，还要加以改进，捕捉幼儿的精彩时刻。在游戏中，幼儿基于自己的认知对游戏进行修正，正是他们进行深度学习的体现。

双层滑梯，创意无限

在接下来的搭建活动中，承承将架空地方的长方体立柱（薄）换成了圆柱体和长方体立柱（厚）。这次他在平铺的地方用了长方体立柱（薄），他发现长方体立柱（薄）不够了，又取来了木板，木板上又叠放了一层，使长方体立柱（薄）和木板同等高度。这次他拿了一个圆柱体积木（薄）从起点出发，但是圆柱体积木（薄）滑到一半就"拐弯"了。他又把滑梯缩短长度，用大积木带动小积木滚动，接着他又在平板上放了两块正方体的积木，又把一块长方体立柱（薄）斜放，这样一个小的滑梯就诞生了,他试了几次后,发现圆柱体积木(薄)从斜坡上滚下时,总是往旁边跑。于是,他找了几块长方体立柱(薄),将斜坡末端挡住,圆柱体从小滑梯上滑落,还没有到大滑梯,就又掉了下来,承承又做了新的调整,他把小滑梯的斜坡放平,做了一个阶梯式的滑梯,尝试用一个积木带动两个积木滚动。

老师的思考

今天承承做了不同的造型的滑梯,说明他已经不满足于简单的造型了,并在游戏中尝试不同的增加稳固性的办法,这次他将长方体立柱(薄)调整为圆柱体和长方体立柱(厚)。在发现材料不够时,能将木板叠放增加为长方体积木一样的高度,知道不同数量的积木可以转换成其他形状,这样的比例关系,能让幼儿在游戏中直观地感受到整体和部分的关系,自然地获得数学经验。在后来的交流分享中,出现了以下谈话。

我:"'小球'为什么从滑梯上掉下来了?"

承承:"因为它'拐弯'了。"

我:"'小球'为什么会'拐弯'呢?"

承承:"因为它累了,不想动了。"

我:"那为什么要把滑梯下面挡住呢?"

承承:"小球它玩去了,跑太远了,把其他小朋友的作品都碰倒了。"

在承承的回答中,可以看到"小球累了、小球玩去了"他认为小球也是有生命的,这是儿童的年龄特点"泛灵性"决定的。把滑梯的末端挡住,这是幼儿自发的行为,当挖掘这个行为背后的意义时,幼儿说道因为小球跑得太远了,把别的小朋友的作品碰坏了,这是幼儿最真实的想法。

老师小结

一、在解决问题的过程中促进幼儿多方面的发展

表 5–2　不同探究阶段的问题及幼儿的解决方法

问题	解决方案
如何让滑梯不倒	第一次尝试：四块长方体立柱等距摆放（失败）
	第二次尝试：长方体立柱放在两块木板的连接处，立柱发生偏离（失败）
	第三次尝试：长方体立柱放在两块木板的中间处（成功）
加固滑梯有什么好方法	缩短间距，木板下放很多长方体立柱
	双层木板错落摆放
	更换材料
怎样让滑梯更有趣	大小滑梯
	阶梯式滑梯

在搭建过程中，幼儿先后遇到了不同的问题。例如滑梯总倒怎么办？材料不够了怎么办？问题产生的原因以及解决办法，都是他们探究学习的体现。也体现了幼儿的"最近发展区"。幼儿从想要搭滑梯，到后面滑梯的探索，在这个过程中，也学会了比较和分析材料的适宜性。根据自己的需求选择合适的游戏材料。在搭建过程中，对幼儿的情绪管理能力、创造能力、解决问题的能力都产生了积极的影响，他们的游戏水平也得到了提高。

二、教学相长，促进老师的专业发展

作为一名新老师，受到传统"老师本位"教学观和思维定式（滑梯就要让"小球"顺利滚下来）的影响，会用老师眼中的"成功"去干预幼儿的游戏，在每次游戏后老师会引导幼儿如何顺利地让"小球"从滑梯上滚落下来，获取成功。在安吉游戏理念的引导下，我放下关注结果与成效的"功利性追求"，做到后退、欣赏、愿意等待。在此之后我发现，孩子们带给了我太多意想不到的惊喜……游戏中的仟

仟,从一开始的旁观,到后来搭建滑梯,在这个过程中他由观察者变为了参与者,并在游戏中运用到所学经验,有着自己独特的学习方式。在以后的游戏,我会争取做到幼儿在前,老师在后,让幼儿做游戏的主人。

（本文作者冯嘉宁　此视频案例在 2023 年经专家评委综合评审,被认定为天津市学前教育资源库"安吉游戏"板块入选资源）

第 六 篇　滑板车变形记

游戏区轮换后我们来到了积木区,对于玩积木孩子们还是有一定的经验。但是中班的积木区材料和之前不同,增加了螺丝螺母积木。对于这种材料,孩子们比较陌生,于是就开启了我们的探索之旅。

第一次的积木游戏

来到积木区后,我请孩子们自主观察螺丝螺母积木,并说说玩法——大家觉得这种积木可以用螺丝进行组合。但随着游戏的开始,在观察中我发现螺母积木基本无人问津,只有铭铭一个人用螺丝把中板和圆板组合变成一把"比萨刀"。玩了一会儿,铭铭也把螺母积木丢在地上,和小朋友玩起了饼干机游戏。偶尔几个孩子利用螺母长板积木当做普通长板积木进行搭建。

| 老师的思考

孩子们第一次观察材料,就能说出螺丝螺母积木的玩法,这也是基于扭扭建构的经验。但是在游戏中,螺母积木基本没人玩,只有铭铭一个人做了一把"比萨刀",而且游戏时间很短,之后并未有持续的探索。

看来孩子们对于螺母积木这一材料并不熟悉导致兴趣不高,于是在分享环节中我抓住了这一点,出示铭铭游戏的照片。请铭铭介绍自己玩了什么,是怎么玩的,为什么披萨刀也可以转动? 调动起孩子们的兴趣。很多孩子表示,下次游戏也想试试螺母积木。

第二次游戏——初现滑板车

再次来到积木区游戏后，洪樟在和卉卉合作搭建好海盗船后，开始拿来螺母积木进行探索。他先利用螺丝螺母将两个圆板分别固定在长板两端的孔洞中。做好两个长板后，一手一个，在地面上滑行。嘴里自言自语："怎样组合呀？"过了好半天，洪樟向老师求助。我没有直接告诉他，而是说："你可以想一下，观察一下，看看它除了孔洞还有什么？可以怎么组合？"洪樟听完，拿起手里的积木，来回翻转观看，过了一会儿，他用一个中板横放插到两个长板中的长孔中。最后用弧形板，安装在两侧。用手扶着弧形板，一只脚踩在横板上，一只脚蹬地，开始滑行。许多孩子被吸引过来。

老师的思考

第二次游戏发生了质的飞跃。洪樟在探索中发现螺母积木不仅可以利用螺丝组合，其中长的孔洞还能将积木进行拼插组合，这也让螺丝螺母积木可变性增多。在探索中，第一代滑板车初具雏形。显然这个"成品滑板车"也吸引了更多孩子的兴趣。分享时孩子们提出"轮子别拧太紧，不然滑不快"等问题。我也支持鼓励孩子们继续尝试探索。

第二代滑板车

（一）滑板车的尝试

今天游戏开始后，阔阔拿来螺母长板和四个圆板，用螺丝分别将圆板组合在长板两端。用中板穿进两个长板中间的孔洞，一个底架就做好了。

阔阔组装好车架底座。骏骏这时也来帮忙，阔阔扶着底架，骏骏用螺丝把长板固定在底架中心，又用直角积木在前端固定底架长板和竖放长板。最后，将短板安装在竖板上，车把就做好了。

两人开始试玩，滑板车开始向前倾斜，车架前端离地面很近。车架两侧的轮子开始从横板间分散。于是阔阔看了看，跑到材料柜里，拿来了长板，把车子拆开，尝试在底架后部安装长板，让前后的重量保持一致，维持平衡。

就在阔阔调整的过程中骏骏继续坚持用直角积木垫在车子前面,试图将前面支撑起来。在两人不同的操作下,车子彻底散架,阔阔有些"抓狂",高高扬起手臂向着骏骏拍去,最终却轻轻落在骏骏头上,抚摸着骏骏的头无奈说道:"骏骏呀!你看都塌(散)了!"最后骏骏一个人把散架的滑板车复原,拉着滑板车滑行,很多小朋友都围了过来。

(三)表征与分享讨论环节

回到活动室后孩子们绘画了自己的游戏故事,我一对一聆听并记录。随后,我播放了阔阔和骏骏的滑板车游戏视频,这也极大地引起了孩子们的兴趣,大家积极讨论自己发现的问题。

杉杉发现滑板车不能骑,有的轮子都不转动。桐桐觉得是因为轮子拧得太紧,可以调整松紧,这样轮子就能全部转动起来。

洪樟则是发现滑板车不能骑是因为小朋友站上去后车子总是往前面倾倒。我请骏骏和阔阔分别介绍自己是如何解决这一问题的。

阔阔提到滑板车总是容易散开,只要站上去一滑,两边就都散开了。而骏骏认为这是因为中间的横板上没有东西固定,所以(车架)爱散开。可以把螺丝放在两边的小洞里,卡住两边的车轮架。

阔阔还提到自己和骏骏因为想法不一致,导致最后游戏没有进行下去。我顺势抛出问题,请幼儿讨论。通过讨论,大家了解到沟通的重要性,及时表达自己的想法和同伴沟通,才能更好地合作游戏。我鼓励孩子们下次游戏继续尝试探索,验证自己的想法。

| 老师的思考

在分享讨论环节中可以看出,孩子们能积极提出自己发现的问题:1.车子前倾。2.车架在滑行中容易分开。在讨论中孩子们的思维在不断发展,并根据自己的经验寻找解决问题的方法。

表5-3 发现滑板车的问题及幼儿的解决方案

发现问题	幼儿猜想	解决办法
滑板车不能骑	原因1：轮子拧得太紧不能转动	调整轮子的松紧，不要拧太紧
	原因2：滑板车总是往前面倒（前倾）	保持滑板车前后重量一致
滑板车的底架容易散开	中间的横板上没有东西固定两侧的车轮架	用螺丝放在底架两侧的孔洞中，卡住两边的车轮架

第一代滑板车的诞生引起了孩子们极大的兴趣，阔阔并没有单纯模仿赵洪樟，而是自己设计出了第二代滑板车。在观察中我发现当两个孩子面对问题——车子前倾时，解决办法完全不同。骏骏一直在尝试用直角积木支撑起滑板车。而阔阔发现虽然直角积木能支撑车子，却也让车固定住不能滑行。于是又想办法拿来长板安装在车子尾部，增加后面的重量，以此来平衡车身重量，改善倾斜问题。

孩子们在发现问题后，都能积极寻找办法解决问题，虽然方式和结果不同，但都在原有经验的基础上得到发展。而我并没有干涉孩子游戏，而是接纳他们的个体差异，理解孩子。在我来看第二代滑板车很"完美"而且十分形象。我非常好奇孩子们接下来还会设计出什么样子的滑板车呢？

改良型滑板

今天阔阔和骏骏继续选择搭建滑板车，两人开始拿来螺母积木后，和之前一样将两个圆板组合，组合好后用一个长板将其拼插做成一个底架。做好底架后却并没有继续，而是开始放在地上测试是否滑行顺畅。骏骏过来，拿来两个螺丝，分别放在横板的两侧的孔洞里。阔阔开始一只脚踩在上面一只脚滑，他对骏骏说："你看，滑板车变成滑板了。"

而一旁的兮兮则把很多小的圆形柱积木并排放在地面上，随后兮兮把长板放在上面后，一只脚踩在上去，一只脚通过蹬地让长板进行滑行。阔阔也向兮兮看去说："咱们俩可以比一比，看谁滑得快。"于是两人开始比赛，看谁滑行更快。几次游戏后，两人交换，再次比赛。

| 老师的思考

今天孩子们继续搭建滑板车,可是与我想象中不同的是,阔阔并没有把滑板车设计复杂,只是将之前的车子改良。去掉扶手,只剩底架。滑板车变得更加简洁。就像阔阔说的"滑板车变成滑板了!"游戏中还和兮兮比赛,看谁的"滑板车"滑行得更快,体验"竞赛"的乐趣。

这次游戏中阔阔和骏骏合作很顺畅。一起搭建了改良滑板车。上次游戏中,滑行时,车架很容易散开。而骏骏在横板两侧放置螺丝,这样固定横板,避免滑行时,车架散开。在分享环节,我也表扬了两人遇到问题,想办法解决。希望其他幼儿借鉴经验。

老师小结

一、老师支持推进深度学习

安吉游戏提倡老师在游戏中"放开手,闭住嘴",把真正游戏还给孩子。虽然在游戏中放手,但老师支持却至关重要。滑板车游戏持续时间很长,我一直在观察幼儿,追随幼儿,引导孩子们在游戏中团结合作,发现问题,探索问题,解决问题,逐步深入。

《3—6岁儿童学习与发展指南》中提到老师可以通过拍照和画图等方式保留和积累有趣的探索与发现。真诚地接纳、多方面支持和鼓励幼儿的探索行为。而我通过拍摄孩子们的游戏视频,充分利用分享讨论环节。在分享中孩子们梳理、分享、借鉴经验。游戏初期孩子们对螺丝螺母积木兴趣不高。于是老师请铭铭分享自己的披萨刀游戏,引起兴趣,鼓励孩子探索其玩法。之后的游戏中,支持孩子大胆表达自己发现的车辆前倾、车架分散等问题,鼓励孩子尝试解决问题,促进幼儿深度学习。

二、站在孩子的角度去思考

第二代滑板车在成人眼中看起来很"完美",但在孩子心里并不"实用",因为孩子考虑的是怎样才能玩起来!第二代滑板车虽然形象,但是轮子不能全部转动,车子平衡性差,根本玩不起来。于是在第三次游戏,孩子们从游戏体验的角度出发,在两侧安装螺丝,防止底架散开。去掉前面扶手,提高车子的平衡性和稳定性,滑板车终于"滑起来"了! 当孩子踩上滑板车并和同伴"竞赛"时,笑声一直回荡在操场中。

老师只有站在孩子的角度去思考才能真正理解孩子的想法,解读孩子的游戏行为。

三、发现幼儿的学习品质

阔阔在刚开始搭建滑板车时,并未成功。但是这没有影响孩子游戏的兴趣。多次地尝试、探索、改进,最终滑板车成功诞生,孩子坚持、专注的学习品质也值得鼓励与表扬。在积木游戏中不仅丰富了孩子对于车辆结构和平衡力学的知识,孩子们的搭建技能、逻辑思维、发现问题、解决问题的能力以及与同伴合作、社会交往的能力都得到了提高!

孩子们的滑板车游戏让我彻底转变了儿童观和教育观,学会了当一名观察者和倾听者去支持幼儿游戏。

(本文作者王兵　此视频案例在 2023 年经专家评委综合评审,被认定为天津市学前教育资源库"安吉游戏"板块入选资源)

第 七 篇　大滚筒的小惊喜

进入幼儿园没多久的小班的小朋友们,初次看见滚筒都开心极了。他们有的一个人在滚筒里动来动去,有的好几个小朋友一起躺在滚筒里玩,还有的互相合作推着滚筒里的小朋友玩。

滚筒来了

这天游戏时,赫赫把一个滚筒滚动到小小她们玩"过小桥"游戏的地方,木木看到赫赫运来个大滚筒,就从拱形平衡木旁边走掉了,赫赫赶紧说:"不是这么玩的。"他把大滚筒和拱形平衡木挨在一起，自己还钻了进去。后面的小小看到了说："这个滚筒一直动，我怎么过啊"，佑佑听到了连忙跑到滚筒另一边，用身体挡住滚筒，小小试了试，没敢上去。佑佑又跑回了小桥上，赫赫则是用双手抓住滚筒固定，小小试着往滚筒上爬，没有成功她又回去重新尝试。赫赫扶着滚筒一会儿后觉得太累了，他看到旁边的平衡木底座，就去搬了一个过来放在滚筒的另一侧进行固定，然后自己也走上了小桥。佑佑来到了滚筒这里，他把一只脚放在上面试了试，还是不敢尝试，他喊着："扶着啊。"小小和木木两人一起从小桥上下来，用双手固定住滚筒，佑佑问她俩"安全吗？"小小回答他："安全"，然后佑佑跨坐上了滚筒，赫赫看到了说："这样是在干什么？"小小说："扶着佑佑，扶着大滚筒呗。"赫赫看到还是需要有人扶着才能过，就来到了固定的平衡木底座，他调整了一下方向，佑佑成功地跨过了滚筒，孩子们喊着"好玩、好玩"，又重新走上了小桥。赫赫顺利地翻过了滚筒，可是小小想要过去的时候发了愁，她还是不敢自己过去，说："木木，你能扶着我吗"，木木同意后去扶着滚筒，后来赫赫也来帮忙，小小跨过去了，过去后她高兴的又去尝试了。

老师的思考

大大的滚筒引起了小朋友们对户外材料探索的兴趣。他们从最初单独玩滚筒，到后来赫赫将它与自己比较熟悉的材料进行了组合，反映出了孩子无穷的探索欲和强烈的好奇心。但是对于刚刚开始接触滚筒的小班小朋友来说，怎么让这个容易滚来滚去的大滚筒不动，继续游戏呢？这对他们来说是一个挑战。他们积极进行了尝试，佑佑先用身体挡住了滚筒，他知道只要两边都被挡住，滚筒就不会动了，赫赫也想出了办法，用手把滚筒固定住，这些都是他们原有经验的反应。但是这两个办法都太累了，还影响自己玩游戏。于是赫赫又开动脑筋寻找替代物，看到身边平衡木的底座，他马上搬过来将滚筒固定住。在游戏中，他们遇到困难积极尝试解决，让我看到了他们的良好学习品质。而且孩子们在互相帮助扶着滚筒的过程中也体会到了帮助别人和被别人帮助的感受，促进了社会性发展。

小桥游戏更精彩

赫赫在过滚筒时滚筒竟然跑走了，他赶紧又搬来了一个个小底座，这次固定住了大滚筒，很多小朋友看到后纷纷尝试，大家都能够从滚筒上跨过去了，小雨高兴地说："老师，我再也不害怕它了。"而且这一个个小底座还成为了孩子们的新游戏，他们从滚筒上跨过后又走上了小底座，佑佑看到了旁边的拱形门，马上搬来了一个放在底座后面，希希看到后从下面钻了过去，小桥游戏变得更有趣了。

老师的思考

在游戏中，当滚筒跑走后，赫赫马上开始行动，一个底座不行，就多搬几个，顺利地解决了问题。这让我看到了他有较强的行动力，孩子们也在不断地发现问题、解决问题中获得了固定住滚筒的相关经验。小底座的加入也让孩子们发现了新玩法，进而让游戏情节更加丰富，这也让我看到了他们的想象力和创造力。

在游戏中，有的小朋友不知道从哪里开始进入游戏，从半路插进去，旁边的小朋友及时进行了提醒，增强了他们的规则意识。而且在游戏中虽然滚筒被固定住了，但是每个小朋友过的时候都是不一样的，有的小心翼翼，有的非常轻松，他们在游戏中评估了自己，增强了安全意识。

分享交流时孩子们注意到了滚筒固定这个问题，也纷纷提到一个底座不能固定住大滚筒，需要多几个才可以，也有的小朋友说可以用轮胎来固定，还有的小朋友说可以用其他大滚筒来固定。作为老师，我们也积极鼓励孩子们去探索新的方法。

老师小结

一、耐心等待，支持幼儿自己探索

赫赫刚开始将滚筒搬来的时候我并没有很在意，觉得只是简单地加入了一种他们喜欢的材料，但是孩子们并没有轻松地继续下去，木木选择了绕过滚筒，佑佑和小小也是不太敢尝试，当时我很想过去扶一下滚筒，让他们感受一下跨过滚筒。但是我又阻止了自己，我想再等等，看看孩子们到底怎么玩这个滚筒，遇到困难会怎么办？是直接求助老师，还是自己动手解决困难。其实老师的等待也是给孩子创设了一个宽松、自由的探索氛围，他们可以更直接去感受材料、整合自己的经验，尝试自己动手来解决问题。

二、看到幼儿发展，积极实施支持策略

幼儿在游戏中实现了多方面发展，让我看到了他们的学习与成长，也看到了他们在游戏中的良好学习品质。他们相互帮助、积极主动、认真解决问题、乐于想象和创造。游戏材料和玩法由幼儿自己决定，游戏情节的丰富由幼儿自己推进，游戏中出现问题和冲突幼儿自己解决，游戏中需要帮助时幼儿能够主动寻求其他伙伴的帮助。他们让我看到了小朋友的大能量，这些交往、协商、合作等都为他们以后在生活中遇到问题提供了解决的思路和办法，幼儿也在游戏中不断提高了自己的水平。《指南》中指出要珍视游戏和生活的独特价值，创设丰富的教育环境，最大限度地支持和满足幼儿通过直接感知、实际操作和亲身体验获取经验的需要。因此我们要鼓励他们去进行自己喜欢的游戏，为幼儿提供适宜的、充足的材料。同时我们要仔细观察幼儿的游戏内容，解读孩子的游戏行为，抓住教育契机去引导幼儿，提升相关经验，促进其深度学习。在游戏之初，幼儿利用自身去固定滚筒，游戏中他们开始寻找替代物，游戏后的分享交流中他们进一步讨论不同的替代物，我及时抓住契机，支持幼儿去尝试不同材料来固定，孩子们也更直接地感受到了物体大小、轻重的区别，也为幼儿以后的游戏和探索提供了支持。

（本文作者吴敬雅　此视频案例在2023年经专家评委综合评审，被认定为天津市学前教育资源库"安吉游戏"板块入选资源）

第 八 篇　小船漂流记

教育就是倾听孩子们的声音，让孩子成为主角，给他们时间和空间，任其去探索、去发现、去成长。沙水池是孩子们最喜欢的游戏场，长长短短的沙沟深深吸引了孩子们，他们将沙沟连成长长的的河道，去探索"水到哪里去了""怎么拓宽河道""如何才能快速蓄水"等问题，在强烈的兴趣和探索欲望的驱使下，由"河道游戏"衍生出了新的游戏主题"小船漂流记"，他们会在河道里如何让小船动起来呢，让我们一起来看看吧。

初现弯弯的河道

昊昊、彬彬和小宇拿着铁铲将挨着的三个水沟挖通。然后彬彬拿了一个小卡车接水，接着他拿着铁铲用力拍了拍河道边缘，使其形成斜坡状，把卡车上的水顺着斜坡倒入河道里，慢慢地河道里的水越来越多。小宇拿了一条小船放在河道里，将船推到河道转弯处，船卡住不动了，昊昊说："河道不够宽还要挖。"彬彬也说道："水也不够多船都沉底了。"于是三人继续挖沟蓄水。

老师的思考

彬彬协调同伴一起将水沟挖通连成弯弯的河道，进而开启新的游戏情境。彬彬在给河道蓄水时，用铲子拍平沙子，使临近水龙头处蓬松的沙子变矮形成斜坡，形成高度差，利用已知的"水从高处流向低处"生活经验，让水流入河道中；船没有在河道里行驶起来，孩子们有了初步的判断：河道是弯得还不够宽，水也不够多。河道游戏也吸引了更多的孩子加入其中，让我们继续期待他们精彩的游戏故事。

船如何才能动起来

第二天又到了玩沙时间，但昨天弯弯的河道已经不存在了，枫枫拿起铁铲画了条直直的线，孩子们拿着铁铲沿着直线，将河道挖深挖宽，河道雏形出现同时也蓄了部分水。孩子们开始尝试用自己的方法让小船动起来：

方法一：枫枫用泥拦截住水流，等河道一侧的水流多时，他用小铲子扒开泥，水瞬间涌了出来，他大喊着："有'活水'啦，有'活水'啦！"小船在"活水"的冲击下晃了晃，枫枫摇着头说："'活水'太少了，小船没动起来，要多一点'活水'。"

方法二：骞骞将一桶水浇在船身上，船沉入了水里，枫枫拿起小船将船上的水和沙抖掉，在河道里用手推着行驶，说："还不够宽，水也不多。"于是孩子们继续加深加宽河道。

方法三：骞骞将脚放进河道里，水没过脚面。他又开始尝试他的第二种办法用铲子泼水，水就流动起来，枫枫发现小船里都是泥沙，他用水将小船冲洗干净，将船放入河道中。骞骞再次用铁铲泼水，慢慢的撩动水，船上又进了沙水，他及时用铲子将沙子清理，船并没有动。骞骞加大了力气泼水，船只动了一点点。

方法四：紧接着枫枫用力推动小船，小船向前行进了一小段距离停住了；枫枫再次重复以上动作，小船依旧是不推不前进。

老师的思考

骞骞用铲子波动水，发现外力能激发水的流动，初步感知到船会随着水的流动而动，在分享时骞骞说：我用铲子拨动水，想让水带着小船动起来。在他的启发下，枫枫提出让水流动起来，上次老师讲过《刻舟求剑》的故事，就是船随着水流走了，剑留在原地了。咱们现在是死水，得让水活起来。"水的流动能带动船动起来，这正是孩子们新的经验的增长点，他们由船动起来获得了宝贵的经验。那怎样才能让水流动起来，死水变活水呢？这个问题引发了孩子们的思考与讨论。

船随水流而动，如何产生水流

经过两次游戏，河道被挖得又宽又深，孩子们也由最开始探索小船如何动起来逐渐到意识船能随水流而动起来，他们的兴趣转移到探索小船如何随着水流动起来的，那如何才能产生水流，游戏又有了新的目标和内容。

①彬彬找到细水管，一头接上水龙头，另一头放进河道，打开水龙头后看见水管处冒泡泡，还形成了水波纹。彬彬拿起水管对准小船，可航航没扶住水管，第一次尝试没能让小船动起来。

②彬彬倒掉船上的沙水，将船尾靠近水管，打开水龙头，小船有些晃动但同时水管掉落，他又去调整水管，抓住水管接口处说："航航抓着水管。"航航："我抓不住"彬彬："像这样顶住，骞骞你抓着。"骞骞拿起了水管冲小船尾部，可小船没有动。钰钰把盘子放入河道，骞骞用水管冲盘子，一冲盘子就走一段距离，他和钰钰高兴地笑了起来。这时彬彬大叫："别玩了，赶紧冲小船。"航航拿出盘子，骞骞和彬彬继续用水管冲小船，游戏持续 20 分钟依旧没进展。我问孩子们："用水冲小

船，动了吗？"彬彬摇摇头，"那为什么没动呢？要怎么办？"彬彬说："小船太重了，水要接多点。"

③彬彬跑到工具箱换掉细水管，彬彬和骞骞扶着粗水管接上水龙头，另一头插入河道，琪琪拉起粗水管另一端对准小船尾部，水流进小船，小船发生倾斜，琪琪拨正小船，将船上的积水倒掉放入河道里，小船被水冲得轻微晃动。

④航航说："水流太小推不动船。"骞骞晃了晃水龙头拿起水桶接水后，把水倒入粗水管，可粗水管太滑琪琪扶不住脱手了。航航接过粗水管双手抱住，骞骞用桶接水倒入水管，这时小船已经远离管口，等琪琪注意到时，桶里的水已经倒完，小船没动。琪琪说："小船进了太多水，水要接更多。"

琪琪拿过水桶接水，钰钰和琪琪用手扶着粗水管，航航用手扶着小船对准管口说："等等，口没对准小船。"钰钰："留点水，小船对准管口。"调整好后琪琪倒水，只流出一点水，小船没有动。

⑤孩子们经历几次失败后逐渐失去兴趣，钰钰将水管放进河道里。彬彬看了一会又拿起了水桶开始接水，钰钰跑过来拿起细水管插进粗水管里，彬彬说："这样不行，不用它。"他抽出细水管再次倒水，可管口对地，小船还是没动。骞骞有了上次用水冲动盘子的经验，又将盘子放到了河道说："再用盘子试试。"彬彬："航航换回小船。"骞骞："不行，就用盘子。"他抬起倒在河道里的粗水管，一抬水管里的水就能冲着盘子走，他和航航高兴地说："盘子自己就冲走了！"彬彬看到后也同意了将小船换成盘子，彬彬将粗水管整个放入河道中，水进入水管，再一下抬起水管，盘子被水冲得老远。

| 老师的思考

孩子们在一次次实践的过程中发现了要想让小船动起来，要有足够大的水流。彬彬换成粗水管的目的就是想要大水流，但他以为换了粗水管水流就变大了，殊不知水管里的水还是一样的小，航航的一句话水流还是太小了推动了游戏的进程，孩子们开始用桶接水，但是水量是大了，还需要水流的速度快，形成的冲击力足够大，且同时需要水流对准小船，多人配合、多种因素综合在一起才能完成。在尝试过程中孩子们多次倒掉小船里的沙与水，他们已经意识到船体太重也会影响

小船的前进。在分享环节中孩子们说起把小船换成盘子的原因，骞骞说道："我早就知道盘子比小船轻，水一冲就动。"正是由于他前一次用水管冲动盘子的经验才引发了后续将小船更换为盘子，成功冲动盘子的发生。

老师小结

一、充分发挥老师作用，促进幼儿深度学习

河道游戏是一个连续性的动态过程，充满多种可能。幼儿在游戏中的一句话、一个动作都能反映出他们的经验、技能及对问题的思考。在过程中我始终关注游戏中出现的问题，及时评估幼儿原有经验和挑战间的距离，当彬彬用细水管冲小船遭遇瓶颈时，我提问："为什么水管冲小船出现了流动的水，小船也没有动呢？"适当的分析型提问帮助幼儿厘清事物之间的关系，激发幼儿进一步探索欲望。正是在问题的启示下，彬彬意识到水流大小的重要作用，从而积极地做出各种改进的探索。依据不同情况灵活采用策略，适时提问和引导，让幼儿能够到达"最近发展区"，从而促进幼儿游戏水平的提升、探究能力的快速发展。

游戏过程中孩子们会遇到各种"困难"，我让自己学会"等待"，给孩子留出时间和空间，让他们自主探究解决问题，尊重他们的奇思妙想，认真观察材料的使用、游戏行为以及游戏过程中遇到的问题，在读懂孩子游戏的基础上，寻找合适的机会和方式，助推幼儿游戏的进程，让幼儿在不断探索的过程中得到发展。

二、在游戏中促进幼儿学习品质的发展

虽然在整个游戏中，孩子们没有让小船动起来，但是每个阶段遇到的问题和他们采用的解决方法都是环环相扣的，通过"发现问题—分析原因—实践操作"连续不断的过程，发展了沙水的建构技能，积累了对材料特性和水的冲力的科学认知。幼儿不断思考去解决一个又一个问题持续获取新的经验，同时不断内化获取新的解决办法。孩子们一直专注在自己的游戏中，想让船动起来是由彬彬引发的活动，即使很多小朋友在遇到瓶颈要放弃时，他依旧不放弃，想要多试几次的那种坚持、探究的学习品质值得成人赞叹。

同时生活中中班幼儿不知如何与人交流,有想法不会沟通,但是在游戏中,在困难面前互相帮助、合作就成了自然而然发生的事。不管是合力挖成河道,还是冲动小船过程中的团结协作,发现问题,解决问题,都体现了幼儿高水平的交流与合作能力,也让幼儿体会到了团队合作的力量,共同享受了成功的喜悦。

（本文作者李哲　此视频案例在 2023 年经专家评委综合评审,被认定为天津市学前教育资源库"安吉游戏"板块入选资源）

第 九 篇　轮胎大作战

木梯、木板轮胎是我们幼儿园常见的游戏材料,在户外自主游戏的时,孩子们会自由组合,创造性地玩出各种各样的游戏。这次,他们玩儿起了"轮胎大作战"的游戏。

初建轨道

游戏开始后,然然、大泽就抢占材料,搬来了很多的双梯、木板和一个大垫子。然然、大泽把一个长板放进三阶与五阶双梯之间,但虫虫不让,大泽说:"我们想放进这里。"虫虫说:"弄直了,歪歪斜斜的。"板子搭不上,于是大泽说:"赶紧袭来,我们往后挪、挪（双梯）。"大泽挪动梯子,调整他们之间的距离,然后把板子架进木梯。他们还架高板子,增加坡度。开始游戏,虫虫蹬上五阶双梯,把轮胎放在第二段轨道最高处松开手,轮胎顺着板子滚了下去。可是轮胎滚到三阶双梯就停了下来,只滚完第二段轨道没有滚到第一段。虫虫、然然、大泽下来商量,他们又把三阶双梯那头的板子在第三阶上卡住了。然然又试了一次,还是只通过第二段轨道。晟业看见了指着三阶双梯顶端和第三阶之间说:"卡在这了。"孩子们反复试,轮胎还是过不去。游戏结束的时间到了,大泽说:"我们明天继续,肯定能成功。"

老师的思考

为了让游戏顺利进行,孩子们进行两次调整:

第一次,增加右边板子的坡度,尝试后发现轮胎滚动第三阶双梯就掉落。

第二次,把右边板子抬高一阶,与下一块板子都放在三阶双梯的第三阶上。他们认为,两块板子架在同一斜坡上轮胎就能滚下来。

经过两次调整,孩子们仍然没有发现轮胎滚不过去的真正原因。晨业作为旁观者,他发现轮胎在滚动时被三阶双梯挡住了,所以没有成功。经过晨业的提醒,孩子们也意识到自己的问题。可是收材料的时间到了,他们商量明天继续。

轮胎能轨道上顺利滚下来吗?

游戏开始了,然然他们将上一次的游戏重新搭建,并进行了延长,增加了一个二阶小双梯,并把两个小双梯之间搭上了木板。因为之前搭过,孩子们很快地就搭完了轨道。然然指着三阶双梯说:"我们上回就是在这卡住的。"大泽说:"怎么办呢?"这时茉茉搬来了一个板子,一端放在三阶双梯的顶端,另一端放在长板上。茉茉说:"这样就行,不会卡了。"同时然然把二三阶双梯之间的板子也调了一下,二阶双梯那一端的板子放到了二阶的顶端。茉茉第一个爬上五阶双梯,把轮胎放好后一推,轮胎从轨道上滚了下去,然然说:"你推偏了。"华缘、峥峥也上去试了一下,但轮胎滚完第一段轨道就停止了,茉茉在下面大声地说:"你们使劲推呀!"茉茉上去了,晟晟在下面喊着加油,茉茉一推轮胎顺着轨道从高到低的滚了下去,大泽大声地喊着:"成功了,我们成功了。"

| 老师的思考

游戏中孩子们借鉴了之前的游戏经验,很快地将轨道搭了出来。延续上次游戏中的问题,孩子们动脑接、思考,找到了解决问提的办法。游戏中,虽然只有茉茉成功了,但在表征分享时,孩子们分析失败的原因,他们认为:

1. 在推轮胎时,没有瞄准轨道,轮胎跑偏了。

2. 推轮胎的力气不够大,轮胎走到一半就停了。

3. 因为两段轨道的木板没有衔接好,所以没有成功。

面对失败,孩子们不气馁,积极分析原因,寻找解决办法。

顺滑的轨道

游戏开始了，孩子们搭着跟上次游戏中一样的轨道，轮胎也顺利地通过了轨道。然然把和茉茉调整双梯距离，搭好自己的轨道。在轨道的末端然然摆了六个轮胎，上面还放了一个单梯。这时茉茉突然叫停了游戏，我走过去问："怎么了？"茉茉指着六个轮胎说："这太多了，有点不稳当了。然然，把这个往下挪一个！不稳当，一会儿一下子都到了，砸到别人。"然然把一个轮胎挪了下来。茉茉把一个板子放到了轨道上，放好后她爬上双梯准备去推汽车轮胎，然然跑过去抱住轮胎柱。茉茉一推轮胎，顺利地在轨道上滚动起来。然然走过去把茉茉之前放在上面的板子拿走了，有小朋友还不同意，然然说："没有这个板子也能在轨道上滚。"他把一个轻的塑料轮胎递顺着轨道推了下来，也成功了。

| 老师的思考

游戏时，茉茉和然然把轨道衔接的地方，都用板子对齐连接。在游戏中，他们经过两次调整。

调整一：在第一次游戏后，茉茉把放在轨道衔接处的木板拿掉了。

调整二：用汽车轮胎滚动时，然然扶住了摆在一起的大轮胎；塑料轮胎滚动时，他就没有去扶。

在表征时，然然是这样说的：我觉得汽车轮胎重，可能会撞倒大轮胎，有危险；而塑料轮胎轻，就不会把它撞倒。通过与孩子们的交流，我发现他们对危险有预判能力，懂得关心、保护他人，具有极强的安全意识。

轮胎爬坡了

虫虫早上举着一张纸兴奋地跑进教室，跟我说："崔老师，你看我画的图。"我就随口问他："你这打算怎么玩？"他说："我想让轮胎爬上上坡。"我又问："怎么爬？"他说："我也不知道，一会儿试试。"游戏中虫虫、浩浩搬来了两个双梯、长板、短板。他们把这些材料连接在一起，形成了一个"V"形轨道。他们让轮胎从长板上滚下来（下坡）爬上短板（上坡），但没有成功。这时虫虫把上坡的短板换了一个相对长点的板子,卡在双梯的位置没变,但第二次尝试又没有成功。虫虫又把上坡板子降了一个高度,搭在了第二阶上。第三次尝试,轮胎终于顺着轨道从下坡爬到了上坡了,虫虫大喊道:"终于成功了!"为了增加成功率,虫虫把第一个背面带有卡扣的短板扣在上坡板子上,这样轮胎就不会跑偏。

| 老师的思考

在游戏中,孩子们四次调整上坡的角度,反复尝试,不断降低上坡的高度,最终取得成功。他们这种发现问题、解决问题的能力,让我惊叹孩子们是有能力的学习者。

老师小结

一、发现儿童的深度学习

在轮胎大作战的游戏中,孩子们每次都遇到各种各样的问题,他们动手动脑,提出各种假设,进行一次次的调整、试验。正是因为这样,孩子们才能发现同一滚动物体,推动力、轨道坡度的不同,滚动的结果也会不同。在观察孩子的过程中,我发现他们会追根究底,不断猜想、尝试、验证,努力寻找解决问题的办法,从而进入深度学习。

二、发现幼儿的良好学习品质

在整个游戏中,孩子们极富耐心,一遍遍试错、调整、搭建,表现出认真专注、敢于尝试、不怕困难、持续探究、乐于创造等良好的学习品质。同时自信心也不断提升,表达表能力也得到了提高。

(本文作者崔梦渝　此视频案例在 2023 年 4 月被认定为天津市学前教育资源库"安吉游戏"板块入选资源)

第 十 篇　滑索遇上多米诺

幼儿是天生的冒险家,而具有刺激充满挑战的滑索激发他们勇于挑战自我潜能的欲望。他们探索了双人滑索、滑到滚筒上、滑索投球等玩法。因一次撞击而产生在户外玩多米诺的想法,提出可以用拱形门、垫子等材料玩多米诺。于是滑索和多米诺的故事从此开始了……

滑索"撞击"多米诺

奕廷搬来几张垫子,稍微折了一下,成"v"型,在里侧的滑道,一个接一个地立放成一排。奕廷拉着滑索滑下来,把垫子弄倒。

在另一滑道的睿睿,搬来三个拱形门调整间距摆成一排,一推拱形门一个碰一个地都倒下了。睿睿自言自语道:"这样可以。"又搬来了几个拱形门,边说着:"……5、6"边摆拱形门。摆好后,睿睿把滑索拉到起点,嗖得一下拱形门全部撞倒了。

奕廷:"哇,好厉害! 可以把垫子加了进来吗?"

睿睿:"可以呀。"两人一个放拱形门、一个放垫子,交替摆放。但世博滑下来的时候撞倒了大部分的拱形门和垫子。

回班以后,我们观察视频、照片,讨论、分析。

睿睿:"应该是拱形门和垫子太多了,有很大的阻力,世博滑了一半,没有将拱形门都撞倒。"

航航:"是沙袋挡住了,所以(拱形门)倒不下去。"

灿灿:"因为这里的'小球'(终点),拱形门(摆得)超过了这个小球,这里(沙袋)挡了,小球阻挡着滑索继续往前滑,就不能把它撞倒了。"

老师:"小朋友的想法都有可能,那我们在下次的游戏中,可以怎么做呢?"

睿睿:"把垫子拿走。"

茗阳:"把拱形门往这边(起点)摆。"

来到滑索场地,孩子们只将拱形门摆成一排。茗阳把蓝色的跷跷板拉到一个位置,说:"不能超过这里昂。"限定了摆放拱形门的最远距离。世博和航航利用双人滑索滑了下来,撞击拱形门,后面的拱形门接二连三地全部倒了。幼儿开心地手舞足蹈着说着:"多米诺! 多米诺!"

| 老师的思考

幼儿基于室内"多米诺"的游戏经验,选择适宜的材料创设游戏情境。虽然多次失败,但孩子的兴趣更加浓厚,会认真分析失败的原因,再调整、实践验证。

睿睿迁移已有经验,与新问题、与新情景建立联系,将个人游戏扩展到小组游戏、集体游戏。调动全班幼儿的兴趣、积极性,投入到游戏当中,大家会为"选择什么材料更适合游戏""为什么拱形门没有被全部推倒"等问题进行了激烈的讨论,找到了"材料产生的阻力""人的重力""拱形门之间的间距""摆放长度"等影响游戏成功的因素。

灿灿在游戏中感知重力、阻力及速度的关系,借用增加重力的方法,使得拱形门全部被撞倒。孩子的观察分析、协商合作、解决问题等能力得到提升,坚持不懈的意志、永不放弃的精神得到了淬炼。

表5-4 不同游戏阶段产生结果的原因分析、解决办法及后续结果

游戏片段	游戏结果	原因	解决办法	后续结果
奕廷将垫子成"v"型,立方成一排	失败	摆放方式不对,无法产生多米诺现象	取消本材料的使用	无
睿睿第一次用拱形门排成一排	成功	1. 间距合理 2. 拱形门数量较少（6个）	继续游戏	成功
睿睿和奕廷将拱形门的垫子交替摆放进行游戏	失败	1. 拱形门和电子摆得太长了,产生的阻力太大了 2. 拱形门和垫子交替摆放,高度不同 3. 间距不合理	1. 取消垫子 2. 限定了摆放拱形门的最远距离 3. 利用双人滑索增加重力	成功

拱形门"变高了"

在接下来的游戏中,睿睿说:"我要把拱形门变高啦!"说着,睿睿就将平衡木平行放置两排,把拱形门有序地架在平衡木上。

摆好后,世博将滑索拉手拉了过去,两人站在出发点,迟迟没有滑下来。睿睿

说："等等，这个应该在这边的。"便跑下去，拉拽平衡木。世博将滑索往下一扔，观察滑索的运动轨迹，发现了拱形门的顶端偏移了滑道。

睿睿把全部材料推倒，往旁边移动平衡木，估算好两条平衡木之间的距离，把拱形门架在平衡木上，不留一点缝隙。将拱形门完美地契合在平衡木上，喊着："搭。"世博把其他四个平衡木跟前面两个平衡木对齐，庆核、茗阳、诺诺陆续地将其余的拱形门一个个地摆好。中途，诺诺把滑索从起点滑了下来，感受到拱形门这次摆在滑道上了。

摆好后，睿睿还特意进行了"检测"，看了看三组平衡木之间的距离，随后前后将两组平衡木往中间拉。

在睿睿检测、调整的时候，滑索起点处正在因由谁滑下来发生争执，世博没有站好就滑了下来，奕廷看到后快速地在世博背后助推了一下，但还是没有将所有的拱形门撞击倒。

灿灿猜："是不是拱形门放得太密了、太多了"。

东东："一定是拱形门挨得太近了。"

睿睿和世博赶撤掉了一部分的拱形门，调整拱形门间距。灿灿说："我们可以双人滑索，这样可以产生很大的冲力，一定可以全部撞翻的。"睿睿："我们先商量好由谁滑下来。"通过调整和投票，由奕廷和世博双人滑索，最后将全部的拱形门撞翻了，茗阳高兴地跳着转圈圈。

老师的思考

孩子们在拱形门和平衡木的组装中捕捉新的兴趣点，利用平衡木增加拱形门高度，丰富游戏内容。睿睿每次加高拱形门时，都能把拱形门底端的宽度等于两个平衡木的间距，对距离的把控非常的精细与准确。睿睿、世博分别通过目测、扔拉手等方法，感知、证实拱形门偏离滑道。随后带领同伴重新调整平衡木和拱形门的位置、拱形门的数量。

在摆好后，睿睿也没有急于撞击拱形门，而是仔细检查，发现三组平衡木之间的距离比较远，知道这种摆放不易产生多米诺现象，及时进行调整。

虽然有时会因为由谁滑下来，产生争执，但幼儿会反思，以轮流、投票的方式决定谁来滑滑索。在体验中学会协商、懂得谦让。世博、睿睿都展现出极强的组织领导、反思、验证等能力。在大家批判性地建构新经验的过程中下,共同合作克服重重困难,获得成功,收获喜悦。

老师小结

滑索游戏是前庭游戏中最刺激的一种游戏,通过快速地移动坠落,给予幼儿前庭强烈的刺激,提高大脑处理信息的能力。幼儿不畏严寒,一直热情高涨地积极投入到冒险游戏当中,释放压力,提高注意力,增强自信心。

一、敢于冒险,获得多方面发展

在这个完全由孩子主导的游戏中,孩子们不仅突破自己,敢于冒险,还积极创新玩法,保持对游戏的热忱与坚持。可见,兴趣产生的内在驱动力才是保持幼儿持续游戏的动力。

他们善于观察、乐于发现问题,在体验中学会先观察后分析、再细心解决,不断深入游戏本质,挖掘更多的游戏内容与形式。游戏中的反复推敲、实践、总结经验、建构新知识,促进幼儿深度学习的发展,也培养了幼儿之间互帮互助、超越自我的学习品质。

表5-5　不同游戏阶段中幼儿的游戏行为表现及在不同领域中获得的发展

游戏行为	幼儿发展	所属领域
在寒冷的冬天,自由选择材料进行滑索游戏	1. 能在较为寒冷的环境中,连续活动半小时左右,并能双手抓杠（滑索)15—20秒左右 2. 锻炼其上肢、腰部、腿部等部位的肌肉力量及关节的灵活性、身体协调性 3. 能自由自主地进行游戏,喜欢滑索游戏,促进幼儿拥有独立、自主的意识与行为	健康、社会
在游戏、表征中与同伴、老师交流自己的想法和意见	1. 能倾听、理解、接纳他人的建议与想法,并积极主动思考,并进行尝试 2. 在交流和讨论中,提升了语言表达能力、逻辑能力的发展 3. 能学会组织、分配、合作、沟通、协商等能力	语言、社会

续表

游戏行为	幼儿发展	所属领域
1. 调整拱形门和垫子的搭配 2. 调整拱形门之间的间距 3. 通过目测、滑动滑索等方式，感受、调整拱形门、平衡木和索道的位置 4. 调整单人滑索和双人滑索的时机	1. 逐步学会观察周围的事物，发现问题、思考问题的产生原因，并尝试用自己的方法解决问题 2. 在游戏中感受到物体重力、拱形门产生阻力、拱形门的间距、摆放距离等影响游戏成功的因素，并对其有所了解	科学、社会
在失败后，幼儿调整游戏材料、重建游戏场地，继续积极游戏	1. 遇到困难能够坚持下去，逐渐养成不言败、不认输、求进取、敢于挑战的精神 2. 迁移经验，逐渐掌握游戏方法，获得新的知识与经验 3. 获得成功，收获喜悦，增强自信心 4. 在反复试错中总结出来获得成功的办法，将其转化成自身的本身	学习品质

二、教学相长，师幼共成长

老师给予幼儿充足的时间、自由自主的空间以及大量辅助材料的支持，让幼儿进行创造性游戏，尊重和顺应幼儿的游戏意愿。老师学会默默地观察幼儿的冒险游戏，不因其冒险行为而干扰幼儿的游戏。学着相信他们有保障自己安全的基本能力。给予幼儿独立解决问题的机会，可以探索游戏的高度与视角，积累有助于未来保障自身安全以及更好学习发展的多种经验。

在《幼儿园保育教育质量评估指南》中指出："善于发现各种偶发的教育契机，能抓住活动中幼儿感兴趣或有意义的问题和情境，能识别幼儿以新的方式主动学习，及时给予有效支持。""尊重并回应幼儿的想法与问题，通过开放性提问、推测、讨论等方式，支持和拓展每一个幼儿的学习。"老师通过观察、识别幼儿创造滑索多米诺的游戏行为，解读、分析其游戏动机，转变"重结果轻过程、重硬件轻内涵、重他评轻自评"的观念，用心感受幼儿精彩游戏行为背后所蕴含的学习与发展，捕捉幼儿学习的生长点。同时，在一对一共同探讨的过程中，老师倾听、理解幼儿的想法,引导幼儿发现驱动性问题,转变自身的教学观,追随幼儿经验的教学,生成回应式教学。师幼共享思维,相互启发,扩宽思路,客观评价幼儿行为。

创设有温度的师幼互动,不仅能激发幼儿学习的潜能、不断探索游戏,还能帮助幼儿完善经验,建构新经验与知识体系,鼓励幼儿尝试解决游戏过程中出现的问题,从做到思,从思再到做。老师为了支持幼儿游戏,也会主动学习,提升自己的知识储备,反思、预设、推导,再观察再反思。通过具体的"做",实现能力增长和智慧沉淀。这正是教学相长、共同学习的过程。

(本文作者刘俊玉 此视频案例在2023年经专家评委综合评审,被认定为天津市学前教育资源库"安吉游戏"板块入选资源)

第十一篇 过山车

楼道新投放了机械探索区,吸引了孩子们的兴趣。在熟悉了一次材料后,我投放了一些图卡供幼儿参考。接下来孩子们开始了过山车的游戏,给我带来一个又一个的惊喜!

过山车初尝试

活动开始,珺珺、峰峰从图卡中选择了一张过山车图片,珺珺:"要先做第一步,再做第二步,要先从简单再到复杂。"峰峰:"对"。珺珺:"把加速器给我"立峰将加速器递给珺珺,两人一边观察图卡一边进行搭建,在两人的配合下很快搭建完成啦!珺珺拿来小球进行发射,小球从轨道的斜坡处滚下经过加速器后在下一个坡道处停了下来,珺珺:"不行不行"。珺珺拿来小汽车继续尝试,小汽车第一个斜坡没上去,珺珺拿起小汽车说道:"我知道了",便将小球放在小汽车前面同时进行发射,嘴里并大喊着:"去吧!"小球和小汽车依然没有冲上第一个斜坡,珺珺拿起小汽车与小球边说边示范道:"应该是这样,你看到这里的时候小车一怼小球应该就上去了。"小球在小车的撞击下顺利通过轨道。

峰峰:"我们该搭第二个了。"珺珺:"好,搭第二个,把它先挪到一边去。"第二个过山车搭建开始了，珺珺观察图卡后说道："弧形轨道是 3 个"峰峰点数着弧形轨道的数量 1、2、3 回复道："是 3 个"珺珺继续根据图卡安装高斜坡，安不上又拿过图卡进行查看，峰峰用手沿着轨道指了一圈说道："就是这样"又将高斜坡继续安装在高连接器处，珺珺："你安错了"，峰峰则拿起图卡查看并说道："怎么回事？"珺珺："我觉得是这样"边说边将前方的高连接器调整成竖放，又将连接器调整成横向时珺珺说道："我知道了"，峰峰："应该先安装高斜坡轨道"将高斜坡轨道安装后立峰继续查看图卡，珺珺将短直线轨道调整成长直线轨道。珺珺："安装加速器，球从这里才能到下面去。"峰峰将长直线轨道与加速器与高斜坡轨道相连接，珺珺发射小球，峰峰："还没搭好呢！"两人则继续搭建，第二个过山车搭建完成。孩子们尝试发射，小球顺利通过过山车，兴奋地跳了起来。

| 老师的思考

孩子们之前有看图卡搭建建构游戏的经验，在此次游戏中边看图卡边搭建过山车，顺利地完成了过山车的搭建。在游戏中发现了小球上不去坡的问题，通过更换发射材料（小球、小汽车）和不同形式进行发射尝试通过过山车，但未成功。两人共同协商按照图卡继续搭建第二个过山车，我没有阻止与干预，而是遵循安吉游戏"闭上嘴、管住手、睁大眼、竖起耳"的原则，给予幼儿足够的时间与空间进行进一步尝试与探索，我作为支持者与观察者进一步观察孩子们的游戏。

看见孩子们高兴地跳起来，我也感到非常高兴，不仅是因为他们的成功，我更看到了孩子们在游戏中的学习。孩子们边看图边搭建，说明他们有一定的观察力、空间理解能力、动手能力。在搭建第二个过山车时孩子们对照图卡仔细观察分析，点数弧形轨道的数量，当斜坡无法成功安装时，珺珺与峰峰能够仔细观察图片，独立思考，发现材料使用错误后马上进行调整，积极解决问题，让我刮目相看。

创意过山车

在第二次游戏中，珺珺将两个高斜坡连接到一起形成一个像"对勾"一样的弧形轨道，珺珺发射小球，小球经过"对勾"弧形轨道就"飞"了出去。珺珺马上进行了调整，将"对勾"轨道调整为长直线轨道后再一次进行尝试，小球顺利通过。

两人继续搭建,峰峰:"马上就搭到这里了"珺珺一边指着一边说:"从这上面过去"说完继续搭建,就这样一条长长的复杂的过山车搭建完成。

孩子们玩了起来,珺珺大喊:"发射。"小球顺利通过过山车的一部分但在拐弯处飞了出去。峰峰又一次进行了尝试,小球在刚发射时就飞了出去,珺珺:"你太使劲了呀。"峰峰重新发射,小球在弯道处依然飞了出去,两人分别进行了多次尝试,小球依然没能顺利通过弯道。珺珺在弯道前的直线轨道处增加了减速器,重新发射小球,此次顺利通过弯道。但小球到达坡道处上不去了,开始第一次调整,调整斜坡高度,珺珺:"这是4个。"说着便弄下去一个,将三个矮连接柱与一个高连接柱安装在高斜坡下,轨道变矮,第一次调整结束。两人继续尝试,在坡道处依旧未能通过,第二次调整两人在高斜坡轨道前增加加速器,再次尝试发射小球,未成功上坡。开始第三次调整,再次调整斜坡轨道高度,将斜坡变矮,再次尝试发射,珺珺大喊"发射",小球刚出发就从直线轨道处飞了出去,再次尝试依旧飞了出去,两人在弧形轨道处安装减速器,峰峰大喊道:"有点歪了。"珺珺将减速器重新调整到弧形轨道前。再次发射小球,小球又一次在同一坡道处停了下来,两人开始了第四次调整,在高斜坡轨道前加入矮斜坡轨道,珺珺一边安装一边说道:"这样肯定不行,你看,这里都起来了。"珺珺又将高斜坡轨道与矮斜坡轨道位置互换。珺珺一边大喊"发射"一边再次发射小球,小球依旧没能顺利上坡,珺珺说道:"这也不行。"峰峰:"我就说不行。"珺珺拿起小球在坡道处进行局部尝试依然没能上坡。两人开始第五次调整,去掉高斜坡轨道,调整为两个矮斜坡轨道相连接,继续尝试,两人紧紧盯着小球,上当小球顺利上坡后,珺珺高兴地说道:"成功啦!"小球顺利通过过山车,孩子们高兴极了。

老师的思考

孩子们是天生的探索家,他们不再满足于之前简单的玩法,而是增加了过山车轨道的复杂性与长度。在搭建之前心里已经有了自己的想法,能有意识地先搭一段较短的轨道进行测试,确认轨道是否能让小球顺利通过后再继续尝试搭建,说明孩子的游戏行为具有明确的目的性与一定的计划性。通过游戏清楚地了解到要掌握好小球的发射力度与发射角度才能顺利发射。

游戏中不断发现问题解决问题，遇到小球总飞出轨道的问题时，虽然他们不懂什么是惯性，但是他们尝试运用增加加速器、减速器、变换不同坡度等策略解决了问题。当遇到小球无法顺利上坡的问题时，他们从调整高斜坡轨道的高度—在高斜坡轨道前增加加速器—再次调整高斜坡轨道高度—在高斜坡轨道前加入矮斜坡轨道—调整为两个矮斜坡轨道相连接，他们像工程师一样，一边研究一边尝试，一边改造一边调整，经历了发现问题、提出猜想、进行验证、不断调整、顺利解决问题，这种科学探究式学习，对他们后续的学习产生深刻的影响。

老师小结

一、主题式建构游戏的纵深开展，更加符合大班幼儿深度学习和探索的需要

围绕"过山车"这一主题，开始了探索之旅。孩子们是游戏的发起者、参与者与推动着，在游戏中自主计划、自由建构、通过按照图卡搭建到创造性的搭建出自己心中的过山车，从简单的环形轨道到8字轨道，再到更为复杂的多关卡组合式轨道，建构的目的性不断增强，搭建技能不断提高。

随着游戏的推进，游戏的内容也在不断地丰富对幼儿的建构技能、合作协商以及解决问题的能力等都提出了更高的要求，这也是孩子们不断深度放入探索与学习过程。

二、在不断解决问题的过程中促进幼儿多方面的发展

在搭建过程中，幼儿先后遇到了不同的问题。例如小球总是"飞"出去怎么办，斜坡上不去怎么办等。问题产生的原因以及解决办法，都是他们探究学习的体现。也体现了幼儿的"最近发展区"。幼儿从按照图卡搭建过山车到创意过山车，出现了诸多问题，这些问题都是随着游戏过程自然出现的，给幼儿提供了不同的挑战。面对问题，幼儿每次都能自主地"发现问题—提出猜想—行动验证—解决问题"在这个过程中，也学会了比较和分析材料的适宜性。根据自己的需求选择合适的游戏材料。在搭建过程中，对幼儿的观察能力、创造能力、解决问题的能力都产生了积极的影响，他们的游戏水平也得到了提高。

三、教学相长，促进老师的专业发展

在安吉游戏理念的引导下，我渐渐转变教学观念，学会放手，重游戏过程而非游戏结果，让幼儿做游戏的主人，当幼儿的探索是自由自在的，他们有充足的时间、有机会去尝试每个奇思妙想时，我们就会惊喜地发现他们的智慧远在成人的预想之外。我努力做幼儿坚定的支持者，肯定幼儿的点滴进步，和他们一起为新的创意欢呼雀跃，分享成功的快乐。我愈加意识到：只有为幼儿创设平等宽松的环境氛围，尊重和信任他们，放手让他们去发现、探究、创造，他们才能真正成为游戏的主人，也会带给我更多意想不到的惊喜……

（本文作者张波　此视频案例在 2023 年经专家评委综合评审，被认定为天津市学前教育资源库"安吉游戏"板块入选资源）

第十二篇　跳水游戏

安吉游戏一直是孩子们每天都期待的，双刹、木箱、轮胎、木板每天在孩子们的创意组合下都会发生很多有趣的故事。今天在综合区，孩子们又开始了奇妙的探索。

跳水初体验

乐乐、秋瑞、蕃轩来到综合区，他们被木箱吸引住了。于是，三个人合力把木箱从材料架子上拉了出来。秋瑞找来几块垫子铺在木箱旁边，从木箱一侧爬上去，然后从木箱上跳下来。然然看到了说："你们像跳水一样。"一旁的佳怡听到后说："我也在电视上面看到过跳水。我觉得特别好玩。"乐乐听到了，想了想说："跳水的运动我也看到过，运动员们是从跳板上面跳到水里的。"

| 老师的思考

这个活动源于孩子们对材料的自由探索。大班幼儿思维活跃，喜欢有挑战性的游戏。孩子们从大箱子一侧爬上去，然后站在上面跳下来。孩子们由跳的动作，

联想到了跳水比赛。于是在分享环节，我创设了讨论的机会，将孩子们跳大箱子的视频发给大家，同时播放了跳水比赛的视频，并鼓励幼儿去大胆尝试。梦然说："我们也可以加上跳板，就像运动员跳水一样了。""那用什么做跳板呢？"乐乐说："我们可以去找找看，有什么材料可以行。"

作为老师，我们首先要做的就是要倾听幼儿、尊重幼儿，适时为他们提供支持和帮助。给予幼儿充分的自由，他们就能创造出各种挑战，从而获得学习与发展。他们解决问题的过程就是幼儿学习和发展的过程。

搭建跳板

孩子们来到材料区，找到一块长长的木板。佳怡说："我觉得这个木板可以，梦然，我们一起抬过去试试。"她们把木板抬到木箱旁。"放在什么地方呢？"梦然看了看木箱，说"这两边都有两个长方形的孔，两侧正好对称。可以把木板从一侧的孔穿过到另一侧的孔。"佳怡也很赞同，于是在两人的配合下，跳板做好了。乐乐说："还得有可以上跳台的地方。"乐乐和秋瑞又找来梯子放在跳板后面说："可以从梯子上去，然后走到跳板上面，再跳下去。"佳琪走过去看了看说："我们上去会不会倒呀？"梦然听到了，用手比了比距离，然后对乐乐说："你再去那边跳板看一看。"乐乐走过去再次调整了一下跳板的位置。"这样行了吗？""行了！"梦然满意地回答着然后又跑到跳板下面再次检查。"行了，这次够结实了。"蕃瑞说："我来试一试吧。"蕃瑞从梯子走过去到跳板上，刚一起跳，梯子就掉下去了。乐乐赶快把梯子扶起来说："怎么一跳就倒了呢？"大家都来到跳板和梯子连接的地方，梦然说："我们把梯子放在木箱上面，这样压着跳板是不是就可以了？"乐乐说："这样会不会就翘起来了呀！"蕃瑞说："刚才跳的时候跳板一动我就很害怕。"大家纷纷议论起来。

| 老师的思考

孩子们想要加上跳板来跳水，通过亲身体验发现，站到跳板前面起跳时，跳板后面就会翘起来。怎样固定跳板是孩子们需要解决的问题。回到班里我们进行了讨论"跳板怎么固定呢？"乐乐说："可以把上去的梯子固定在木箱的另一边，这样就不会倒了。"梦然说:"木箱的孔比较大,而跳板比较窄,所以跳板放在里面就会晃动。我想在跳板上面放上小梯子,把木箱的孔填满。"津津说:"可以在跳板后面加上一些重的东西。"虽然这次幼儿没有获得期望中的成功,但是孩子们能够自己发现问题,从而积极开动脑筋想办法去解决。这样的学习过程具有丰富的价值。我没有直接去帮助他们,而是引发幼儿的思考,促进他们自主行动、合作游戏。他们在做中学、在玩中学,通过亲身体验获得了直接经验,体现了喜欢探究、勇于创造等良好学习品质。

固定跳板

孩子们按照上次游戏后大家想的办法来尝试。首先他们选择改变梯子的摆放位置。大家一起把梯子放到了木箱的另一侧。蕃瑞爬到木箱上,小心翼翼地走到跳板前,可是刚起跳跳板就晃动了。梦然说:"跳板还是会翘起来呀。看来这个方法不行。"乐乐说:"那我们再试试于梦然想的办法,跳板上面加上小梯子试一试。"佳琪和乐乐找来一个小梯子,放在跳板上面。佳琪说:"这次我来试试吧。"佳琪走上了跳板。乐乐和梦然在跳板后面观察。佳琪刚走到跳板前面,乐乐就发现了问题"跳板还是会立起来呀。"佳怡看了看问道:"佳琪你感觉行吗?"佳琪回答:"跳板还是会动,我也害怕。"秋瑞又找来一个小梯子说:"再加上一个,用两个小梯子试一试。"梦然跑到木箱里面,把两个小梯子放好。乐乐说:"快来试一试,这次行了吗?"蕃瑞再次尝试。很遗憾,还是没有成功。梦然说:"还有一点儿动。"乐乐找来一个水带说:"把梯子弄下来,换成水带,水带很重,把它放在后面压上,这样前面有人就不会动了。"乐乐把水带放在跳板后面,秋瑞站上去尝试。"还有一点儿动。"梦然说。这时佳琪又搬来一个水带说:"再加上一个试一试。"梦然说:"木箱下面也要加上一个。"三个水带放好后,蕃瑞开始尝试。果然,这次跳板没有晃动。"成功了,成功了。"大家拍手叫好,纷纷来尝试跳水。

┃ 老师的思考

整个活动中,我没有干预幼儿游戏,而是给予孩子们更多自己发现问题、解决问题的时间和机会。从改变梯子方向,到加上小梯子固定,再到用水带增加重量。

在解决问题的过程中，他们相互交流和分享自己的发现和思考，友好地协商与分工合作。对于力的大小和作用关系有了直观的经验，并获得了情绪情感上的极大满足。

作为老师，我在幼儿积极主动解决问题时，扮演着观察者的角色，在幼儿活动成功后，倾听他们这次游戏的不寻常之处，和他们一起体验成功的快乐。

跳水比赛诞生

梦然说："我看过跳水比赛，比赛的时候要有裁判，运动员要先做准备活动才能跳，这样才不会受伤。"秋瑞听了说："我也看到过，这样吧，梦然你当裁判，我来跳。"说着秋瑞从梯子上面爬到木箱上，站在木箱上一手叉腰，一手使劲向上伸展，做起了准备活动。只听梦然一声哨响，秋瑞走到跳板上，纵身一跃跳到了垫子上。梦然说："你这样也不对。你看那些跳水运动员，跳下去之后还得做一些动作。就像这样。"梦然边说边演示。只见她趴到垫子上，两手在身体两侧做泼水的动作。"你也得这样才像跳水。"乐乐说："我也来试试"。乐乐站到箱子上做了几下伸展运动，接着走到跳板上，纵身一跃跳了下来，然后在垫子上面翻滚了几下，身体向上晃动着双手双脚。梦然看到了说："对了，这样才对。"她们的创意吸引了越来越多的同伴参与其中。大家从木箱上跳下来后做着不同的跳水动作玩得不亦乐乎。

老师的思考

通过自主解决问题体验到了成功感，给予幼儿莫大的鼓舞，这让他们继续深入游戏的意愿被进一步激发。把生活经验运用到了游戏中。跳水动作的加入，使得游戏情境更完整，表现出更高的游戏水平。幼儿在游戏中体验到了自主学习、合作协商的胜任感，解决问题的能力到了进一步提升。同时，他们还在不经意间带动起更多的同伴参与其中。

老师小结

一、创设宽松的探索环境，支持和引导幼儿探索

"环境"不只是创设适宜的活动空间和时间，投放充足的游戏材料，还要给予

幼儿游戏中的自由氛围。幼儿园保育教育质量评估指南中指出：要因地制宜为幼儿创设游戏环境，提供丰富适宜的游戏材料，支持幼儿探索、试错、重复等行为，与幼儿一起分享游戏经验。作为老师，我们要学会欣赏和理解幼儿的独特想法，尊重幼儿的每一次探索体验。同时调动幼儿对问题保持持续探究的热情，在心理上支持幼儿，老师需要后退一点、静观其变。本次游戏主题是幼儿在自由探索时发生的，幼儿自发玩起了跳水游戏。相信幼儿，一定有更多的发现和创造。

二、幼儿在游戏中获得发展

在这个游戏中，孩子们发现跳板不稳的问题后，讨论出三种解决问题的办法。从中可以看出幼儿具有安全意识和自我保护能力，以及对重量、如何能够保持平衡等的思考。能够和同伴协商、合作。发现问题、解决问题。这些良好的学习品质为幼儿的后继学习和发展奠定了良好的基础。

（本文作者田莉莉　此视频案例在 2023 年经专家评委综合评审，被认定为天津市学前教育资源库"安吉游戏"板块入选资源）

第 十 三 篇　躲避"球"

木梯游戏区投放了新的材料——足球，孩子们拉来木梯当作"分界线"，双方互相用足球进行投掷，于是一场由投球游戏引发的躲避"球"比赛开始了……

第一次游戏："投"球初体验

瑞瑞和乐乐最先搬来木梯竖在场地中间，芊希看到也拿着足球跑了过来，瑞瑞、乐乐、冰冰站在梯子的一侧，芊希站在梯子的另一侧，芊希最先砸向对方，津津说："你们不能这样站着，要躲球不能被砸倒"，这时瑞瑞提出要当裁判，双方进入战斗状态，随着越来越多球的砸中，梯子开始倒塌，双方休战，第一次游戏结束。

老师的思考

回到班后组织孩子们观看游戏视频，孩子们提出了问题：1. 球总是跑，捡球很累也浪费时间。2. 梯子不稳固。3. 球太多了很乱。

根据孩子们的问题，我找来了躲避球比赛的视频，丰富幼儿的游戏经验，看完后孩子们有了新的思考，通过讨论，制定了下次游戏的计划：1. 设置围栏。2. 用消防水带固定梯子。3. 留一个球，安排一名小朋友当捡球员。孩子们能够善于发现问题，并且积极寻求解决问题的办法！

第二次游戏："围"出新场地

孩子们搬来梯子快速的围成一个场地，并且用消防水带固定梯子，冰冰、瑞瑞、泽泽为一组，津津、霖霖、秋瑞为一组，轩轩和乐乐负责捡球，然然来当裁判，场地搭建好就开始游戏啦。这次只用一球，津津最先发球，他拿起足球用力向前一砸，瑞瑞躲开了球，球重重地砸在了梯子上，梯子被砸倒了，乐乐见状赶紧把梯子扶起来。孩子们继续游戏，这次冰冰发球，球一发出去不仅又撞倒了梯子而且球还跑出去很远，乐乐刚修好梯子就又要赶紧去捡球，孩子们不断地捡球和扶梯子，裁判然然跑来乐乐这边说道："你们的游戏太吵了，他们也都不遵守规则。"说完便终止了游戏。

| 老师的思考

回到班后，我组织孩子们进行讨论：今天游戏你们的感受如何呢？孩子们提出了问题：1. 场地小。2. 四周围起来，没有出入口。3. 游戏时太乱。4. 足球砸到身上很疼。

针对这几个问题我们进行了思考，通过讨论和思考共同制定了下次游戏的计划：1. 扩建游戏场地。2. 设置出入口和休息区。3. 制定游戏规则，例：砸中要下场。4. 将足球换成沙包。孩子们遇到问题后能够及时地对游戏进行调整，并且提出确实可行的游戏计划。

第三次游戏："搭"建新格局

游戏开始了，孩子们搬来三个梯子进行搭建，游戏场地变大了，泽泽找来垫子展开放在梯子旁防止沙包从梯子缝隙中间滚出去，诗妍搬起消防水带固定在梯子外侧,泽泽把多余的垫子立起来放在轮胎的旁边,津津找来轮胎横向摆放在梯子两侧当作入场口。

搭建完毕,运动员们入场,俊俊率先做起热身运动,就在这时意外发生了,梯子突然倒塌了,津津赶紧搬来消防水带进行内部加固。比赛正式开始,瑞瑞最先发沙包,俊俊捡起扔向瑞瑞,孩子们就这样你躲我投,突然泽泽一用力沙包扔到场地外面了,津津在跨过梯子捡沙包的过程中梯子倒塌了。

| 老师的思考

游戏中孩子们对场地进行了扩建,增加了热身的环节,但是游戏进程没有变化,"乱"这个问题没有得到改善?针对这个问题,我再次请孩子们观看躲避球比赛的视频,孩子们进一步了解了比赛的规则,由此我们讨论制定了第四次游戏的计划:1.继续扩建场地。2.裁判发球,队员听从裁判指令。3.分成两队,三个回合进行比赛。4.比赛时不能跑到对方的区域。通过观看视频与讨论,孩子们对躲避球比赛有了更深的认识,制订的计划也更详细了。

第四次游戏:"赛"出新经验

游戏开始了,孩子们分为蓝队和红队,每队四个队员,慧心和霖霖当作裁判,找来双梯用作裁判席位,人员分配好就开始搭建场地了,先是找来6个梯子分别立起来放在两侧,又拿来多个轮胎放在梯子的中间,最后铺上垫子,消防水带双面加固,细心地泽泽坐在垫子上左右晃动测试垫子的稳定性,确定没有安全隐患游戏开始了。

(一)第一回合

运动员们热身完毕双双进入场地,裁判一声令下孩子们开始了游戏,只见蓝队发出攻击,红队的俊俊一下就被击中了,击中后俊俊主动离场。其他队员神情变得紧张,身体左右摆动避免被砸中,当沙包扔到远处时,"第一回合蓝队加一分。"裁判过来宣布。蓝队欢呼雀跃,随着裁判宣布中场休息,孩子们进入休息区休息,第一回合就这样结束了。

（二）第二回合

裁判一声令下，第二回合开始了，裁判拿起沙包准备发球运动员们蓄势待发，迎接比赛。乐乐最先抢到沙包，他用力向红队砸去，就在红队捡起沙包准备反击的时候，蓝队和裁判宣布暂停，裁判还没有喊开始运动员就开始比赛了，红队觉得谁先捡到就可以先发球，双方意见不一出现矛盾。就在这时裁判出场，重新发号施令游戏重新开始。孩子们劲头更足了，都想要赢得比赛，这时红队发球砸向了蓝队，但是瑞瑞不想下场，双方再次出现矛盾，并且双方开始争抢沙包，场面开始混乱，没办法裁判终止了比赛。第二回合草草结束。

裁判喊来运动员，孩子们重新讨论了游戏的规则，并且一致认为无论如何要听裁判的口令双方达成一致，进入休息区休息备战。在休息的时候，红队的俊俊喊来其他人来商量战术，讨论要如何打败蓝队，俊俊说："我们要瞄准，然后射击打败他们。"其他人表示赞同。

（三）第三回合

比赛开始了，俊俊发出攻击一下就砸中了瑞瑞，这次瑞瑞没有迟疑主动地下场了，泽泽看着球即将砸中自己立马蹲下身子，但不幸地砸中了秋瑞，秋瑞也立刻离场。剩下的队员开始警戒起来，乐乐找准机会发起攻击，其他队员反应迅速并未砸中，运动员们在场内激烈地角逐，裁判也在场外紧张地盯着。最后，运动场上红队和蓝队分别留下了两个人，裁判宣布2比2结束。孩子们开心地欢呼……

老师的思考：这是一场由投球游戏引发的躲避"球"比赛，孩子们在游戏中不断丰富材料，完善规则，制订计划，发现问题解决问题，技能与能力均得到了发展。

游戏中孩子们通过"躲""投"等动作发展了投掷能力和躲闪能力，在丰富材料，扩建场地的过程中，发展了搭建能力，孩子们能够根据需求调整游戏，将足球换成沙包，发展了灵活变通能力，孩子们能够制定规则，并且在游戏中遵守规则，发展了规则意识，比赛中分成两队，三个回合进行比赛，体现出孩子的竞赛意识与团队精神，孩子在游戏中不断学习与发展。

老师为幼儿创设宽松的游戏氛围，提供适宜的材料；最大程度地放手、支持、允许幼儿进行探索；通过播放视频，丰富幼儿的生活经验，引导幼儿进行讨论，推动游戏的发展;游戏中出现矛盾,老师没有介入,而是选择相信幼儿,当一名游戏的观察者。当我做到放手,观察,支持,引导,我发现孩子们的游戏是那么精彩,他们是自由的、快乐的,游戏激发了孩子们无限的潜能,我与孩子们在游戏中共同学习与成长!

(本文作者杨悦　此视频案例在 2023 年经专家评委综合评审,被认定为天津市学前教育资源库"安吉游戏"板块入选资源)

第六章

科研创新，赋能老师成长

第一节

园长手记

在安吉游戏本土化实践过程中，我们深刻地感受到，以科研课题为引领，是加速老师专业成长的必由之路。2021年3月，我园申报了天津市教育学会"十四五"教育科研规划课题"聚焦自主游戏，助推儿童深度学习的实践研究"，被批准为天津市"十四五"重点课题。在实践中，我们借助课题研究，探索放手支持幼儿自主游戏的策略，探索观察游戏、分析游戏、回应游戏等推进幼儿深度学习方法策略，破解安吉游戏本土化研究中存在的困惑和难题，在这个过程中，老师们的儿童观、教育观、课程观发生了很大变化，撰写的40余篇论文获市级奖励。从本书收集的部分一等奖的论文中，能够反映老师的专业成长与进步。

第二节

获奖论文

第一卷　聚焦策略，助推落实

第 一 篇　让安吉游戏落地，为老师成长赋能

为全面贯彻落实《幼儿园教育指导纲要》和《3—6岁儿童学习与发展指南》精神，落实以游戏为基本活动的理念，我园作为国家级安吉游戏试点园，将安吉游戏精神与我园教育改革相结合，通过创设适宜的游戏环境，为安吉游戏落地搭台，通过改变管理模式，为老师实践助力，通过教研跟进为老师赋能，促进老师专业成长。

一、创设适宜的环境，为安吉游戏落地搭台

游戏环境是保障幼儿游戏权利的重要物质前提，游戏材料是幼儿园游戏环境中的重要元素。安吉游戏强调的是开放自主的游戏环境，低结构可组合的游戏材料，要能够看得见、拿得到、放得回。根据这一特点，我们着手进行了户外环境的改革，让安吉游戏落地。

一是分析现状，找出问题。我园户外活动场地宽敞，前后院有三个操场，4组大型户外玩具分散在各个场地，后院操场沙池、水池、滑索一应俱全，但是玩起来还是存在一些问题，户外活动时每个班级固定一块场地，活动范围不大；游戏材料大多是老师自制的玩具，玩法单一，易损坏。玩具材料每个班一套，户外活动时搬出搬进，取放极不方便。楼房四周全部是冬青绿植，不便于幼儿活动；大型户外玩具长期搁置，幼儿少有问津；虽然有沙水池，但开展不起来。

二是丰富材料，改造场地。首先，购买了木梯、方箱、积木、滚筒等典型的安吉游戏材料。根据低结构、可变性的原则，又添置了废旧轮胎、废旧汽车、工程管道、

迷彩钻网等材料,解决了材料自制易坏、玩法单一的问题。其次,解决材料存放收纳问题,只有方便幼儿取放,游戏才能顺利开展。而操场周边,大面积的冬青、大型玩具占用了场地,影响收纳。当我们困惑"拔除冬青是不是破坏绿化"的时候,虞永平老师的"幼儿园教育环境创设与利用的问题和思路"给了我们底气,他认为有些幼儿园的户外环境的走道两旁有宽阔的绿篱,每棵树周围又有一圈绿篱,围墙边还是一大片绿篱,实际上留给幼儿可活动的空间就所剩无几了,而且很多空间被绿篱或大型玩具人为隔离,导致幼儿的奔跑距离短,这些环境都不是真正属于幼儿的环境。于是,我们拔除了冬青,移走大型玩具,地面铺平,安装开合式和敞开式的遮阳棚,方便木梯、方箱等材料的收纳,打制可移动的玩具车,方便积木的收纳。再有改造沙水池。我们将原有的沙池扩大,填上细沙,在原有的水池中填上粗砂,周边接上水源,增加了上下水管道,这样把两个单独的沙池水池变成两个沙水池,沙水结合,丰富游戏情境。

三是科学规划,合理安排。我们按照游戏材料,将场地划分为积木区(2个)、木梯区、竹梯区、迷彩网、综合区、沙水区(2个)、涂鸦区等九个区。为了保证每天上午一个小时的户外游戏时间,把18个班级分成两组,第一组先进行户外游戏,然后再回班室内活动,另一组先进行室内活动,然后户外游戏。每个班在一个场地上进行三周游戏,再轮换新的活动区,确保游戏深入和持久的开展。

二、改变固有的管理模式,为老师放手实践助力

安吉游戏强调老师要相信儿童、放手儿童,把游戏的自主权还给儿童,那么管理者首先就要改变传统的管理模式,相信老师、放手老师,把专业的自主权交给老师,为老师放手实践助力。

一是创设一个敢于放手的管理环境。安吉游戏强调"爱"是基础,建构了充满爱的游戏生态。那么从管理的角度上来讲,让老师爱孩子,管理者就要从"爱老师"开始,要站在老师的立场进行思考,要想老师之所想,急老师之所急。开展安吉游戏,老师最担心的就是安全问题,放手让孩子玩,出了事故绩效考核会不会受影响,如何面对家长?正在老师焦虑这一系列问题的时候,一个小班的孩子没站稳，扑倒在桌角，头上缝了6针，家长三番五次为难老师，找园长要说法。管理者主动出面，做通家长工作，巧妙化解矛盾，既维护了老师和幼儿园的利益，又让家长对处理结果感到满意。同时我们修改了绩效考核制度，将绩效考核中的安全奖进行调整，分清责任事故和意外事故，活动中老师尽到了责任的意外事故可以不扣奖金，解除老师的顾虑，让老师轻松放手。

二是改变教学管理方式，为老师减负。幼儿老师工作任务繁重，主要方面是需要撰写的文案较多，各种计划、教案、观察记录、学习故事等。为了减轻老师的工作量，让老师全身心地投入到观察支持幼儿的游戏中，我们改变了日计划的书写方式，把提前写教案改为写回溯性教案，即游戏活动后老师对观察到的幼儿游戏情况、游戏行为进行记录，分析游戏中存在的问题，通过分享讨论支持幼儿下一阶段的游戏。这个回溯性教案，既是观察记录又为老师撰写游戏故事、游戏案例提供了素材和依据，一举多得，减轻了老师的负担。

三是把老师从环境创设中解放出来。我们改变过去那种老师苦思冥想创意，辛辛苦苦做环创的做法，把更多的环境留给幼儿，让环境记录幼儿的学习。学期初让墙面留白，幼儿游戏后，把自己的游戏故事画下来，张贴成为游戏故事墙；将阅读的图书绘本画下来，进行展示，成为阅读笔记墙；早上来园签到、绘画记录天气，每人一个小本子，挂在墙上成为签到墙、天气记录墙……墙面上不仅记录了幼儿的学习轨迹，还提升了孩子的观察能力、绘画能力、表达能力、社会交往能力，也彻底解放了老师。

四是给老师更多的专业自主权。把游戏的自主权还给幼儿，让幼儿在自主、自由的真游戏中，获得经验、形成想法，从而发挥自身最大的潜能。同样我们把专业自主权还给老师，老师的主动性、创造性也会得到最大限度的发挥。以往我们购买玩具图书，都是幼儿园做出规划预算，集体购买。现在我们改变了做法，把权力下放，每学期给每个班一定资金额度，让老师根据自己班级幼儿的兴趣、课程需求，购买图书、玩具。如幼儿对恐龙感兴趣，老师就可以购买恐龙相关的图书、玩具，满足课程需求；开展西游记主题游戏，购买与西游记相关的绘本、道具等，帮助幼儿丰富经验，推进游戏深入开展。

三、教研跟进，为老师专业成长赋能

教研能够有效解决教育教学实践中遇到的问题和困惑，通过解决问题改善老师的教育行为，促进老师专业成长。因此，在安吉游戏实践中，我们通过教研跟进，为老师专业成长赋能。

一是聚焦教育理念向教育行为的转化，让老师看见不一样的儿童。我们采用了"学习—实践—交流—实践"的模式，首先通过学习安吉游戏的理念，大家认识到只有放手才会有真正的自主游戏。于是我们尝试放手，同时记录孩子们的表现和自己的心路历程，一周后我们开展教研活动，交流放手后的体会。幼儿的表现有两种，一种是不相信老师会放手，总是看老师眼色，或者问："老师，这样可以吗？""老师，我可以换材料吗？""老师你来帮帮我。"另一种是完全"放开"的孩子，活动室里到处跑，一位老师这样记录开始放手的状态："娃娃家里人满为患，那些调皮的小朋友越发的'变本加厉'，甚至在班里你追我跑。收材料的时候还出现了一拥而上，把搭得高高的围墙推倒，并伴随着哈哈的笑声。老师的感受是"放手游戏真的很难"，"有想要吃速效救心丸的想法"。针对老师们的困惑和最初出现的问题，我们一起分析、寻找症结：孩子们为什么不敢玩？从老师的表述中发现，老师不相信儿童不敢真放手，幼儿不相信老师会放手；幼儿为什么疯玩，是因为刚刚放手，或者是不会玩，或者是感觉新鲜，都想玩，都想尝试。那如何应对呢？我们通过讨论达成共识，放手不等于放羊，老师要提供经验、材料、规则等相应的支持，让孩子们敢玩、会玩。随后的实践中，老师逐渐放手，并惊喜地发现，小班的幼儿竟然能够想办法从一米多高的滚筒中钻出来；玩轮胎时，他们能够用积木、平衡木挡住轮胎不让它滚动，站上去让同伴帮忙搬开阻挡的积木，逐渐学会在轮胎上行走。幼儿的学习在游戏中真实地发生着，老师看到了不一样的儿童。

二是聚焦教育实践中存在的问题，为老师的实践助力。我们遵循从问题中来到问题中去的原则，聚焦老师教育实践中存在的问题开展研究。刚开始实施安吉游戏，大大小小的安全事故不断发生，梯子夹手、箱子砸脚的事情经常发生，据保健医统计，一天里发生 7 次擦伤刮碰事故。因此一到户外游戏时间，老师高度紧

张，园领导也紧绷着安全这根弦。如何解决这个问题呢，我们开展了安全隐患调查的教研活动，大家一起梳理出每个游戏区的安全隐患，和解决对策。在实践中，每个班到了新的区域，在第一周开始游戏时，老师都把安全问题作为游戏后的讨论重点，用视频、照片的方式，引导全班幼儿一起讨论如何解决？在后面的游戏中，幼儿会主动关注安全问题，并把自己发现问题、解决问题的游戏过程画下来，形成了"游戏安全"的课程内容，幼儿安全意识和我保护能力提高了，老师、园长的焦虑也迎刃而解。

三是聚焦观察能力，提高老师基本专业素养。观察是幼儿老师必备的基本能力。安吉游戏强调"睁大眼、竖起耳"，观察倾听孩子，我们看到安吉幼儿园的老师都在用手机拍照和录制视频，但是这么多孩子，观察谁、观察什么？拍什么、录什么？开始老师们很茫然，于是我们组织学习梁慧娟教授翻译的《聚焦式观察：儿童观察、评价与课程设计》，让老师们能够深刻理解观察的意义和方法。开展游戏视频交流，选取一个游戏视频进行观察分析，集中研讨，集全体老师的智慧，解剖一个案例，形成集体智慧。老师们逐渐学会了全景式观察，扫描式观察，定区域、定材料、定人等观察方法。在观察的基础上，学习《3—6岁儿童学习与发展指南》《游戏、学习、发展——全国幼儿园优秀游戏活动案例选编》，让老师们对照《指南》，学习用优秀案例中老师的角度和方法，去解读幼儿游戏行为背后的学习和发展，从看见儿童到看懂儿童，专业能力不断提升。

践行安吉游戏理念，不仅把我园打造成让幼儿流连忘返的游戏乐园，也激发了幼儿的潜能，让我们发现了不一样的儿童，同时更成就了不一样的老师，她们从不敢放手到学会放手，从不会观察到读懂儿童，教育观、儿童观、课程观发生了很大变化，老师从心底里充满专业自信，对自己职业的认同感和幸福感不断增强，这将进一步激发更强劲的工作动力和热情，有效促进幼儿园教育质量的提升。

（本文作者李天云　　此论文发表在《天津教研》2022年第2期）

第 二 篇 "聚焦自主游戏，助推儿童深度学习"的实施策略

一、在学习与实践中理解深度学习的内涵与特征

深度学习作为一种关注个体内在认知过程的学习策略，被认为是一种有意义的学习，是马顿（F.Marton）和赛尔乔（R.Saljo）两位学者在对大学生的学习过程进行实际观察的基础上提出的。而北京师范大学冯晓霞教授提出了幼儿深度学习的特点。它是一种主动的、在理解基础上的学习。深度学习具有如下三个特征：理解与批判；联系与建构；迁移与应用。因此幼儿深度学习的内涵为：基于感兴趣的事物，提出问题，围绕问题不断地持续探究，在问题解决中，回忆旧经验，自主建构新经验，运用高阶思维，最终解决问题，养成良好的学习品质。

二、积极环境的创设诱发幼儿的深度学习

积极的游戏环境是保障幼儿自主游戏的重要物质基础，游戏材料是游戏环境中的重要因素。开放的空间与宽松的游戏氛围能诱发幼儿的深度学习。为此，我们对室内外环境以及管理制度都进行了较大的改变与调整。

1. 创设开放、自主的户外环境

针对我园户外环境比较单一，挑战性小的现状，为满足幼儿多样的游戏需求，从幼儿的视角出发，我们不断改造环境场地，将前后院部分灌木移走，修建小路、水池，凉亭，增设收纳棚，扩大沙池，堆起土坡，通过移、增、扩、堆四部曲，扩大游戏场地，还幼儿更大的游戏空间，变规整的场地为多样的场地，巧妙利用幼儿园的每一处角落，让幼儿亲近自然，释放天性，让学习自然发生。

2. 投放低结构、可移动游戏材料

幼儿进行深度学习的物质基础离不开适宜的材料。遵循挑战性、低结构可变性的原则，根据我园户外场地特点，前院塑胶场地划分为新老木梯区、积木区、网箱区、综合区五个区域，投放了积木、方箱、木梯、滚筒、油桶、垫子等材料，虽然材料分区，但是幼儿可根据游戏需求自由选择材料，自由组合。后院分别为两个沙

水区、戏水区、土坡区、滑索区、骑行区和涂鸦区，投放沙水工具、两通三通等工程材料，以及废旧汽车、轮胎等废旧材料。为满足不同年龄班幼儿探索的需要，每个区域材料投放遵循固定材料投放和结合班级幼儿游戏主题需求随时投放有机结合的原则。如在土坡区，小班投放轮胎等材料，而到了中班随着孩子们对球类探索的需要，则增加了不同的球类，孩子们玩出了不同的主题。

3. 提供充足的游戏时间

深度学习的发生离不开充足的时间保障，只有为幼儿提供充足的游戏时间和空间，才能保证他们持续而深入探究。将原来每天上午零散的游戏时间统一调整为一个小时二十分钟户外游戏，之后是游戏表征的时间。户外每个游戏场地每隔三周各班轮换一次，每日游戏时间的充足和在一个场地中连续游戏时间的保证，确保了孩子们游戏的持久和深入探究。"骑行区的小交警""投篮高手""萌娃电影院"等游戏视频案例也应运而生。我们每一位老师既见证了幼儿是游戏高手的精彩瞬间，又见证了寻常游戏中幼儿的小步递进学习。

4. 基于儿童视角的墙饰展示

摒弃老师苦思冥想设置的"三步式"主题墙，一劳永逸的功能墙，把更多的墙面留给孩子。孩子们游戏后自主记录游戏故事，按照主题进行展示。每一次绘画或记录后，老师一对一倾听，用文字记录孩子们的想法，感受，游戏玩法。学期末，装订成游戏课程册，记录了孩子的学习、思考的过程，还促进了观察能力、绘画能力、语言表达能力、社会交往能力的提高。

5. 放手氛围的创设

把游戏的权利还给儿童，体现的是对儿童的理解、尊重和信任，只有放手游戏，才能发现儿童行为背后蕴藏的学习价值和发展意义。而放手游戏体现的核心是老师的放手，我们通过管理制度的改变助力放手氛围的创设。一是修改绩效考核制度，将绩效考核中的安全奖进行调整，分清责任事故和意外事故，解除老师的顾虑，让老师轻松放手。二是改变教研管理方式，要求老师对幼儿放手，管理者首先对老师放手，接纳老师的各种尝试与改变。如下雨天带幼儿到户外趣玩滚筒并尝试用手机对幼儿进行语音记录和整理等。

三、聚焦老师观察能力培养，发现幼儿的深度学习

观察是老师的必备技能，只有老师会观察，看懂幼儿的游戏，才有接下来支持与回应的可能。否则老师的指导有可能成为幼儿游戏的障碍。我们尝试用两种方法提高老师的观察能力。

1. 改变教案的书写方式

调整后的教案是融计划、记录与反思为一体的。将提前写活动设计变为写回溯性教案，记录孩子们游戏的过程，遇到的问题，解决的方法或者是游戏的惊喜与发现。目标设定上可以是发展目标也可以是对游戏中幼儿的观察目标。这种方法倒逼老师观察游戏，记录游戏，结合幼儿游戏情况进行自我反思，保障了老师要观察幼儿。

2. 开展游戏视频评选活动

要求老师每周录制一个视频，选取一个高质量的上交参加游戏视频评选。开始老师们不知道观察谁、观察什么？拍什么、录什么，虽然看似在观察，可是感觉却无处下手，拿着手机到处转，盲目录制视频，发现问题后，我们组织集中学习梁慧娟教授翻译的《聚焦式观察：儿童观察、评价与课程设计》，助力老师们理解观察的深刻意义和方法。结合实践从能够固定录制一组幼儿的游戏，到连续观察一个孩子的游戏，从不会捕捉典型案例，到从大量的游戏视频中捕捉一个两个主题游戏，编辑成一个个游戏案例，从而掌握了全景式观察，扫描式观察，定区域观察，定材料观察，定人观察等方法。

四、聚焦策略研究，支持幼儿深度学习

幼儿在游戏中的深度学习离不开老师的支持和帮助，聚焦实践我们梳理了以下支持策略。

1. 关键问题的启发与引领

深度学习聚焦的是发现问题、解决问题的过程，体现的是幼儿高阶思维的参与，老师要引导幼儿发现关键的问题，老师高水平的提问能激发幼儿积极地思考

与探究。引导孩子们就话题进行谈话，寻找解决问题的方法，梳理思路。比如，大班的孩子将西游记的游戏搬到了户外，用垫子和平衡板搭建了屋子，老师的提问"用什么更结实？"引发了孩子们的讨论，让孩子们更加关注支撑物材料的重量与主体之间关系，进行了深入探究。

2.游戏后的分享与讨论

游戏后的分享和讨论能够引发幼儿的反思，推进游戏进程，促进幼儿的深度学习。实践中老师组织的分享流于形式，随机性比较强。我们结合问题梳理出三种分享方式：一是由某一幼儿分享自己的游戏故事，激发大家的游戏兴趣；二是由老师就安全、规则等普遍存在问题引发的讨论，建立规则，统一认识；三是老师提供游戏过程照片或视频，鼓励幼儿一起观察，发现成功或失败的过程，充分讨论影响成功或失败的因素，学会发现问题解决问题。如你看到了什么？他们是怎么玩的？遇到了什么问题？怎样解决的？你有什么好的意见建议？老师抛出问题，师幼积极互动，引发幼儿的思考与讨论。

3.老师的肯定与持续关注

老师对幼儿游戏过程中的支持，是情感上的关注，让儿童感到自己所进行的游戏在老师内心的重要性，不管是成功的还是有问题需要解决的，老师的一个表情、一个动作、一个眼神都是对幼儿的最大支持鼓励。案例"一个由双梯引发的探索故事"见证了浩浩在老师的持续关注下从最开始的不敢上双梯—站在双梯上—在梯顶上转圈—架长板够彩旗—跨越梯顶，整个游戏过程伴随着幼儿积极主动地探索和体验；他能不断发现问题，将原有经验迁移到新的情境中解决问题，建构新的经验，使游戏不断深入。

4.实践经验的不断积累

幼儿的探究来自他们对事物的好奇，他们在摆弄材料、动手操作的过程中加强了对环境的认识，并不断积累大量的感性经验。而这些经验也正是幼儿创新解决问题的力量之源，引发新的游戏与探究活动。如中班案例"陀螺变形记"中，幼儿在初次接触幼儿园的扭扭建构材料时，开始只是拼插熟悉材料，在一次偶发的螺丝螺母组合的简单陀螺后，开启了对不同形状的陀螺、多个陀螺进行组合、联动陀螺的持续探索。

5. 家长的认同与支持

不同背景知识的家长资源是幼儿园开展教育教学活动的重要资源,让家长了解自主游戏带给孩子的发展,家长的支持更能促进幼儿游戏水平提升。通过家长会、日常沟通、家长开放日等活动,帮助家长了解自主游戏带给孩子的快乐与发展。老师们会把孩子们游戏中的精彩瞬间拍成视频或者照片推送到家长群,让家长了解孩子的日常游戏,组织家长进行讨论。让孩子们把游戏用绘画的形式记录下来拿回家,把游戏故事讲给家长听,请家长帮助记录。记录过程中家长学会了倾听孩子,了解了游戏给孩子带来的发展,同时也更支持孩子的游戏。

游戏中幼儿的深度学习无处不在,幼儿园应重视幼儿游戏中的探究,从大环境上提供便利条件。老师应适时地为幼儿的深入探究提供支持,不断创造条件和机会,帮助幼儿积累有意义的学习经验,促进幼儿的身心健康发展。

(本文作者孙立文 此论文在2023年天津市教育学会学前教育专业委员会论文评选中荣获一等奖)

第 三 篇 签到本里的故事

从幼儿园进入小学是幼儿在其发展过程中所面临的一次重大的转折期。幼儿园和小学在生活、学习上存在着很大差异,对于大班的孩子来说主动性、计划性、任务意识等学习品质较为薄弱,如果衔接不好,势必会影响幼儿将来在小学的生活与学习。幼儿园应注重幼儿学习品质的培养,引导幼儿平稳过渡为接下来的小学生活打下坚实的基础。

《3—6岁儿童学习与发展指南(以下简称《指南》)指出学习品质的重要性:重视幼儿的学习品质。要充分尊重和保护幼儿的好奇心和学习兴趣,帮助幼儿逐步养成积极主动、认真专注、不怕困难、敢于探究和尝试、乐于想象和创造等良好的学习品质。忽视幼儿学习品质的培养,单纯追求知识技能学习的做法是短视而有害的。学习品质的养成渗透于幼儿一日生活各个环节之中。本文以大班幼儿晨间签到活动为例,通过对用名字签到、日期＋时间＋名字签到、签到表和天气预报表结合、以小组为单位的签到方式的不断地反思、调整与实施,聚焦幼儿学习品质的养成。

一、从实际问题出发,采用多种教育策略激发幼儿主动意识

幼儿们从中班升入大班,虽有一定的时间概念,但缺乏科学合理安排时间的经验,同时在整个暑假生活中,幼儿们比较自由散漫,迟到现象每天都在发生。晨谈中,我和幼儿们针对经常迟到的现象展开讨论:郭瑜:昨天在奶奶家睡得太晚了。李暄:我在家吃早饭吃得太慢了。萧萧:爷爷早晨从大丰堆骑电动车送我来这边,太远了……

从谈话中可以看出,幼儿们每天迟到的原因既有自身作息时间、进餐习惯等问题,还有一些客观因素,因为我们所在是农村中心幼儿园,有的路途近有的路途远,幼儿园是一餐一点,在家吃早餐和路途远也是迟到的部分原因。结合以上问题,我采取以下教育策略,帮助幼儿了解习惯养成的重要性,激发幼儿的主动性。

1. 家园合作,帮助幼儿树立时间观念

《指南》教育建议中指出:"让幼儿保持有规律地生活,养成良好的作息习惯。如:早睡早起、每天午睡、按时进餐、吃好早餐等。"我利用微信群向家长宣传良好习惯养成、时间观念、计划性建立的重要性,与个别幼儿家长单独交谈了解生活中的困难,争取家长对幼儿园工作的支持与配合,家园协力共促孩子良好时间观念的养成。

2. 以绘本为依托,培养幼儿的作息习惯

我们通过绘本《起床的好办法》《别让鸽子睡太晚》《我要好好吃饭》等故事,将习惯道理藏在有趣的故事情节中,调动幼儿学习的兴趣,了解习惯养成的重要性,让孩子在愉悦的情绪下潜移默化地获得启发。

3. 丰富的晨间活动游戏激发幼儿早来园的主动性、积极性

班级内每天开展多种多样、形式丰富的晨间活动游戏,并提前一天告诉孩子们第二天活动内容,激发幼儿早来园的积极性。变点名为自主签到,激发幼儿来园

的仪式感。主动学习是幼儿积极参与学习活动的驱动力，每天按时入园、自主签到，能帮助幼儿养成主动性，是他们成功迈出自我管理的第一步。

二、以回顾反思为契机，发现问题，提出解决办法

开展签到活动的第一天，就有幼儿早早到园，在签到中有些幼儿能够熟练地书写名字进行签到，到了于盛签到时，他写了很久，小朋友不断地提醒他："你快点写啊，你怎么还没写完啊。"于盛："我只会写一个'于'字，后面不会。"在大班上学期，不是每个孩子都会写自己的名字，有些孩子名字笔画又多又难写，怎么办呢？幼儿们进行了讨论。韩华："就写一个字表示自己的名字。"黄浩洋："按照墙上的自己学号写数字。"郭瑜："可以画个自己。"

《指南》中指出："让幼儿在写写画画的过程中体验文字符号的功能，培养书写兴趣；鼓励幼儿正确书写自己的名字。"孩子们根据自己的已有经验讨论出解决的办法，在之后的签到活动中，孩子们可以写自己的名字，也可以个性化的方式表示自己的名字，对于不能正确书写自己名字的幼儿，我们为每个孩子制作了姓名卡放在桌子垫下，幼儿可以对照临摹书写，同时我们也争取家长的支持与配合，要家长有意识地引导、帮助孩子认识自己的名字和了解自己名字的寓意，从而让孩子更加熟悉和喜欢自己的名字，尝试书写自己的名字。

通过回顾反思自己的活动，孩子们很容易发现活动过程中的问题点，老师关注幼儿的需求及时组织幼儿进行讨论，给幼儿用自己的方式解决问题的机会，体验自主的快乐。

同时问题也出现了：请假的幼儿再来园名字不知道签在哪里，也不知道自己哪天没来，有的小朋友会问："老师，我今天迟到了吗？"签到表缺乏孩子对日期、时间的理解。

三、以深度学习为支撑，提升专注力和持久力

基于对"我迟到了吗？我昨天没来该写到哪"等问题，我们展开了讨论："我们怎样知道自己每天来园的日期和时间呢"？杨兰："可以看看钟表上的时间"刘

泽："我不会看表。"韩宇："我周一在名字前写 1、周二写 2，就知道我哪天来了哪天没来。"

针对记录问题，我们开展了"认识时间"的活动，通过让孩子们利用生活中的闹钟、钟表、手表等，仔细观察和分析发现了时针和分针分别代表的意义，认识整点、半点；通过日历的观察，鼓励幼儿尝试使用数的信息进行推理，了解日期的规律顺序和轮回，我们对签到表格进行了调整加入了日期和时间的记录，可是孩子们对于时间几分钟在钟表上还是认识不清怎么办呢？我们怎样正确地记录时间呢？我们又进行了讨论：张金硕：八点我会自己看，不会的时候老师可以告诉我是几点来了？韩雨桐：我手表上的时间是数字的我可以戴手表来，我认识数字。韩富宇：手机上也是数字的表。刘墩博：我家超市有数字钟表，明天我带一个来。

由于孩子目前的认知无法继续支持孩子持续游戏，我们及时与家长沟通征得家长同意，并利用晨间谈话时间帮助孩子们初步学习、认识刘墩博小朋友带来的电子钟表。为满足不同层次的孩子，同时投放日历、数字时钟、电子钟表，让孩子们在生活中初步学习运用，初步感知生活中数学的有用和有趣。我们也结合《认识时钟》活动的开展，进行了亲子手工制作钟表，家长在家里和孩子一起进行钟表游戏，巩固幼儿对时间的认知，学会合理安排自己每天的生活和学习，养成遵守和珍惜时间的好习惯，做个珍惜时间的好孩子。

通过观察幼儿的签到活动，发现存在问题，老师通过教育活动、家园共育等形式开展"认识时间"相关活动，创设支持性环境，促进了幼儿的深度学习。孩子们是有能力的学习者，他们认识并学会了正确书写时间、会看时钟，能把掌握的技能运用到自主签到中去，同时加入观察、记录、统计等方法来进行自主签到。在记录时间的过程中幼儿不但建立了时间的概念，锻炼了自我管理的约束力和意志力，也提升了专注力和持久力，为上小学做好充分的准备！

四、以小组学习为契机，提升合作交往能力

基于上次调整后的问题：每天孩子们来园签到、做天气记录是同时进行，班级只有一个老师既要指导个别幼儿签到时间、名字书写，还要帮助每个幼儿记录天

气故事,所以拉长了晨间时间、缩短了与幼儿一对一的记录交流、缩短了个别幼儿的晨间游戏时间。于是我们将签到表和天气记录表合二为一,一张表上呈现所有内容,老师的记录方便了,但是问题同样也出现了:有的小朋友说:签到好累啊。(要看时间,要看温度,要看日历)有的小朋友说:我觉得排队耽误了时间;(大家同时画完都在排队等待老师记录)还有的小朋友说:这个地方太小了,他们总是影响我拿记录本⋯⋯

签到的环境、内容影响了孩子们的签到游戏,导致签到时出现等待、记录内容过多等现象,而这一情况的出现也不利于孩子养成有序排队、完整表述自己表征内容以及物品整齐摆放的良好习惯,同时也会让孩子们签到的积极性有所下降。

针对出现的问题,通过讨论孩子们觉得可以将签到本调整为以组为单位的签到,在自己的组上进行签到,并推选每组小组长进行监督提醒,分开进行减少了幼儿等待的时间,而且他们还更改了一项,迟到的用浅色的签到,按时入园的用深色水笔签到,这样也大大激发了幼儿按时来园的积极性。内容上也进行了调整,由于每天的游戏表征、阅读记录、绘画等活动都需要孩子书写名字所以将每日签到表名字调整为一次,签到表只记录来园时间,每周五统计每人的来园天数、每组有无迟到现象。改进后的签到场地有效解决了孩子们等待、记录内容多等问题,分组记录的方式让孩子们每天在宽松自由的氛围中签到,同伴间互学互助、责任意识、集体意识、集体荣誉感等都得到了一定的发展。

本文我们基于幼儿实际问题出发,追随幼儿的需求,及时捕捉幼儿感兴趣的问题,引导幼儿讨论、反思、调整实践,在签到活动中,幼儿的数学认知、符号统计、观察比较、时间观念、前书写能力、语言表达、习惯养成、自我管理等能力得到了发展;主动性、专注性、社会性交往、发现问题和解决问题等学习品质也都得到了提升。

"一日生活皆课程",一个晨间签到活动,既给孩子们的来园生活增添了一份仪式感,同时也营造了一种自由自主、爱与尊重的环境氛围,激发了幼儿积极向上的情感,培养了幼儿良好的学习品质。

(本文作者刘婕)

第 四 篇　游戏课程化理念下的放手游戏实践
——让游戏一直"有戏"

游戏课程化，是从幼儿的游戏出发，及时把握幼儿学习的生长点，通过引导和建构新的游戏，促进幼儿学习与发展的过程。放手游戏，是为幼儿提供有自由选择权利的、能够决定活动方式的、提出的任务和能力要求也是适合他们年龄特点的、不给幼儿造成压力的，放手的、真正的游戏。随着对游戏教育价值的进一步认识，我们积极转变游戏观，尝试放手游戏，把游戏权利还给幼儿。如何在实施放手游戏中，运用游戏课程化理念指导，让游戏一直有戏呢？

一、强化对"游戏课程化"的系统认知，充分认识"放手游戏"对实施游戏课程化的必要性和重要性

1. 深入学习游戏课程化理念，是有效实施放手游戏的前提

王振宇教授介绍游戏是儿童的天性、游戏等于学习、游戏是儿童的权利。游戏是幼教的手段，也是幼教的目的。游戏课程化，不仅是从幼儿的游戏出发，经师幼互动不断生成新游戏，让游戏一直"有戏"，使幼儿教育变成无限游戏，让儿童在游戏中成长。在放手游戏实践中，将游戏权利还给幼儿，支持幼儿"真游戏""活游戏"，在体验游戏快乐的同时满足幼儿发展的需要，让幼儿在游戏中获得平等的发展机会。只有真正转变游戏观念，游戏即学习，才能逐步转变摆脱成人控制游戏，游戏不真；幼儿的游戏缺乏支持，游戏自流；游戏时间不足、游戏缺乏监管等现存现象。

2. 游戏课程化理念引领是提高"放手游戏"教育的实效的关键

放手游戏幼儿是在游戏中学习，承认游戏是幼儿身心发展的需要，保障这种需要的满足并使之成为幼儿的基本权利。游戏课程化，正是从幼儿的游戏出发，及时把握幼儿学习的生长点，通过游戏的力量促进幼儿学习和发展的游戏链。放手游戏把发现问题、解决问题的权利还给了孩子，孩子在游戏中积累经验，在问题解

决中树立学习态度,在游戏主导中激发幼儿持续探索的内驱力,因而在实施放手游戏中,如何运用游戏课程化理念的指导显得十分重要,在观察与分析中发现推动幼儿学习与发展的游戏链,是提高放手游戏教育实效的关键。

3. 游戏课程化理念引领支持老师和幼儿在放手游戏中共同成长

（1）发现利用放手游戏的教育生长点

在实施放手游戏后,孩子们每日的游戏活动视频、图片或讨论的兴趣点成为了我们每日讨论与表征的重点。如何充分挖掘利用孩子每日里游戏活动里的教育生长点,支持幼儿持续探索,助推幼儿深度学习,就需要老师在充分观察分析的基础上,以游戏课程化思维去思考幼儿历次游戏里的关联点,帮助幼儿串联游戏经验,提升幼儿发现问题和解决问题的能力。

（2）支持满足放手游戏中幼儿发展需要

在幼儿经历的三年放手游戏过程中,游戏自主的经验是贯穿始终的,由易到难、由简到繁、层层递进、步步深入,一步一个台阶。随着幼儿的能力随着活动的逐步深入、逐渐增强。而整个过程中,老师的支持显得更为重要,不仅来自家长的关切需求的提升,也来自幼儿自身发展的需要。我们利用三年的放手游戏进程,支持帮助幼儿在放手游戏中发展相应的能力水平,为孩子适应小学生活做好能力准备。因此,我们不仅要了解各年龄段幼儿的发展现状和需求,更要关注如何实施游戏课程化,帮助幼儿在"放手游戏"中达到相适应的发展水平。

（3）不断提高支持幼儿放手游戏的能力,是幼儿老师专业发展的需要

老师营造自主管理的氛围,在游戏中善于观察、尊重幼儿的兴趣、给予积极的支持,能与幼儿一起探究,是幼儿学习上的合作伙伴,老师作为游戏者,在实践中、行动中实施"放手游戏"。在游戏中,去发现幼儿游戏发展契机,将对幼儿游戏经验的梳理总结落实在每一次活动的细节中。利用每一次活动讨论,游戏分享,表征记录让幼儿不断整合自身经验,结合幼儿游戏核心经验进行师幼互动,让幼儿关键经验发生链接,形成适宜本班幼儿兴趣需要的班本课程。

二、游戏课程化理念下，关注放手游戏中的过程性记录，"让墙说话"，生成特色班级游戏呈现

游戏即学习，游戏后的故事分享与表征自然成为学习发展的重要环节。"放手游戏"后，针对如何让幼儿看懂同伴游戏，我们进行视频观察分享，结合幼儿自述分享与讨论解答的方式，让幼儿彼此倾听游戏想法，相互解答游戏疑惑，推动幼儿经验提升。与此同时结合幼儿故事表征展示，让作品说话，让幼儿看懂同伴游戏，那么在实践过程中如何"让墙说话"，生成特色班级游戏呈现呢？

1. 突出幼儿游戏过程亮点，依托游戏故事墙，形成班级问题解决类游戏墙

放手游戏的重要延伸就是分享与表征，在分享与表征的环节中，老师发挥教育智慧，突出选择有代表的分享讨论话题，助推有集中提升。其中重要的一项就是助推幼儿深度学习，那么如何支持引发幼儿的持续探索成为课程生成与推进的关键。老师需要梳理核心问题与经验，帮助幼儿把握关键问题和解决关键问题的方法，以游戏故事的展示，让墙"说话"，推动游戏。

在大班滚筒桥闯关游戏探秘记的活动墙创设里，紧紧围绕滚筒桥游戏的产生与调整改变为讨论背景，每次讨论的重点围绕该次调整改变原因以及发现的问题为重点，结合故事表征画的呈现，让孩子们的讨论和分享延伸到了各自选时间段。直观的游戏故事墙，让幼儿们可观可选，他们依托自己的游戏故事讲得有理有据。在分享的过程中尝试去解说表达，当遇到有争论时，也推动幼儿对游戏故事表征细节的关注。孩子们在故事表征时，开始运用了对比画法，体现自己的先后改变。也自主用上了数字序号，让自己的游戏故事表述更清晰，让墙"说话"使幼儿更有话说，更有兴趣持续关注。故而，依托游戏故事墙，让墙"说话"，可以利用问题的解决与发现推动幼儿游戏一直"游戏"。

2. 把握幼儿生活化重点，引发幼儿观察讨论兴趣，生成班级生活类活动墙

幼儿一日生活内容即教育资源，如何让幼儿在观察中自发生成讨论热点，利用讨论话题推动幼儿的持续关注与提升。需要老师加强对幼儿的观察与记录，引导幼儿自主训练与解决良好生活习惯方面存在的问题。

如：一日生活中的饮水，幼儿容易出现问题是没有主动饮水意识，因缺水上火生病时有发生。孩子们很多时候不知道为什么需要喝水，应该喝多少水。在放手游戏中，又是如何体现游戏课程化的呢？放手游戏后，幼儿每日备水户外，在户外游戏过程中，有目的观察记录幼儿饮水的情况，再结合视频播放，幼儿观察发现不同的幼儿的饮水次数，讨论："水什么时候喝，喝多少比较好？"经过讨论与记录，孩子们对喝水时机与单次饮水量逐步有了正确的认识。对孩子们户外饮水量的讨论，继而引发了幼儿对自己水杯容量的好奇，容量多少，喝多少次喝完是适宜的等等，经过系列的讨论探索活动，既有主动饮用适量水的生活习惯准备，还有观察发现能力的提升，主动探索容量、测量的兴趣。结合喝水这一生活化主题生成班级生活化课程，从每日生活的细节出发，幼儿去观察发现、操作体验、猜想验证，体现幼儿生活处处有教育。

3. 挖掘幼儿活动兴趣点，推动幼儿活动主题记录，生成班级话题类活动墙

幼儿老师实施"放手"游戏，营造自主管理的氛围，支持幼儿放手游戏，构建健康和谐的师生关系。在游戏课程化的引领下把老师的游戏观、儿童观落实体现在日常教育教学活动中，注重活动过程记录与梳理，把推动游戏进程的权利还给幼儿，这需要挖掘幼儿活动兴趣点，推动主题类游戏课程的生成。

随着"名著进班"活动的开展，班级里新投放了《西游记》系列绘本，幼儿们除了对绘本故事的好奇，还有对孙悟空的喜爱与崇拜。有的是从歌曲里知道了《西游记》，有的从武器金箍棒里知道孙悟空，有的幼儿则从电影、动画片里知道《西游记》。《西游记》绘本的投放，让幼儿们很快找到了共同话题，就这样我们开始了我们的"西游之行"。在西游记主题类历次的讨论推进过程中，都是围绕对幼儿们已有经验的整合和奇思妙想开展。如：西游记里谁最厉害？从最开始单一地认为孙悟空到调查记录后，开始有了具体内容的比较，如兵器最厉害的是九齿钉耙。也开始有了反向验证的思维，孙悟空不再是最厉害的，否则那么多的妖怪都不可能捉到唐僧，寻求帮助合作才是最厉害的。慢慢幼儿们对西游记随着精读的展开，开始有了自己的思考。活动开展布置完成后，幼儿又有了新的疑问"西游记二十多集怎么有九九八十一难呢？"围绕幼儿们新的疑问，我们又开始了调查记

录活动，从八十一难的调查介绍到八十一难长卷画的制作展示，我们追随幼儿的活动兴趣，结合长卷画的制作，我们调整活动空间，将后面众多的材料火车进行调整，腾空了背景墙进行展示，支持幼儿从历难主线再品西游。整个西游探索活动，紧紧围绕幼儿兴趣，环环相扣，在调查记录过程中，幼儿们的阅读讲述兴趣，自主调查学习的能力都明显提高，家长和老师也在跟随幼儿们一个个奇思妙想的引导下，重温西游记的精彩。

三、游戏课程化理念下，调用放手游戏后幼儿的能力与习惯储备，"让幼做主"，生成特色班级游戏活动

1. 结合幼儿发展需要，让幼儿成为班级活动的"组织与实施者"，提高班本课程的实效性

实施"放手游戏"后，老师退居活动后，更多的是观察分析，了解幼儿的游戏需要。老师在不断提高自身观察分析能力的同时，要做教育的"有心人"，心里时刻谨记幼儿的发展需要和班级幼儿实际情况，避免漫无目的地观察。因而带着"目的"去观察和记录，是推动幼儿生成班级活动的必要准备，只有推动幼儿去讨论生成的活动，才能更好满足本班幼儿发展的实际需要。

五月中旬，昊宇、昱昱拿着班级日历在那儿争论，还有多少天才过六一儿童节。针对两人的争论点，两人表述的天数不一样是一人没算周六日，一人算上周六日。围绕两人的讨论，我们进行话题分享，最后生成了"儿童节倒计时""离园倒计时"活动，我们从讨论了解什么是倒计时，到共同制作倒计时以及倒计时每日记录规则，幼儿们集思广益。从一开始算上周六日的倒计时算法，发现天数太多没法安排，到只算在园日期的计算方法，生成了属于我们班的"特别倒计时"。幼儿们有协商有辩论，最后投票决定只算在园日期的天数，而在园天数正好 38 天。昱昱说："38 天正好 35 个小朋友加 3 个老师，不正好是 38 吗？那样我们就可以一人负责一天。"在昱昱的提议下，幼儿们利用自己的学号制作了该数目的倒计时，每个幼儿根据自己的学号进行倒计时更新。结合幼儿离园活动的实际，推动幼儿讨论生成倒计时活动，更好地理解倒计时及倒计时的意义，相信幼儿是活动的生成者，

把制定规则的权利还给幼儿。

2. 结合幼儿生活热点，让幼儿成为日常生活的"留心者与记录者"，提高游戏主题的综合性

随着社会的高速发展，幼儿接受信息的途径日益多元化，当代生活热点也离幼儿的生活越来越近。如何利用幼儿生活热点，帮助幼儿养成留心生活、记录生活的习惯，需要结合幼儿生活热点，师幼互动，推进幼儿对时政热点的关注，激发幼儿向模范学习，爱祖国爱家乡，爱集体，爱他人的良好情感。

在3.15雷锋日系列活动，从"雷锋是谁？为什么要学习他？学习他我们可以怎么做？"等调查问题出发，到绘画记录雷锋生平主要事迹，再到雷锋日宣传海报设计，到学雷锋做好事系列活动。孩子们不仅获得调查记录技能的提高，事迹表演分享中表达表现能力的提高，也有着对雷锋精神的崇拜与学习，通过活动开展，孩子们得到综合全面提高。

"放手游戏"是具有中国幼教特色的课程模式，体现了游戏课程化的方向，实现了"游戏是儿童的基本活动"和"游戏＝学习"的科学理念，体现着我国幼教向本义的回归和引领作用。让我们投身"放手游戏"的热潮，和幼儿一起发现"放手游戏"的魅力，用游戏推动幼儿能力提升，让幼儿的游戏一直"有戏"。

（本文作者包智会）

第 五 篇　户外自主游戏的组织与指导策略

户外自主游戏是相对于室内而言的，前几年我园也进行过室内区域自主游戏的教研，这让我的教育理念有了巨大的转变，让幼儿们自主地"玩"而不是老师们一味地"教"，我开始慢慢地关注幼儿们本身这个主体。继去年年末，我园有幸被选为天津市安吉游戏的实践园，"安吉游戏"这个既有点熟悉又陌生的词语带给我的是一场理念的颠覆与变革，我对"自主游戏"这个概念又有了新的认识与突破。

每次游戏前我都会对幼儿们说："现在又到了小朋友们最喜欢的区域游戏的时间了，你想和谁玩、玩什么、在哪玩、怎么玩都由你自己决定。"这一句话看似非

常自主，孩子们的游戏看起来也是非常的丰富，作品非常的漂亮，但细细想来孩子们是真的开心吗？他们大都是按照我们老师的意愿在表演游戏，游戏的最终发展和呈现出的作品甚至过程都是我们老师喜欢的。

自主游戏是幼儿依据自己的兴趣和意愿自主选择游戏伙伴、材料、场地和玩法的过程，幼儿是游戏的主体，是积极的、主动的、有能力的主导者，是真正的游戏。户外自主游戏打破了幼儿被束缚在室内，被所谓的高端电子产品、玩具包围的现象，幼儿能充分地接触大自然，释放自己的天性，促进了身体、认知、情绪情感、能力全方位的发展。在"安吉游戏"真正的户外自主游戏下我看到了孩子们发自内心的喜悦、投入和冒险，对于如何组织和指导户外自主游戏结合我实践中的经验浅谈一下自己的感悟和体会。

一、不断学习，转变自己的教育理念，让游戏更自主

老师的教育理念对游戏的性质起着至关重要的作用。对自主游戏的理解越透彻，幼儿们的游戏才会更自主。刚刚进行户外自主游戏的时候，我经常被幼儿们的各种情况所困惑。感觉放手了，幼儿们的常规乱了，看不到他们的发展，他们的安全没有保障，矛盾的是要不要介入。园领导们会定期让老师们根据自己实践中的体会、困惑进行梳理教研，老师们会结合自己班的实例各抒己见，园领导们会答疑解惑，他们还会向我们推荐相关的文章、书籍，一起观看专家的讲座视频，每一次学习后我都会恍然大悟，思路变得很清晰，实践中有了明确的方向，幼儿们的游戏也会更自主。

如在玩积木游戏的时候，展毓和沐沐连续一周的时间都是拿着一块长方形的积木在台阶上比划、转悠、打逗着，我很不理解，甚至会用很无奈的语气质问他们，我把这归结为幼儿们的不感兴趣、没有想法。通过学习鄢超云教授的《儿童视角与游戏质量》，我明白了儿童视角下那是幼儿们的观察、分析、比较，是他们的打闹游戏；幼儿们的重复性行为是他们学习、探索的方式，是自身主动学习、内化、同化的过程等。当我学会理解和尊重幼儿们的时候，我会选择放手，幼儿们的游戏才会更自主。

二、帮幼儿建立良好的常规,让幼儿的自主游戏受到自身内在规则的指引

自主游戏不是自由游戏,不是任由孩子们想怎么玩就怎么玩,老师就可以无所事事、放任不管了。户外游戏场地大、材料种类丰富,存在的安全隐患也比较多。保证孩子们安全有序地活动,老师才能有时间和精力去观察、分析、支持幼儿的游戏,幼儿才能持续性地探索,在发现问题和解决问题中获得各个方面的发展,游戏的质量才能有所保障。所以在给予孩子们充分自由的同时,我们也要引导孩子们学会遵守规则、约束自己不适宜的行为。

一是初到一个新的游戏区,老师要重点观察孩子们安全和材料的使用、收拾与整理的情况。当有明确的安全危机时老师可以抓住机会现场引导孩子们分析讨论。也可以在游戏后通过游戏故事、照片、视频进行分享活动,让幼儿们学会保护自己和他人,形成良好的分类、收纳与整理的习惯。

二是良好常规的培养不是一朝一夕就可以完成的,它是一个不断坚持、长久积累的过程。良好常规的建立渗透在一日生活的各个环节中,需要我们班里的三位老师言行一致、始终如一进行一致的要求和引导。我们可以利用故事、讨论、榜样激励、及时表扬等帮幼儿建立良好的常规。

三是在幼儿们出现或反复出现不适宜行为时,可以引导他们感受没有规则的不方便,体会规则的重要性。协商制定规则并鼓励他们遵守规则,当出现违反规则的行为时要引导幼儿学会承担后果。

三、提供各种保障,最大限度支持幼儿的自主游戏

1. 游戏场地

(1)自实践安吉游戏以来,我园去除了部分大型玩具和冬青灌木占用的空间,根据场地的特点、材料和幼儿的年龄特征将游戏场地进行了合理的划分,确保了每块游戏场地的面积足够大且安全供所有的幼儿奔跑、跳跃、攀爬等实现各种游戏的可能。

(2)幼儿对场地的充分利用和合理布局也是实现自主游戏的一个重要的条

件，如场地的位置、大小能满足自己的游戏，与其他游戏的幼儿既不相互影响又能实现游戏的联动，幼儿才能全身心投入到自己的游戏中。我会利用游戏结束后现场观察讨论或分享环节出示照片等方式引导孩子们发现场地布局中出现的问题，一起思考解决问题的办法。

2. 充足的材料

材料是幼儿游戏的物质基础，幼儿是在不断地探索材料中获得经验积累知识建构思维的。

（1）充足的材料是自主游戏发生的前提。每个幼儿都要有材料玩而且要有足够的材料才能够在与材料的互动中实现自己的想法。材料的充足与否可以根据幼儿游戏的过程中收纳架上的材料是否有剩余为标准。尤其是结构游戏中足够数量的材料才能保证作品的复杂与精细。

（2）材料的种类不是越多就越好，不同类型的游戏要确保有几种典型的材料而且数量要充足。如综合区中的典型材料是木箱和梯子，为了支持幼儿们实现自己的游戏愿望，我会鼓励他们从室内或仓库拿取自己需要的其他材料。在仓库完全放开的情况下，他们会拿取各种各样的材料，一方面造成了材料的堆积占用空间，另一方面幼儿们的注意力被分散，还没有继续探索就会频繁更换，主材料闲置浪费。

（3）投放的材料要符合幼儿的年龄特点，能满足当下的游戏，体现出层次性能满足不同发展水平的幼儿，还要根据幼儿的游戏进行适当的增加、删减、回归、组合等。如木梯区的双梯有三阶的、四阶的、五阶的，木箱有大有小。积木区的小推车被孩子们用来当作《警察抓小偷》游戏的警车，他们拉着自己的同伴在材料之间跑来跑去，经常会有小朋友受伤、作品被撞倒投诉，分享环节我们进行过讨论，但是幼儿们玩了就会忘了使用规则。在取放材料的时候我会把小推车拿出来，游戏的时候小推车就被雪藏了，于是幼儿们就用其他的积木材料探索如何做出一辆小警车。

3. 适宜的装备

为了满足孩子们在不同的天气、环境下同样可以游戏，获得更丰富的体验，适宜的装备是必不可少的。如雨靴、玩水连体裤等保证幼儿们随时随地进行游戏。

4. 充足的时间

游戏的时间长短决定了游戏的水平。充足的时间能让幼儿们充分地感知探索材料、发现问题后不断尝试解决、为实现自己的游戏想法提供了可能。在刚进入一个新的游戏场地的时候,由于幼儿们在搬运和收纳材料的时间占用过长,真正游戏的时间会减少,因此可以适当延长时间,但不能因为各种原因缩短幼儿们游戏的时间,这样游戏的质量和感受会大大下降。

四、创设有准备的环境,提高老师的专业素质

1. 环境

(1)物质环境

除了材料的投放外,结合孩子们的游戏创设动态、可操作、个性化的墙饰,如游戏故事墙,将孩子们的游戏玩法、感受、遇到的问题及解决办法等以直观的方式呈现出来,能激发幼儿的主动学习。横向看是每个孩子的活动经验既有联系又有不同,纵向看是每一个个体的学习过程,经验的累积、思维一步步进阶的过程。在与环境的互动中感性经验转化为理性思维,帮助幼儿们游戏获得进一步的发展。

(2)积极、宽松、自主的氛围营造。创设自主的游戏氛围并始终保持下去,让幼儿们真实地感受到老师是相信自己的、支持自己的,真游戏才会发生。

(3)游戏的支持与引导

①制订计划,能减少游戏中的盲目、冲动和无效的等待与重复。在制订计划的时候老师可以引导幼儿做详细一些,对计划的可行性进行评估,允许幼儿在游戏的过程中对计划进行调整并提供条件,如水彩笔、纸等可以带到户外。活动后可以对幼儿计划的执行情况进行了解、总结,询问原因、解决办法等为下一次的游戏做准备。

②游戏中在确保幼儿安全的基础上,老师以观察为主,根据幼儿们的情况、材料等灵活运用多种观察的方法,静下心来享受观察的乐趣,最大程度地放手,适当地介入。

③解读游戏。利用现场观察、回看视频、与幼儿们谈话的方法了解他们的游戏,分析幼儿行为背后的经验与能力,判断可能的发展。

④支持、回应游戏。游戏后的分享交流是十分重要的,通过分享满足幼儿们表达的需要,帮助他们获得新的经验,老师也可以了解幼儿的想法,思考支持的方式与策略,推动游戏课程的生成。

在分享的时候切忌反客为主、帮幼儿下结论,切忌把孩子从一个惊喜时刻带到多个惊喜时刻,尊重幼儿的想法,鼓励幼儿尝试,引导幼儿从思到做、从做到思,让自主的观念贯穿在每一个细节中,让幼儿真正学会自主。

(本文作者李玉雪　此论文 2021 年 12 月获得天津市学前教育教学优秀论文一等奖。)

第六篇　安吉自主游戏中幼儿主体性的发展

游戏对幼儿有着无限的魅力与挑战,是幼儿自主自发的活动。人天生就有一定的主体性,如:出生不久的宝宝,看到大人拿着玩具时也会伸出小手,躺在带有玩具铃铛的小车下,也会伸出小脚与小手使它们发出响声等。人的整体发展中,"主体性"是人在发展中的重要内容与基本需要。主体性是幼儿主动性、自主性与创造性的表现,幼儿的主体性发展越好,幼儿就越有利于幼儿成长,因此幼儿主体性的发展十分重要,甚至影响幼儿一生的成长。幼儿以游戏为基本活动,因此在游戏中发展幼儿的主体性变得尤为重要。

在之前的教学中我发现,在游戏中老师提前为幼儿设定好游戏目标与游戏形式等,当幼儿们的游戏行为没有如老师所希望的方向发展时,老师马上进行干预与制止,使游戏变得局限,这样的行为严重影响了幼儿主体性的发展,而真正的游戏是幼儿发自内心地感兴趣并自主发起与不断探索的过程。而在安吉游戏中我看到了,在安吉游戏中老师"放开手、管住嘴,睁大眼,竖起耳"老师作为观察者与反思者,真正把游戏权力还给幼儿,幼儿们通过对材料的不断探索、尝试、发现问题、解决问题,从而不断认识自然和社会,认识自己的思想和情绪。他们的认识和发现将他们带向更深层次的学习,逐渐形成真游戏。通过我园安吉游戏的实施,我发现通过以下几点促进了幼儿主体性的发展。

一、挖掘幼儿的兴趣,鼓励幼儿自主探索,培养幼儿主体性的发展

兴趣是幼儿自主探索与游戏的根本需要,只有有了兴趣,幼儿们才会在游戏中不断探索、不断学习、不断研究从而进行深入学习。在安吉游戏中老师不设定任何的游戏目标与游戏内容来拘束孩子的游戏。幼儿们根据自己的兴趣与需要进行游戏,更能激发幼儿的自主探索与自主性的发展。因为有兴趣他们才会不断探索并发现新的游戏与游戏形式,在这过程中,想象力、创造力与动手能力等都得到良好发展。

| **案例** 在进行建构活动中,幼儿们最先制定游戏主题进行游戏时,他们总是心不在焉地进行搭建,很快就能把主题搭建完成,但搭建的作品都很简单,细节不够完善,可以看出幼儿们的兴趣不强,搭建完就进行打闹游戏,但经过安吉游戏的教育理念,我惊喜地发现他们发生了很大的改变,在进行的活动中,幼儿们自己进行分组,自己确定搭建主题,进行组合搭建。他们对工厂产生了浓厚的兴趣,"我们来搭工厂。"其他两名小朋友表示赞同,于是他们的游戏正式开始了,一名幼儿找来不同的材料,其他两名幼儿进行分工搭建,三人十分默契,就这样很快一个大大的工厂出现了,幼儿们对我说:"老师你快看,我们的工厂有很多的烟筒。"我问道:"为什么工厂有很多烟筒呢?"他马上回答道:"工厂里有很多工人在工作,会排放很多的气体,所以需要很多的烟筒,你看外面的工厂都有很多的烟筒。"他想了想说道:"还需要一个大大的排风扇。"于是马上行动了起来,只见他找来材料左拼拼右拼拼一个像"摩天轮"物体出现了,他告诉我:"老师,这是个大大的排风扇,把他们连接在一起就变成了双排风扇了。"他尝试了一次又一次,每次当他把两个连接在一起后总是会倒,立不住,但他并没有放弃,喊来旁边的小朋友来帮助他,两个小朋友弄了好一会还是立不住,不断地寻找解决问题的方法,他让小朋友帮忙扶着,他蹲下来左看右看之后很快又拿来两个方形的柱子立在它的旁边,这下双排排风扇终于立住了,幼儿们开心极了。

通过上面的案例可以看出幼儿们对于自己感兴趣的事会很认真专注，积极参与到游戏当中，会付出更多的时间与精力，当遇到问题时会耐心地调整，并找出解决问题的方法，主动寻找小朋友帮助，合作意识不断增强。当幼儿们遇到感兴趣的事情时，更愿意投入更多的时间与精力去探索，去思考，多从幼儿的兴趣出发更有助于幼儿主体性的发展。

二、开放性的游戏环境，有利于幼儿主体性的发展

游戏的环境、材料和空间都是儿童游戏的基本条件，幼儿根据自己的想法与目的自主发展与空间、材料相互作用的情景性活动，因此成为影响幼儿游戏行为的最直接因素之一。在安吉游戏中游戏材料、环境和时间的设置具有以下特点：游戏材料自然生态且探索空间无限，游戏环境具有多种特征且富有自然野趣，游戏时间充足且灵活。游戏材料的使用充分开放，不受功能限制。这些理念和做法保障了幼儿有东西玩，有地方玩，有时间玩，是幼儿游戏最合适的条件，为幼儿构建他们的游戏创造了无限的可能性，促进了幼儿主动性的发展。

一是环境的开放使用，游戏场地之间无边界，场地功能不被限定。区域之间没有了边界限制，幼儿们能尽情地游戏，他们当以梯子、木箱、垫子、滚筒、轮胎为主要材料的场地不再以"体能运动场"命名后，儿童的游戏不再局限于体能运动，他们钻爬滚跳，歌舞表演，设计搭建作品，用垫子搭建休息，尽享真游戏带来的快乐，只有真正的游戏才能促进幼儿主体性的发展。

镜头一：由于场地的无边界以及功能不被限制，幼儿们不仅仅只在轮胎区进行轮胎游戏，在一次游戏中我惊喜地发现幼儿一改往日玩轮胎的方法，而他是将轮胎从下面推上大厅门口的斜坡上，幼儿们第一次尝试在斜坡上进行游戏，我好奇地看着他将四个轮胎钉在一起的大轮胎费力地推了上去，然后他开始调转方向站在平台上松开手，让大轮胎滚了下去，并大声地告诉大家，轮胎滚下去了，小心轮胎，在这过程中他发现了圆的奥秘，在一定坡度上是可以滚动的。于是幼儿们纷纷寻找不同的材料进行尝试，如：呼啦圈、小轮胎等许多圆的物体，在这过程中吸引了很多幼儿的加入，由于场地的无边界以及功能不被限制，他们才有机会探索

并发现了圆的奥秘,整个活动是幼儿们自发进行,并不断探索,在后来的活动中逐渐衍生出新的游戏——我的轨道,利用积木在此处搭建起长长的轨道,并利用圆形积木从轨道处滚下,幼儿们不断研究不断深入地探索并掌握圆的奥秘,这远比老师给予他们的更富有意义。在整个过程中他们脸上露出灿烂的笑容,那份快乐是发自内心的,在这过程中幼儿探索、创新、发散思维、动手及想象等多方面的能力得到良好的发展,他们的主体性有了很大提升。

镜头二:幼儿们在利用轮胎,梯子、飞盘、尾巴进行打地鼠游戏时,玩累的小朋友找来大垫子与轮胎,在一旁搭建起了休息区,两个小朋友躺在上面闭上眼睛休息。一个小朋友对另一个小朋友说道:"我来当妈妈,你来当宝宝,哄你睡觉好不好?"说着便一边搂着,嘴里一边说着:"小宝宝快睡觉。"还哼起了儿歌。就这样孩子们过家家的游戏开始了。

区域之间没有了边界限制与限定,幼儿们随时都可以进行自己的想法随时进行不同的游戏,真正实现了幼儿们独立的思考与探索,培养了幼儿们的独立性、创造性与想象力,使得他们多方面的能力得到良好的发展。

二是游戏材料的自然性与多变性,带给幼儿更多的兴趣与挑战。大自然是儿童的游戏世界,能为儿童提供极其丰富的游戏体验,在我小的时候我们经常在河滩或小水坑玩沙水,在沟壑和树林里捉迷藏,在坡地过家家……但由于时代的快速发展,现在的儿童每天看到的是一座座高高耸立的大楼,一个又一个电子产品,幼儿们每天被钢筋水泥和智能信息等包围,他们获得的自然体验、对自然世界的认识也越来越有限。但在安吉游戏中将玩法固定的大型组合玩具拆除,将自然的游戏环境还给了他们,游戏材料贴近真实生活、源于生活、材质生态,让幼儿对天然材质有了接触、体验的机会,同时来自生活的材料,使幼儿的游戏更真切自然。如:沙水区、积木区、梯子区、小山、沟壑、平地、树林、竹林等,支持幼儿灵活地选择不同区域,废旧汽车、小车、滚筒、木箱、梯子、垫子等充足的材料以及没有固定玩法,幼儿们自主选择材料并充分表达自己的想法,游戏的材料能不断进行移动及自由组合,可组合的游戏材料玩法丰富,探索性强。不同类型、不同特点的材料组合,会形成特点不同、复杂程度各异的结构。这种组合不仅能最大程度地激发儿童的创造力与挑战性，同时也增强了材料在不同环境与游戏情境下的适应性。在幼儿手中，这些可组合的游戏材料可以随时改变组合方式，从而满足他们不同的游戏需求，保障幼儿在任何地方都可以玩自己想玩的游戏，鼓励儿童挑战和冒险，培养他们的好奇心、探索欲，并提升他们发现、合作和解决问题的能力，更好地促进幼儿主体性的发展。

三是多样性的游戏场地，水池、沙地、草地等，并配有铲子、小桶、颜料等各种材料，楼梯的墙饰有幼儿们自主游戏而形成的安吉游戏墙饰，他们能按照自己的需要与兴趣，选择自己喜欢的材料，感受游戏带来的快乐与满足。多样性的场地丰富了幼儿的想象，使幼儿在情感、认知、动作等方面都有良好的发展。从安吉游戏中我看到了幼儿独立、自主、想象与创造的一面。

◆ **案例**：户外自选游戏中幼儿们按照自己的想法自主游戏，这正是主体性的体现。在游戏的过程中原本孩子们只是将一块木板放在轮胎用来休息，但在无意间幼儿们发现一边翘起来了，引起了他们的兴趣，于是一场有趣的跷跷板探索之旅拉开了帷幕。幼儿们找来短木板与轮胎，把轮胎放在短木板的下面，喊来好朋友共同进行跷跷板游戏，但是好像有些翘不起来呀！这是怎么回事呢？孩子们找来长板、轮胎、水袋等多种材料，不断地调整材料的组合与位置，但还是翘不起来。通过不断地尝试孩子们了解到看似简单的游戏，但如果不找准中心点与合适的材料、角度、距离，就很难成功。通过孩子们的自主探索了解其中的道理，这远远比老师通过集体教学更让人印象深刻。在整个游戏中，幼儿共同协商合作，不断地尝试探索逐渐找到合适的材料，进行一步步的探索与调整最终形成能跷得起来的跷跷板，游戏中，幼儿的解决问题的能力逐渐提高，想象力、动手能力都得到发展。整个过程，幼儿自己创造游戏，自己寻找游戏材料。幼儿亲历、体验、探索的过程是他们学习的过程，真实的问题情境正是触发他们自主学习的最佳契机。我们从关注活动"结果"转变为更加关注"过程"，这正是幼儿主体性的体现，主体性正是活动生成，活动赋予，并在活动中发展。幼儿主体性的发展离不开自主活动，安吉自主游戏为幼儿提供多样性的游戏场地、充足、多变、自然的活动材料以及环境的开放使用，让幼儿在游戏活动中亲自操作、不断探索使孩子成为游戏的主体。

三、正确处理幼儿主体与老师主导之间的关系

充分发挥幼儿主体性的重要条件就是要充分信任幼儿,在安吉游戏实践中许多老师往往不能很好地把握尺度,究其原因就是老师对幼儿的不信任。老师不相信幼儿能独立解决问题、不相信幼儿的能力等,所以不愿意放手,并过多地干预幼儿游戏,主宰孩子的活动,幼儿就很难有机会去展现巨大的潜力和自我发展的能力。在这样的情况下幼儿"主体"的地位很难得到充分发展,要打破这种局面,必须把儿童从老师的高控中解放出来,老师要做到真正的放手游戏,把游戏权利彻底还给儿童,充分信任幼儿,给幼儿更多学习、成长、探索的机会,才能充分发挥幼儿的主体性,使幼儿得到全方位发展。这时老师处于主导地位,即引导、启发,并不是完全不干预就是发挥幼儿的主体性,幼儿的发展离不开成人的帮助与引导,老师不随意介入幼儿游戏,认真观察和欣赏幼儿是如何游戏以及游戏过程,并在分享表征环节认真倾听幼儿的想法,帮助幼儿梳理经验,引导幼儿进行思考与进行深入游戏,保障儿童最大限度地拥有组织和掌控自己游戏的权利。老师为幼儿提供充足的物质保障,引导幼儿自主思考,独立解决问题,让幼儿生动活泼富有个性地发展,从而促进他们主体性的发展。

(本文作者张波　此论文在 2021 年天津市学前教育教学优秀论文评选中荣获一等奖)

第 七 篇　探究安吉游戏分享环节的有效策略

在整个游戏过程中,幼儿们游戏分享是他自己在游戏后的回忆的过程,还需要思考自己的游戏内容,组织语言表达出来,对于老师来说游戏环节是老师基于对幼儿游戏过程的观察和了解,引导幼儿就游戏活动进行讲述、讨论、分析,分享成功经验,找出存在的问题以及解决方法,也是为后面幼儿们自己的游戏开展做好各方面的准备。再就是老师在孩子活动过程中的仔细观察,只有观察仔细了才

能发现孩子活动中存在的问题，才能针对问题找出解决策略，在以后的活动中避免此类情况再次发生。

一、游戏分享环节的现状

在以前的分享活动中，我们一味想把自己看到的问题、出现的情况、想说的事情等，这些内容分享给孩子们，好想让他们下次在游戏时按照老师的想法去进行游戏。把游戏分享环节的当作老师的手段，忽视了幼儿在游戏活动中的主体地位话语权和幼儿们真实的想法。

二、游戏的分享环节重要性

在安吉游戏中，我们放手让幼儿去游戏，我们转变自己的思想让幼儿顺应自己的想法去游戏，有人开始质疑了，那老师要做什么，我们要认真地观察每一个孩子的游戏，在分享时才对幼儿进行有效甚至高效的分享，有良好分享交流环境作为基础和保障，这样让幼儿的讨论氛围更加轻松融洽，让幼儿能够积极主动地想要表达自己在游戏中的过程、表达自己在游戏中情感体验。同时在幼儿们游戏中会有这样那样的问题，大多数问题都可以抛给还给幼儿们，让所有幼儿都在积极地去思考，要是自己的话该怎么办？当然也有一些问题需要老师的正确引导，怎样对幼儿的思维能力和语言表达能力进行有效的引导。这也是对于孩子们在分享环节，结合自身的游戏经验，实现对幼儿知识能力和思想水平的全面培养，对其良好行为习惯的养成产生积极的作用，促进幼儿的身心健康成长。

记一次分享活动中，梁诗瑜说：我和贾肇恩一组，我们开始拿出很多材料，摆放在地上，看到材料里，有大邮局的箱子，我拿出了一个，把箱子平放，然后又拿出一个立在上面，拿来西瓜球，开始卖起西瓜来，赵锡盛也拿了一个箱子，说着这是我买的好吃的快递，我就开始喊卖西瓜了。刘新灿她想买的不是西瓜，她想买的东西我没有，没过一会又来，这一次还是不买西瓜，我就带着她在材料看，她看到我们身后摆的游戏场地，指着那个帽子一样的东西，说就是这个，我就把这个拿给她了。赵锡盛他想卖东西，我就和肇恩，在后面玩游戏，梁诗瑜是妈妈，肇恩是孩子。

我带着宝宝按照这条路线去博物馆,在博物馆里看了好多东西,我们回家,我做了意大利面和汉堡,我和宝宝一起吃的。

梁诗雨把整个游戏的过程完整地描述下来,其中去博物馆的细节,是我在旁边作为观察者,都没有发现的,需要倾听,才能了解和发现原来她们的游戏内容是这样丰富,是这样有情节。在分享中孩子们自己发现问题;角色游戏吸引来更多的小朋友,都想加入时,该怎么办?把问题抛回给幼儿,让其他小朋友参与进来,帮助一起解决问题。这样的分享详实且生动,有发现问题、分析问题、解决问题的过程,但最主要的这一切都幼儿完成的。

三、游戏分享环节的有效策略

1. 分享环节的策略。分享话题的开启是游戏分享环节的关键,老师要结合游戏活动的实际效果,进行游戏分享环节的科学设计,可以采用老师直接导入和与幼儿协作导入的形式,进行分享话题的合理开启。在由老师直接导入时,要注重对相关游戏素材的使用,引导幼儿对游戏过程进行回忆,结合自身的游戏体验,对老师提出的话题进行思考,进行游戏体验的分享,实现游戏效果的提升。

2. 分享形式的策略由于幼儿的思维和理解能力不够成熟,不能对自身的游戏经验进行很好的回忆和表达,这就要求老师在分享环节中要借助更加丰富的形式,对幼儿的思维进行有效的引导,使幼儿能够更加直观地对游戏经验进行回顾,并通过不同的形式,如视频、照片、动作、表演、绘画等,进行游戏经验的分享。我们大多数时候是通过照片、视频等形式帮助幼儿回忆游戏过程,再让幼儿进行绘画,绘画后还要针对每一个幼儿进行文字记录,让幼儿再一次根据自己绘画的内容回忆今天的游戏。其实会发现孩子们笔下没有一点是多余的,每一笔都有他自己的想法。也许是一个点,也是在游戏中抬头看见天空中一朵白云,都会是他的分享内容,想要告诉其他小朋友的内容。可能这就是生活中根本就不缺乏美,而是缺乏发现美的眼睛,我在我们的游戏中、分享中孩子们慢慢就有了这样一双眼睛。

3. 分享内容的策略分享内容是分享环节的关键,老师要结合实际游戏,对分享内容系统地甄别，使幼儿能够在分享环节得到思维能力和语言表达能力的培养，对通过分享过程对游戏活动进行有效的回顾，提升游戏活动效果。同时我们也会针对活动的第一次需要注意的安全事项、需要注意的问题、一些技巧方面的等是我们分享的重点。要注重对健康教育内容进行有效的渗透，通过对分享内容的正确引导，使幼儿能够对游戏过程中产生的经验和情感进行有效地表达，将快乐的情绪进行分享，将负面的情绪进行疏导，使幼儿能够保持乐观的游戏态度。要合理利用分享内容进行幼儿兴趣的激发，与老师形成有效的互动。同时要积极融入生活习惯的养成内容，通过游戏的趣味性，对游戏中好的行为习惯进行有效的分享环节设计，幼儿能够通过分享过程，对自身的生活学习产生积极的作用，帮助幼儿形成良好行为习惯。

4. 回应语言的运用在游戏分享环节承担着关键的引导作用，这就要求我们要利用与幼儿的沟通，对幼儿的分享过程进行有效的引导，激发幼儿的思维，对分享活动进行积极的回忆和思考，并开展有效的分享活动。而在实际分享环节中，老师的回应语言多以点评、重述、追问为主，不能对幼儿的思维进行有效的激发，严重影响分享效果。这就要求老师在分享环节中以平等的姿态与幼儿进行交流，对幼儿在游戏过程中出现的问题进行积极的讨论，利用问题的引导使幼儿能够进行主动的思考和表达。

5. 分享环境的创设在游戏分享环节中，老师要为幼儿创建和谐的分享氛围，使幼儿能够积极主动地表达自己的观点，对幼儿进行有效的鼓励。在话题开启阶段，老师要结合实际的游戏游戏效果，设计合理的开启方式，引导幼儿对游戏过程进行有效的回忆，尊重幼儿的想法，由幼儿进行分享话题的选择。通过老师的引导和自身的思考，形成对教学内容的高效渗透，使幼儿能够在分享活动中受到知识能力和思想品质的教育。

四、分享原动力孩子们爱游戏在游戏中发展

我们要积极学习先进的理论，创新游戏分享形式和内容，对幼儿的分享活动进行积极的引导，充分激发幼儿的参与积极性，协助幼儿完成分享过程，并将一些

内容进行有效地渗透,提升游戏活动效果,推动幼儿的身心全面健康成长。

(本文作者张浩君　此论文在2021年天津市学前教育优秀论文评选中荣获一等奖)

第 八 篇　户外自主游戏中促进幼儿深度学习的策略
——以大班"走滚筒"游戏为例

一、什么是深度学习

深度学习的概念是马顿(F.Marton)和赛尔乔(R.Saljo)两位学者在对大学生的学习过程进行实际观察的基础上提出的。他们发现,当学习者没有通过认真地思考、探究,主要以机械记忆的方式进行学习时,他们对学习内容的掌握是相对浅表的;当学习者结合自己的经验,积极主动地去思考和建立新的知识体系时,才能对所学内容真正地理解,并进行迁移。于是,他们在《学习的本质区别:结果和过程》一文中最早提出了深度学习和浅层学习两个相对应的概念。

深度学习一种批判性的、积极主动的学习方式。幼儿的深度学习并不意味着他们学习的内容有多么深奥,或者超越幼儿认知水平的高难度内容的学习,而是指幼儿在活动过程中,能够积极主动地以自己的方式,运用原有经验在不断地尝试、探究中,获得新经验并能主动地迁移,建构自己新的知识体系,以发展其高阶思维和问题解决能力的一种学习。其反映的也不只有认知方面,也是一个涉及情感态度、社会性等诸多方面的过程。

二、户外自主游戏的特点

自主游戏是按照幼儿自己的意愿,自发开展的游戏活动,完全从幼儿内在需要出发,玩什么,怎么玩,和谁玩,都是幼儿自主选择的结果。户外自主游戏则是将户外环境和幼儿自主性结合在一起,让幼儿在更加广阔的户外空间中自主地进行游戏。与室内游戏相比幼儿在户外游戏中的自主意识会更强,同时幼儿之间的交往活动也会更多，同伴间可以获得更多的自主交流、交往的机会，促进幼儿社会性的发展；开阔的户外游戏场地，让幼儿游戏时少了很多限制，同时比起封闭的环境，在户外阳光、风、空气等自然条件下幼儿身心得到放松，游戏中也就更投入，因此户外自主游戏更加受到幼儿的喜爱。在户外自主游戏中，幼儿有充足的时间和空间，全身心地投入游戏中，也就为深度学习的发生提供了更多的可能。

三、促进户外自主游戏中深度游戏的策略

1. 提供充足的时间

深度学习的发生需要充足的时间保障，幼儿有充足的游戏时间和空间，才有做持续而深入探究的可能，如果老师不给予幼儿充足的时间，就无法看到幼儿的探索、思考、想象力和创造。例如：在走滚筒游戏中，我将下午两个小活动的时间进行了整合，让孩子们有充足的时间进行滚筒的探索，有了充足的时间孩子们便可以自由地探索，从而慢慢地发现自己最感兴趣内容，由浅至深地开展自己喜欢的游戏，而不至于担心时间有限，这个也想参加那个也想试试。此外，当游戏结束，幼儿的探究也接近成功有强烈的继续探索意愿时，老师也不能绝对严格地按时间结束游戏，这样容易影响幼儿兴趣，幼儿心理上不能得到满足，也不利于良好学习品质的形成。应视情况而定，在允许的条件下与幼儿进行商量，再适当给幼儿一些时间。比如：在一次走滚筒游戏中，吴限正在探究如何成功地进行双人交换走，游戏结束时间已到，他们也快要接近成功了，因此十分不愿意就此放弃，央求老师想要再玩一会，于是我便耐心地和他们商量，先解释了为什么要结束的原因，然后提出最多只能再提供十分钟时间的要求，最后询问十分钟结束后应该怎么办。通过我适时延长时间，让他们探究欲望和游戏兴趣得到保护，也懂得自己长时间占用大家的时间对其他小朋友的影响，最后帮助他们做好一个无论成功与否都要面对游戏结束的心理准备。

2. 注意材料的投放

游戏材料是儿童游戏的物质基础，提供适宜的户外游戏材料让幼儿在游戏中

有东西玩，是保障儿童游戏权利的条件之一。一方面，投放材料应选择低结构材料，这样可以通过无限的方式组合一起，也可以拆开、移动，便于搬运，不受玩法、空间限制，让幼儿在游戏探索中有了更多实际操作的机会，并通过不断地尝试在亲身体验中理解知识，主动获得经验。如：梯子、木板、箱子、垫子、滚筒等。另一方面，材料的投放要具有层次性，即指在活动过程中，根据活动的不断深入逐渐投入不同的材料，而不是将所有种类的材料全部投放使用。一旦老师将各种各样材料全部投放后，幼儿便每一样都想尝试，这反而会分散幼儿的注意力，干扰他们对材料的选择，降低学习的积极性，不利于幼儿的深入探索。所以游戏材料的投放种类应当由少到多循序渐进，按照幼儿的需要进行增加。例如：起初的户外游戏中，滚筒和梯子、垫子等其他材料一起进行了投放，但是在孩子们的游戏中不太会用到滚筒，只是钻到里面滚一滚，或者是把它作为其他材料的辅助搭建材料偶尔使用。通过开展的对不同材质滚筒专门的游戏探索活动，我发现原来孩子们并不是对滚筒不感兴趣，游戏中他们不仅能进行持之以恒的探索，而且非常地认真专注，能从游戏中感受到自我认同感和成功的喜悦，每次活动后很多孩子都有意犹未尽的感觉，而之前没有选择滚筒游戏的原因，很大程度上是因为之前投放材料的种类繁多，影响了幼儿的选择，孩子们没有在对滚筒的充分接触中找到让自己感兴趣的玩法。因此，材料的层次性和适宜性是幼儿进行深度学习的物质支持。

3. 放手游戏、认真观察

在幼儿户外自主游戏中，要让儿童做到真正的自主，老师就必须要最大程度地对游戏进行放手，要为儿童创设一个宽松、具有安全感的游戏氛围，支持幼儿按照自己的意愿探索游戏，让幼儿在自主探索中挑战自己、相互合作、解决问题。我们要相信幼儿是有能力的学习者，在幼儿游戏过程中不进行控制和干扰，尊重幼儿游戏，不因自己的主观意识而主动插手游戏，提供我们认为幼儿需要的指导，这样反而破坏了幼儿的自主学习。比如：王景翔在滚筒游戏中连续几次都是原地不动地在探索怎样站在滚筒上，这样的游戏似乎看起来简单、单调，不够精彩，但是看似重复的游戏，其实每次也都会有些变化，比如在探索如何站在滚筒上的过程中，他最初先用了一个轮胎放在滚筒边尝试上滚筒；然后又用两个摞在一起尝试上；再接着是用两个轮胎固定住滚筒；最后是把两个轮胎拉开了一点点距离，这样滚筒在两个轮胎之间有了一些轻微的滚动。王景翔的游戏过程相比较能够踩着滚筒花样行走的孩子确实差了很多，但是他正在以自己的方式一次次地尝试，不断调整游戏的难度，第一次、第二次的方法没有让他成功站在滚筒上，调整了第三次方法后他成功后，紧接着他想到了把固定轮胎拉开距离的方法来提高自己的平衡能力，为向前行走而打基础。这种小步递进的发展与变化，是幼儿自己创造的最近发展区，重复性的游戏中幼儿也一直在自己力所能及的最高水平上持续发展。所以要放手游戏，让孩子们毫无顾忌地投入到真游戏中，这样幼儿才能在游戏中始终保持了积极的参与度，这也就为深度学习的形成提供了基本的条件。

我们坚持放手游戏，但放手游戏绝不是放任不管，而是在保证安全的前提下，让幼儿自主地进行探索，这也并不表示老师可以无所事事地等待游戏结束，而是把过去对孩子游戏随时指导的方式，转变成了对游戏观察后的分析反思，所以老师在此情况下要做到认真观察，观察孩子在游戏中反映出的情绪状态、探究方式、学习品质、游戏难度的自我调节等各个方面，并以视频方式进行记录，这样不仅可以避免对现场游戏观察的遗漏，能在活动后方便回看，进行更为客观全面的分析反思，也能在必要的情况下将幼儿自己的游戏情境呈现给幼儿，让他们在另一个视角下感受自己的游戏，从而结合自己真实的游戏体验生成新发现、新感受。比如：在活动后，我将吴限和胡宸豪交换走滚筒的视频呈现给幼儿，引导其针对视频进行讨论，在幼儿观看视频后，吴限首先举起手表达自己的感受，他说："我终于知道了我和胡宸豪一开始走滚筒的时候总是不成功的原因，那是因为我们并没有同时迈腿，有一个人快了，有一个人慢了。""不识庐山真面目，只缘身在此山中。"帮助幼儿以不同身份审视自己游戏，能让幼儿更全面地发现问题，解决问题，助推游戏深层次的发展。

4. 营造和谐的人际关系

良好的人际关系能在幼儿深度学习的过程中起到"润物细无声"的作用。幼儿深度学习的诱发条件除了自身、老师以及环境材料外，具有和谐的、支持性的人际关系也是重要的诱发条件之一。幼儿的人际关系主要包含亲子关系、师幼关系和同伴关系,这几种关系的和谐发展能极大地促进深度学习的形成。研究发现,积极的师幼互动更有可能促进幼儿主动参与学习活动,完成更高级的学习任务。比如:当幼儿在对滚桶的探索中有了一点点的进步时,我流露出的惊喜的眼神、不吝竖起的大拇指,以及在活动后主动地了解倾听幼儿游戏内容等积极的行为,都给幼儿带来了极大的信心,也推动了幼儿继续探索的计划。在良好的亲子关系中,通过家长的信任鼓励,幼儿更乐意将所学知识运用到生活中,促进知识的迁移。比如:我将幼儿活动中的进步以视频记录并发给家长,家长在惊喜的同时也会在和幼儿的沟通中了解幼儿的游戏情况,鼓励其继续探索。在友好的同伴关系中,积极的交流与沟通能使幼儿在与同伴互动的过程中互相促进与提升,同时在发现问题时、能共同探究解决方法。幼儿持续的探索过程中离不开同伴的陪伴,同伴一起的游戏不仅仅是让幼儿感觉到不孤单,他们在游戏过程中彼此互为学习目标,互为榜样,面对问题时两个人一起想办法解决问题的过程,也是他们另一种有趣的游戏。比如:在探索走滚筒游戏中王兆童和高欣一直在一起,最初王兆童只能站在轮胎上,在和高欣一起游戏后,他开始慢慢地尝试向前走动,高欣总是会提醒王兆童一些注意的地方,有一次王兆童和高欣一起比赛走滚筒,虽然没能赢过高欣,但是王兆童一点也没有难过,他自豪地说:"我要坚持下去,还要好好练习,我的目标是和高欣走得一样远,然后再超过她。"

5.做好表征分享,提升原有经验。

幼儿的深度学习的过程离不开经验的不断建构,在户外自主游戏中,幼儿虽然在自主地探索中获得了经验,但是这种经验可能并没有被幼儿所发现,需要老师用适当的方式帮助幼儿内化,转化为能被幼儿随时调动使用的原有经验。

老师可以在幼儿游戏活动后通过引导幼儿对游戏经历回顾、反思、叙述和表达,更进一步地了解幼儿,同时结合幼儿的反思帮助其提升经验。

例如:每次游戏后我们会引导幼儿以绘画的方式记录自己的游戏过程,通过幼儿自主地画自己想要表达的游戏内容,把直接经验用抽象方式表征出来,完成幼儿第一次的反思。然后,幼儿向老师表达自己画了什么,是如何游戏的,老师再用文字形式帮助幼儿进行原词原句的记录,达到幼儿的第二次反思。通过以上两次反思幼儿对自己的游戏内容了解得更加的清晰，感受也逐渐增加。在此基础上，老师利用游戏现场拍摄的视频、照片组织幼儿进行分享，让幼儿在对自己或他人游戏的客观观察中，发现游戏中的问题和优点，老师在组织过程中要针对情况，提出适宜的、能引发幼儿思考、讨论的提问，以此来帮助幼儿自主地总结经验，达到经验不断积累的目的。

幼儿深度学习的培养不是一朝一夕就能完成的，不仅需要老师注意创设良好的环境，同时也要具备足够的耐心，通过对幼儿全面的观察分析，采用适宜的指导方式，为幼儿奠定深度学习的基础，促进幼儿持续探究过程的发生。

（本文作者李婷　此论文在 2022 年天津市学前教育教学优秀论文评选中荣获二等奖）

第二卷　笃行实践，提高质效

第一篇　"安吉游戏"课程中关于天气的活动
——以小班天气记录为例

一、问题的缘起

开学初期，在安吉游戏理念的引导下，我们班创设了"天气我知道"环境。目的是引导幼儿观察天气并进行记录，培养幼儿观察天气的兴趣以及科学探究能力。但通过一段时间的记录发现，幼儿的观察记录存在一定问题，通常表现为记录的事物比较单一、观察记录言语主观性较强，没有来园主动记录的意识，这在很大程度上影响着幼儿观察记录的提升以及对幼儿行为的科学评价。基于此，本文以幼儿记录天气为中心，分析天气记录对幼儿发展的意义、幼儿观察记录的现状以及探索改善幼儿观察记录现状的有效策略研究。

二、幼儿记录的内涵

幼儿记录就是幼儿将自己所见所闻借助图片、符号等手段保留下来，并作为信息传递的过程，这是幼儿在科学活动中主动学习的一种方式。在学习活动中，幼儿可以通过记录将学习过程与结果作为信息对象进行回顾、加工和分享，从而使该学习活动发挥更大的教育发展价值。

三、天气记录活动中小班幼儿记录的现状

1. 幼儿的发展水平低，表述单一

活动开展中，有些天气的特点不是很明显，例如多云和阴天，由于幼儿生活经验缺乏，观察能力不足，很难分辨出各种天气的不同，幼儿只会表述"今天有太阳，今天没有太阳"。在观察事物时，仅能关注事物的表面现象，表述过于单一。并且小班幼儿喜欢模仿，前一个小朋友表述完天气后，后一个小朋友会重复，不会主

动思考。

2. 老师的指导策略缺乏引导性

在天气记录的前期，幼儿会出现"没话说"的现象。为了引导幼儿"有话说"老师在记录时会询问幼儿"今天是什么天气？"由于老师提出的是低认知水平的问题，问题具有封闭性，禁锢了幼儿的思维，幼儿只会表述"今天是太阳天气""今天是云朵天气"。这是由于老师的提问方式不当所导致的。研究表明，幼儿回答的认知水平和老师提问的认知水平成正比。在老师低认知的提问下，幼儿的认知水平也相应的停留在了低水平。

幼儿的年龄特点决定了他们的探索在最初阶段是以无意为主的，老师要及时捕捉幼儿有价值的话语，例如幼儿在记录天气时，说到外面下雪了，老师可以继续引导，雪是什么颜色的，你想怎么和雪宝宝做朋友？让幼儿投入新一轮的思考、探索。

四、天气记录对幼儿发展的意义

1. 提升幼儿观察能力和科学素养

兴趣是幼儿观察的起点，只有吸引幼儿的事物，他们才愿意参与观察。例如秋天树叶落了下来，冬天下雪了……这些自然现象都是幼儿感兴趣的并且接近幼儿的生活。在兴趣的支持下，幼儿进行天气的记录可以提高幼儿观察事物的能力，找出事物与事物之间的必然联系和偶然联系。并在天气记录过程中实事求是，将自己的所见所感进行记录。将开展天气记录活动与培养幼儿爱思考、会探究的科学素养进行有机结合，能够帮助幼儿更全面地认识大自然，培养幼儿热爱科学的情感。

2. 发展幼儿的绘画表征能力

绘画表征是指幼儿能够根据特定的主题，利用符号、图形代替现实事物的一种行为。小班幼儿绘画水平低，在绘画初期，幼儿会没有目的的进行绘画，绘画内容也不具体。老师开展了相关的教育活动，也引导幼儿进行太阳、云朵等绘画，在后期开展的天气记录活动中幼儿已经开始进入绘画表征阶段，他们可以有意识、有目的、有方向地进行天气的记录。罗恩菲尔德认为："幼儿画的是主动的知识。"

幼儿从不会画、不敢画到幼儿喜欢画,这说明幼儿在绘画过程中进行的是有意义学习。他们在对事物进行观察时,也不单纯是事物的外部轮廓,还包括一些关键性元素。例如在画太阳时,他们会给太阳公公画上笑脸,赋予了太阳生命,也借此来表达他们此时的心情。

3. 帮助幼儿确立任务意识

幼儿的任务意识,是指幼儿有目的、有计划地完成某一任务的愿望。小班的幼儿,任务意识较弱,在日常生活中,老师会通过小小值日生等形式培养幼儿的任务意识。幼儿每天来园进行天气记录的"打卡",抓住这个教育契机,可以培养幼儿完成任务的能力以及良好的任务意识,也可为幼儿的可持续发展奠定坚实的基础。

4. 提高幼儿的语言表达能力

在天气记录活动的支持下开展了"我是小小天气预报员"。让幼儿模仿天气预报员来播报天气,播报天气变化、增减衣物等知识。此活动的开展增加了幼儿记录的互动性,也提高了幼儿记录分享的价值。在天气预报过程中,幼儿大胆地表现自己,语言组织能力也得到了很大的提高,为幼小衔接奠定了基础。

五、提升小班幼儿记录能力的支持性策略

1. 创设自主的记录环境

《纲要》中明确的把"创设与教育相适应的良好环境,为幼儿提供活动和表现能力的机会与条件"作为幼儿园教育原则之一。一个宽松、舒适的学习环境可以让幼儿感知、体验到学习的乐趣。因此,在天气记录的活动中,幼儿记录的时间不是固定的,让幼儿做自己的主人,可以利用早上来园的时间和过渡环节进行记录,帮助幼儿获得轻松愉快的记录体验。由于一天中天气具有多变性,因此每个幼儿记录的天气也不相同,我们也会在记录本上为幼儿标注出时间。

2. 提供多元的记录材料

幼儿在学习过程中离不开材料的运用,丰富多样的材料可以有效支撑幼儿的学习。由于幼儿的思维具有具体形象性,在材料区我们投放了标志图（晴天、阴天、刮风、下雪等）、胶棒、彩笔等适宜性的学习材料,满足幼儿个性化的兴趣和自主选择的需要，鼓励幼儿用多种形式进行记录和表征，支撑幼儿创造性表现。能力强一点的幼儿可以选择彩笔进行天气的表征，记录本上给予幼儿较大的记录空间，适当留白，供老师记录。这一类幼儿自主学习能力较强，在记录过程中会表现出较强的自主性和创造性。能力稍弱的幼儿会采用粘贴的方式，根据今天的天气情况选择对应的标志图直接粘贴在记录本上，非常形象直观。

3. 丰富幼儿的认知经验

幼儿发展的有效途径就是积累经验。老师可以带领幼儿逐渐认识和了解事物与事物之间的简单关系。例如"起风了，所以幼儿园门口的小旗子飘起来了、秋天来了，叶子掉下来了"引导幼儿关注外界事物的变化。幼儿的感知觉对整个认知活动具有重要的意义，幼儿的感知觉能力来自各种体验，例如温度变化、湿度变化、声音刺激、光线、颜色等。最重要的是让幼儿全面体验周围的自然环境和人文环境，促进多种感知觉的协调发展。

在绘画过程中，幼儿不仅再单单关注自然界的变化，更表现出对人、事、物之间的关注。由此可见，幼儿的记录不再停留在了简单的绘画，更把观察探究的视角延伸到科学领域以及情感的深处。

4. 各区域的相互整合

区域材料是一个开放的体系，各区域可以相互整合，为幼儿提供多方面的教育资源。在"天气我知道"活动的支持下，渗透到一日生活中和其他领域的活动中，例如可以引导幼儿在阅读区阅读与天气相关的书籍，了解天气对人类生活的影响。区角游戏中，引导幼儿在角色区模仿天气预报员来播报天气，利用图片进行天气播报。家园共育中，家长可以带领幼儿一起来找一找说一说天气预报带来的便利，学会根据天气的变化及时增减衣服，提高幼儿的生活自理能力。

六、结语

《纲要》提出："科学教育应密切联系幼儿的实际生活进行，利用身边的事物和现象作为科学探索的对象。""天气我知道"的建立正是顺应了这样的教育理念。它不仅融合了相关的知识，使幼儿获得统计、分类、对比等科学探究的方法，更体现了生活化的教育理念,帮助幼儿走进奇妙的气象世界,激发幼儿关注周围生活的热情,使幼儿的学习和对自然界的探究有机结合,融为一体。

(本文作者冯嘉宁　此论文在 2023 年天津市教育学会"教育创新"论文评选中荣获二等奖)

第 二 篇　安吉游戏背景下教师有效观察的实践与研究

《幼儿园保育教育质量评估指南》将老师观察作为评价教育过程质量中师幼互动的方面之一,要求老师认真观察幼儿在各类活动中的行为表现,根据持续观察,对幼儿的发展情况和需要做出客观全面的分析,提供有针对性的支持。可以看出老师观察能力的提升愈来愈重要。

安吉游戏背景下的老师有效观察是指老师通过仔细观察幼儿在游戏活动中的表现和互动,得出对幼儿学习和发展情况的准确和全面的理解。有效观察有助于老师发现幼儿的兴趣、需求和能力,并为老师提供指导和支持的依据。因此本文着重探讨在安吉游戏中如何进行有效观察的方法和策略,以推动幼儿教育的发展。

一、老师有效观察的定义与特征

老师有效观察是指老师根据对幼儿的兴趣、需求和能力的准确观察,能够获得有关幼儿发展的有用信息,并在此基础上做出恰当的引导和支持。老师有效观察的特征包括:准确性、全面性、客观性和及时性。老师需要利用各种观察方法和工具,持续观察幼儿的游戏,以便及时调整策略和支持措施。

二、有效观察对于幼儿及老师的意义

1. 有效观察对幼儿发展的影响

观察是老师了解幼儿的主要渠道,只有对幼儿进行细致有效的观察才能了解幼儿行为背后的原因,了解他们的发展水平、兴趣及需要,进而能够选择更适宜的教育内容和教育方法。从而激发幼儿的游戏兴趣和持久性,促进幼儿在安吉游戏

中的深度学习。老师的有效观察可以对幼儿的发展产生长远而深远的影响，为他们的学习和成长提供良好的支持。

2.有效观察对老师专业发展的意义

老师的有效观察不仅对幼儿有益，也对老师自身的专业发展具有重要意义。良好的老师观察行为是老师有效教学行为的重要特征，是老师成为研究者，走向成熟和专业化的重要标志。安吉游戏的真谛是"放手游戏、发现儿童"，强调将课程改革与老师的成长相结合，将观察解读儿童的能力作为老师的核心素养，将游戏作为培养这一核心素养的重要途径，用最大程度的自主和最小程度的干预来实现"解放儿童的目标"，在游戏中提升老师观察与解读幼儿的能力。有效观察对于老师自身的专业成长具有重要意义。

三、幼儿园老师观察中存在的问题和挑战

目前幼儿园老师观察也面临着一些问题和挑战。首先，观察过程可能受到主观因素的影响，个人的经验和观察偏好可能会影响老师对幼儿游戏行为的观察和解读。在忙碌的工作中，老师需要花费大量的时间进行日常管理和一日生活安排。这可能导致观察时间的不足，无法充分细致观察幼儿安吉游戏中行为表现。也有老师只"观"不"察"，只是漫无目的地去看幼儿游戏，缺少思考，更谈不上有效观察。

四、安吉游戏中老师如何进行有效观察

1.安吉游戏对老师观察的要求

每个幼儿都是独一无二的，有着不同的发展轨迹和潜力。老师在观察幼儿时应该保持客观和中立的态度。以全面、细致和客观的观察来支持幼儿的学习和发展。老师需要展示敏锐的观察力，注重学习过程和思维方式的观察，关注幼儿的社交互动，更好地理解幼儿，为幼儿提供个性化和差异化的支持和指导，从而推动幼儿全面发展和成长。

2.老师在安吉游戏中的观察策略

在安吉游戏中，老师可以采用一些特定的观察策略来确保有效观察。

（1）制定观察目标

观察目标是指老师在观察前，结合自己的观察需要，将幼儿在游戏中的某一领域的具体的能力或者表现作为自己的观察重点，成为老师在观察过程中选择观察对象，筛选观察信息的关键依据。

（2）采用系统性观察的策略

采用系统性观察的策略这包括制定观察计划和记录观察数据。通过有意识地记录幼儿在游戏中的行为、语言和表现，老师可以更深入地分析幼儿发展的需求和问题。

（3）采用多角度观察的策略

老师还可以采用多角度观察的策略。这意味着老师不只关注幼儿的个人表现，还关注幼儿与他人的互动和环境的影响。通过多角度观察，老师可以更好地理解幼儿游戏和发展的全貌。

（4）选择适宜的观察方式

在确立了观察的目的后，根据不同的对象，可以采取不同的观察方式：对于个体幼儿进行"追踪观察"，以便全面详尽地了解该幼儿的游戏兴趣、发展轨迹与水平。对于游戏群体采用"定点观察"以便了解一个区域幼儿游戏主题开展情况。面向整个班级采用"扫描观察"的方式，以便了解在某一阶段集体的游戏水平等情况。老师应根据游戏情况调整当天的观察重点，做到随机与计划、个别与全面结合。既要心中有观察目标，但又不过于计较目标。

3. 有效观察的工具和技巧

在安吉游戏中，老师可以利用不同的工具和技巧来进行有效观察。

（1）观察记录表

老师可以利用观察表格或评估工具来记录幼儿的行为和表现。这些表格可以包括对幼儿所展示技能、兴趣和需求的评估。通过使用观察表格，老师可以更系统地记录幼儿的发展并进行分析。

（2）录像设备

录像设备也是一种有效的观察工具。老师可以用摄像机或智能手机录制幼儿在游戏中的表现，后期回放和分析。通过观看录像，老师能更好地观察幼儿细节和发现其潜在发展需求。

以某老师观察中班幼儿在木梯区游戏为例：

观察背景：

孩子们刚刚升入中班，来到一个新的游戏区——木梯区，在几次游戏过后，孩子们开始玩起了高梯跳跃的游戏，看着孩子们从高高的梯子上跳下，老师担心起安全问题，"孩子们能否在跳跃中保护好自己？"带着这一问题，在游戏的过程中老师重点关注玩高梯跳跃的孩子，并以录像的形式进行拍摄记录。

观察实录：

1. 墨林和煦煦搬来双梯，架在场地中间，然后拿来大垫子铺在梯子下方。

2. 墨林开始爬梯子，登上最顶端后，两只脚小心地上来，蹲在梯子最上面，然后一跃而下。煦煦高声喊道："墨林加油！"

3. 煦煦爬梯子，爬到最高处，开始把腿迈过来，然后坐在梯子顶端，向下一跃。墨林喊道："挑战成功！"两人哈哈大笑。

4. 大琪过来加入到游戏，慢慢向上爬。当爬到最高处的时候，大琪停下，眼睛不住地往下看。这时墨林高声喊道："加油，没问题，你要相信自己！"大琪开始双手用力抓住梯子，把身体扭过来，翻越梯子，然后在另一侧梯子的第四层上跳下来。

5. 越来越多的小朋友被吸引过来，桐桐、跃颖、小沐也过来，自觉在梯子后面排队，依次跳跃。

老师分析与反思：

游戏中，孩子们玩起了跳跃游戏。双梯非常高，从上面跳下来很需要胆量，但是令我意外的是，很多孩子被游戏吸引，自发加入到游戏中。而且墨林一直给小朋友鼓劲"加油，没问题，你要相信自己！"在观察中发现，虽然都是跳跃，但"难度"不同。胆子最大的墨林可以站在梯子的最顶端一跃而下。而其他小朋友会坐着跳，或者在矮一些第三层跳下来。孩子们根据自己的能力，"自动设置"不同的游戏难度，让游戏更适合自己的能力。

从上述观察记录中可以看到，老师带着目的去观察，重点关注幼儿跳跃的动作,了解幼儿在游戏中是否有安全意识,能够保护好自己,利用录像记录幼儿游戏过程,通过反复观看,解读幼儿的游戏行为,了解幼儿发展水平。

总的来说,在安吉游戏中,老师可以借助观察表格和录像设备等工具,以及观察和提问的技巧,进行有效观察,为其提供个性化的支持和指导,从而更好地支持幼儿的学习和发展。此外,通过有效观察和记录,老师还可以积累数据,为后续的研究和评估提供依据,提高教育工作的科学性和可持续性。

五、提升老师有效观察的途径

1. 利用教育培训提高老师有效观察的理论水平

教育培训对提升老师有效观察能力至关重要。通过接受专业的教育培训,老师深入了解有效观察的理论知识和实践技巧,识别幼儿的需求和行为模式,以及理解幼儿发展。通过培训提供研究成果和实践案例,帮助老师了解最新的观察理论和方法,不断更新自己的知识和技能。让老师在观察过程中更加敏锐、细致和全面。

2. 提高老师观察技能的方法

老师通过日常观察和记录幼儿的行为,可以逐渐提高对于幼儿的观察敏锐度和准确性。观察可以包括幼儿的动作、语言、表情以及与他人的互动等方面。通过多次观察同一幼儿的行为变化,老师可以更好地理解幼儿的发展和需求。

老师可以与其他老师进行交流和合作。通过与其他老师分享观察经验和心得,可以获得不同的观察角度和思维方式,拓宽自己的观察视野。参加教育研讨会或教研活动,与同行们一起讨论观察方法和技巧,互相学习和启发,共同观察和分析幼儿的行为,提高观察的准确性和深度。

利用技术手段也是提高观察技能的一种方法。通过录像观察,老师可以回放幼儿的行为,并注意细节和细微变化,从而增强对于幼儿行为的观察力。

此外,老师还可以不断更新自己的知识和专业技能,以提高观察的深度和广度。老师可以阅读相关的教育、心理学和幼儿发展的书籍和研究论文,了解最新的研究成果和理论观点。

3. 营造良好观察环境的策略

为了提升老师有效观察的能力，还需要营造良好的观察环境。给予幼儿足够的自由，让他们展示真实的行为和表达。老师要营造宽松自由的氛围，鼓励幼儿表达自己的想法和感受，不评判和干预幼儿的行为，让幼儿充分展示自己的个性和特点。

六、结论

安吉游戏背景下老师有效观察是一种重要的教育实践方法。通过观察幼儿在游戏中的表现，老师可以更全面地了解幼儿的兴趣、学习方式和发展需求，从而有针对性地设计适合幼儿个体发展的教学活动。在未来的教育实践中，我们应该重视老师有效观察的作用，不断探索有效的观察策略和提升老师观察能力的途径。

（本文作者王兵　2023年天津市教育学会学前教育专业委员会论文评审中获二等奖。）

第 三 篇　安吉游戏对幼儿发展的影响

安吉游戏是浙江省安吉县幼儿园游戏教育的简称，它强调将游戏的权利还给幼儿，让幼儿可以自由选择材料、游戏内容、同伴、玩法等，玩属于自己的"真游戏"。在游戏的过程中，老师退后，幼儿在前，通过孩子们自己的尝试、探索、发现，促进幼儿健康快乐发展。我园在开展安吉游戏的过程中，积极转变老师观念，调整场地、材料，为幼儿的自主游戏提供了支持与保障，也让我们看到了不一样的幼儿，感受到了安吉游戏对幼儿发展的影响。

一、安吉游戏的特点

1. 游戏内容自主、自由，以幼儿的意志为主

安吉游戏不是强加给幼儿的游戏，而是幼儿自发的一种以幼儿为主的游戏。幼儿是游戏的主人，他们可以决定玩什么、怎么玩、和谁玩。比如滚筒游戏中，有的幼儿会自己钻在里面玩，有的幼儿会站在上面玩，有的幼儿会几人合作将滚筒

当成滑梯的支撑部位,有的幼儿会把几个滚筒尝试连接在一起在上面走一走,有的幼儿甚至把它当成自己的家来开展角色游戏。面对同一种材料,不再是老师说该怎么玩就去玩,而是遵从幼儿自己的想法,个性化地开展属于幼儿自己的游戏,即使有些游戏看似简单,但在孩子们的眼中,它就是反映了当下自己的兴趣和需要。这同时也需要老师及时转变观念,要关注幼儿在游戏中的感受,而不是去关注作为成年人想要的结果,而且因为游戏的自主、自由,会带来很多的不确定性,我们要耐心去观察,去解读幼儿简单行为背后的原因。

2. 材料、环境更加贴近自然,更加真实化、生活化

游戏有效开展要依托材料、环境等的支持,在安吉游戏中,丰富、充足的材料和真实、多样性的场地能够促进幼儿游戏的进行。因此从开展安吉游戏以来,我园的环境也在进行着变化与调整,开阔场地、扩大沙池,丰富材料,让孩子们的游戏更加得心应手。大面积的沙池、水池能减少游戏中孩子们的互相影响,利于孩子开展多种形式的游戏。种类丰富的树木、挂满枝头的果实、种植园里的番茄、黄瓜都成为幼儿游戏的材料,让孩子们能在自然中获得学习与成长,真实的锅碗瓢盆、废弃的大汽车能给幼儿带来不一样的游戏体验,收、放材料等等都是幼儿学习的过程,游戏故事更是填满了所有空间。安吉游戏摒弃了华丽、繁复的材料与环境,将创造和表达的能力留给幼儿,让孩子们在游戏中学习,在讨论中丰富,从而潜移默化中获得了成长。

二、安吉游戏促进幼儿能力的提升

幼儿园以游戏为主要活动形式,幼儿也是在游戏中获得经验与成长的。安吉游戏强调以幼儿为主,因此在游戏的过程中幼儿自己发现问题、解决问题,从而能够很好的促进各方面能力的提升。

1. 安吉游戏能够促进幼儿健康发展

每天安吉游戏是幼儿最快乐的时光,他们自由地在户外奔跑、游戏,攀爬梯子、跳下方箱、在迷彩网箱里钻来钻去。跑、跳、投、钻等技能得到了很好的发展,而且这种练习不是被动的,而是幼儿自动自发的。在游戏中他们感受到快乐,同时

也在慢慢提高着安全意识。比如面对梯子木板等材料，如果碰到很容易出现危险，因此在日常活动中，我们会不断强调安全，而在幼儿的游戏过程中，为了能够参加游戏，孩子们自己也会预见危险、防范危险，学会保护自己。

2.安吉游戏能够促进幼儿社会交往能力的提高

在游戏过程中，孩子们可能独自进行一个游戏，但更多的是几个人会因为共同的想法而自由组成一个小组，在游戏的过程中慢慢出现分工，有的负责统筹安排，有的负责拿取材料，有的负责出谋划策，孩子们的合作、协商能力在一次次游戏中得到了发展。在分享表征环节中孩子们会为了一个问题展开讨论与争执，会通过不断阐明自己的理由来试着说服别人，通过这一活动孩子们学会了在集体中该怎么去表达自己的想法，该如何去倾听理解他人想法，潜移默化中提高了幼儿的社会交往能力。

3.安吉游戏能够促进幼儿想象力的发展

比如当幼儿面对一些大小不一的垫子、长短不同的木板以及一些高高低低的梯子时，有的幼儿会用梯子和木板组建成"闯关赛道""跳水台"和"游乐场"等，通过攀爬、走平衡、钻"山洞"来进行游戏，增强自己的勇气和智慧；有的幼儿会用几块垫子围成一个家，几个小伙伴在家中一起睡觉、一起吃饭，有的幼儿用几块木板搭建舞台，将短木板当成乐器，进行着演唱会，有的幼儿会根据自己学过的《西游记》故事，利用几块木板和一辆运材料的小车就组成了取经小组，要去闯过无数难关。在游戏中想象与创造随处可见，孩子们的表现会时时给我们惊喜。

4.安吉游戏激发了幼儿对科学的探索

一块长木板、一个三角形支架就是一个天平，孩子们可以在上面测试一个小朋友和几个轮胎一样重；几块积木就能让幼儿去探索圆形积木怎么能够从直直的轨道很好地拐弯到其他轨道；甚至对于刚入园的小班幼儿来说，简单涂鸦的过程中，他们会发现原来颜色混合之后会变成其他新的颜色；平时观察的植物是很好的进行测量的物体，孩子们通过测量植物的变化能够学会正确测量。

5.安吉游戏能够促进幼儿语言表达能力的提高

在我们平时的生活中，总能遇到不太敢表达自己或者不喜欢表达自己的孩子,但安吉游戏的开展,让我们看到了更加自信的孩子们。在游戏中他们需要通过表达让他人明白自己的想法,需要通过沟通去进入到游戏中,需要通过交流来解决游戏中出现的各种问题,而且在分享表征时,更是锻炼了孩子们对自己语言的梳理能力和表达能力。也许有的孩子刚开始不敢说、不会说,但在绘画完自己的游戏故事,老师记录的过程中,一对一的沟通交流会让孩子更加放松,也会让他更加想要将自己的感受讲给他人听,当他发现别人的问题自己能够解决时,老师的鼓励和同伴的期许会让他尝试着告诉别人自己的办法,无形中增加了幼儿的勇气,促进了其语言表达能力。

6. 安吉游戏能让幼儿更好地适应新环境

对于新小班幼儿来说,缓解入园焦虑是刚开学时非常重要的事情,安吉游戏的开展能够让幼儿更快地适应幼儿园生活。当哭闹的小朋友看到可爱的种植角,看到鲜艳多彩的轮胎、各式各样的小车、大大的滚筒时,他们也会想玩、想看。让孩子们自由地玩自己喜欢的材料,能够让幼儿更快找到自己的小伙伴,减轻入园压力和心里不适,从而让他们更早喜欢上来幼儿园。不仅如此,对于大班幼儿来说,在自主、自由的游戏中,幼儿表现出来的创造力、想象力、协调沟通能力、解决问题能力以及良好的交往能力等等都能在以后的小学生活中成为非常重要的助力,让自己能够更好、更快地适应小学生活。而且安吉游戏非常强调将幼儿的学习过程展示在墙上以促进幼儿经验的提升,利用墙饰也能促进幼儿能力的提升,从而更好适应新环境。进入大班后幼儿对自己的名字有了更多了解,也产生了书写自己名字的兴趣,我们可以利用"每日签到"墙饰引导幼儿学习书写自己的名字,通过统计每月出勤天数来引导幼儿学会统计等相关知识;为了培养孩子们的时间观念和任务意识,我们可以创设"天气我知道"墙饰,鼓励幼儿通过按时记录,提高自己的时间观念、任务观念及自我服务能力。

7. 安吉游戏促进幼儿更好地理解自然、感受爱与被爱

在安吉游戏的开展过程中,我们注重与自然对话,通过种植、照顾植物、观察植物生长变化,感受、了解一年四季季节变化等,让孩子们对大自然有了更深了了解,他们知道了要保护我们的地球,才能让我们生活的更加美好。通过观察、饲养

乌龟、小鱼等动物，他们感知了自己的成长是爸爸妈妈付出了很多，在照顾动物的过程中，他们也更加理解爱与被爱的感受。

三、安吉游戏促进家园共育，共同助力幼儿快乐成长

幼儿教育不仅是依靠幼儿园来完成的，更注重家园共育。安吉游戏的开展不仅促进幼儿能力的提升，也转变了家长的观念，促进了家园共育。通过鼓励幼儿将自己的游戏故事讲述给家长听，鼓励幼儿和家长一起阅读、一起参与班内活动，让家长更了解了幼儿在园状态。同时鼓励家长为幼儿做好游戏、阅读记录时，当家长为幼儿认真、如实地进行记录，能更好地帮助幼儿回忆、梳理自己做的事情，引导幼儿去发现问题、解决问题，这也让家长能更有针对性地对幼儿进行教育。

我园安吉游戏开展以来，虽然时间不长，但却让我们看到了孩子们的无数精彩瞬间，让我们确实感受到了游戏给幼儿带来的巨大影响。我们要重视游戏价值，珍惜游戏时光，助力幼儿更好地发展。

（本文作者吴敬雅　此论文在 2021 年天津市学前教育优秀论文评选中荣获二等奖）

第 四 篇　安吉户外游戏的实践

陈鹤琴先生曾说："游戏是幼儿的生命。"《3—6 岁儿童学习与发展指南》指出："幼儿的学习是以直接经验为基础，在游戏和日常生活中进行。要珍视游戏和生活的独特价值，创设丰富的教育环境，合理安排一日生活，最大限度地支持和满足幼儿通过直接感知、实际操作和亲身体验获取经验的需要。"在户外游戏中，幼儿得到了充分的体能锻炼，各方面的能力得到了提高，最重要的是，孩子们在自由自主的游戏中获得了完整、快乐的童年。安吉游戏，就是把游戏的自决定权还给幼儿，老师对幼儿游戏进行全程观察、理性思考，注意幼儿的差异性和个性需求，点亮幼儿的美好童年。

一、营造自然宽松的游戏环境

大自然蕴含丰富的教育资源，树枝、树叶、花瓣、果实、石子、砂砾、旧纸板、海绵、旧布……身边随处可见的物品都有能成为孩子们的游戏材料，孩子在自然的环境里，散发着自由的思想，运用着自然的材料，自然地在玩耍，自然地放声大笑，释放着他们自然的天性。幼儿园又为孩子们投放了木梯、木箱、木板、石头、滚筒、轮胎、油桶、积木等低结构和废旧材料，相比那些大型的娱乐设施，低结构的材料更加符合幼儿游戏的多样化，让幼儿认识自然界的各种事物，通过操作这些材料促进幼儿思维能力和想象力的发展，开创了富有"野趣"、回归自然的游戏模式。

老师在日常教学中，要坚持"闭上嘴巴管住手，睁大眼睛竖起耳"，为幼儿打造自由、宽松的游戏氛围，将游戏的权利彻底完整地交到孩子手中，鼓励幼儿积极参与，大胆挑战，成为幼儿的坚强后盾，让孩子在充满爱与信任的环境中自由徜徉。在幼儿园里的四季花卉、各种树木、种植角、沙地、秋千、滑索、涂鸦区、积木区等都是孩子们自由游戏、大胆探索的乐园。

二、尊重幼儿游戏的个体差异。

不规定幼儿游戏的内容，不过度介入幼儿的游戏，坚持以儿童的发展为基本原则，以观察幼儿的游戏行为为主，静心思考并如实记录幼儿的游戏行为，多分析幼儿的游戏行为背后的原因和发展价值，发现幼儿的优点，看见我日常看不到的幼儿的一面，判断幼儿的个体差异，理解、启迪幼儿，为幼儿发展制定更完善的策略。如：在户外梯子游戏中，绵绵、果果、皮皮三个人依次想从架高平放的单梯上爬过去，绵绵坐在了单梯上，将双脚从横杆之间的空隙垂下来，双手抓着单梯的两侧，双腿交替向前挪动，挪一次就将腿垂到前一层的横杆空隙里，屁股始终坐在单梯上，慢慢地到达对面；果果双手抓单梯的两侧，双脚交替踩着单梯的横杆，脸朝后倒着爬过单梯；皮皮有些害怕，蹲在单梯上有些犹豫，双手抓着单梯两侧，双脚踩在手的后方，慢慢地向前移动。在游戏过程中，我并没有纠正或示范过单梯的方法，孩子们根据自己的能力和想法，保证安全的前提下，找到最适合自己的渡过单梯的方式。孩子们在亲身体验和观察别人过单梯后，主体性得到充分体现，已经开始懂得体验、观察，有的还知道比较、感悟，个体的差异性显现出来。

三、注重户外游戏中的科学化与动静交替

户外活动一般以体育游戏为主，孩子们利用木箱、木梯、滚筒、滑索等材料进行大型体能游戏，但根据幼儿的游戏兴趣也会自由地进行一些调整，如利用箱梯、垫子等进行娃娃家游戏；在搬运材料时进行送货游戏；利用沙水、落叶等进行餐厅游戏；进行游戏写生等。这样的户外体育游戏，不仅能提高孩子基本活动能力和运动技能，也能促进社会交往、团结合作等能力的提高，有助于孩子形成顽强、自信、团结的良好学习品质。

四、加强安全教育增强自我保护意识

给孩子更多自由的同时，还要特别强调安全。户外场地活动范围较广，幼儿四处分散活动时，老师的视线不能顾及每个幼儿。因此，在活动前要尽可能多地让孩子熟悉材料，引导孩子发现使用材料的方法，预估安全隐患，增强自我保护意识。如：在箱体游戏的收材料环节，由于箱子很重，孩子根本搬不动，于是小朋友将方箱向前翻了一个面，大家一起喊着"一二三，慢慢放。"方箱以翻转的方式向前移动。当翻转到材料架附近时，伊伊说道："该往这面翻了。"几个小朋友调转方箱顺利地将方箱运送回了棚子。成功运送方箱大大激发了孩子们的信心，更多孩子加入到运送方箱的队伍，在没有老师帮助的前提下，孩子们喊着口号，用翻转的方式将大方箱全部运回了原处。此外，活动前老师巡视幼儿着装，提醒孩子们学会自己选择合适衣服并整理好。活动中老师应以观察为主，但并不是一动不动、一言不发，要四处巡回走动，及时纠正幼儿危险动作，当幼儿挑战有难度的游戏时，要近身进行保护。活动后聆听幼儿的表述、反思、评价等，老师也要进行反思和小结，发现问题及时进行必要的安全指导和安全教育。总之，老师做个有心人，在保护幼儿安全的前提下，充分发挥户外体育活动自由、自主、轻松、愉快

等游戏作用。

五、老师要尽量地"读懂"孩子

老师要自然的观察幼儿游戏行为,如实地进行记录,认真反思解读幼儿游戏行为背后的发展,让儿童遵循自身发展的规律,顺其自然地自由地成长。老师应加强业务学习,提升自身专业素质,把孩子放在心中,全身心投入去观察、了解和研究儿童的游戏,根据本班幼儿的实际游戏与兴趣点设计教学内容,将幼儿园课程与游戏完美融合,发挥游戏的教育价值,从而实现教育目标,满足儿童最大发展的需要。

如:在游戏中,许多材料被无规律地摆在了地上,不仅占用了场地,而且影响了小朋友们搬运材料,但我并没有要求孩子们将材料拿走,因为仔细观察整场游戏,孩子们是在试错的过程,在搬运材料的时候,三角形的房顶被孩子们闲置在了一旁,皮皮和晨晨搬来了一块长板放在了三角形的房顶上,长板由于重力原因一侧翘起,一起落地,"咦,这不是个跷跷板吗?"皮皮边说边坐到了落在地上的一侧长板上,可是无论她怎么蹬地跷跷板都不能真正翘起来。蹲在一旁的程程发现了其中的问题,"你这个板子不行,它老滑下来。"于是重新选了一块板子还是不行,在搬来三块板子,反复放上试了四次后,他们发现中间带凹槽的长板放在了三角形上最合适,这下跷跷板能来回翘了,皮皮心满意足地坐在跷跷板上,之前不合适的长板也被放回了材料架。

高高大大的黑色滚筒里面是什么样子的?小源左看看右看看,小心翼翼地跨过去,慢慢地滑落进去。当他双脚蹬着滚筒的内壁,尝试爬出来时发现自己出不去了。孩子并没有向老师求救,我并没有急于抱他出来,而是静待他的呼救,这时大展发现了被困在滚筒里的小源"没事我来帮你。"大展的话引来了二乐和皮皮,二乐和皮皮站在塑料的滚筒积木上,一人抓着魏鑫源的一只手使劲往外拉,二乐边使劲拉边说:"小源我们拉你出来。"大展抱着积木也跑了回来,把积木扔向了小源"给你,用这个。"小源接过积木垫在了脚下,果然变高了一点。大展又陆陆续续找了两块积木,扔向了滚筒里,小源将三块积木调整了好久,用手拍了拍站了上去,双手抓紧滚筒边缘，将一条腿伸出来搭在滚筒边上，还是出不来。大展抱来了第四块积木扔了进去，小源将积木摞了起来，双手抓着滚筒的边缘，将上半身露出来了，趴在滚筒边上叹了一口气。

一次意外激发了孩子们的游戏，激发了孩子们想帮助小源爬出来的积极性。游戏中的每个片段都能看到孩子们在不断地发现问题，解决问题，游戏的创造性、合作性得到了充分的体现。其实游戏中出现的一次次"意外"，也是一次次的"良机"，孩子们在讨论、解决这些"意外"的过程，也是一次次学习和成长的过程。

总之，一切从实际出发，把游戏还给儿童。不一味地去"跟风""照搬"，而是要充分考虑本园所在地的地域条件、经济状况、风俗习惯、文化环境以及幼儿发展水平与差异，在不断实践中不断反思、调整、创造，真正实现将游戏还给儿童的教育理念。

（本文作者滑君　此论文在 2021 年天津市学前教育学会优秀论文评选中荣获二等奖）

第 五 篇　如何在安吉理念下开展幼小衔接

幼儿园是在为小学奠定良好的基础，幼小衔接渗透在幼儿园生活的方方面面。

一、在游戏中做好幼小衔接

安吉游戏工作者以"让游戏点亮儿童的生命"为信念，从"把游戏的自主权还给幼儿"开始，"我的游戏我做主"游戏过程中，老师"闭上嘴、管住手、睁大眼、竖起耳。"在游戏中我们就会发现不一样的儿童。

孩子们在建构室进行拼摆游戏，奕廷、睿睿和铭一，一起拼搭高楼，孩子们利用交叉围合摆的方式不一会就摆到了和身高一样高，需要踮脚来拼摆，这时候睿睿发现旁边有小椅子就说："咱们站在椅子上摆吧。"三个小朋友搬来了旁边的小椅子，站在小椅子上继续拼摆，慢慢地小椅子也满足不了孩子们了，站在小椅子上也没法摆了，奕廷又拿来小积木块摆在小椅子上面，这时候发现小的泡沫积木块拼摆在一起不稳定,睿睿就用木头长板摆在小椅子上,一层一层,越来越高,当达到一定高度的时候,木头长板有些滑了,不能三个人同时拼摆了,睿睿在三个人中个子最高,睿睿站在椅子上面,奕廷和铭一轮流帮睿睿扶着,等到高度不够了,孩子们又开始想办法,首先把两个小椅子正反扣到一起,然后在椅子腿上摆上积木,慢慢站在上面,一块一块往上摆,最后都超过了老师的身高。

孩子们在游戏的过程中,结合自己的建构经验,利用积木,交叉围合向上不断垒搭,细心地调整长条积木之间的间距与位置,使其重心稳固。在不断向上垒高的过程中遇到了身高不够,不能继续向上搭建的情况,孩子们也没有放弃,终止活动,而是积极思考办法,利用小椅子的叠加,长条木板的辅助,使其能搭建得更高。

游戏后孩子们进行的绘画表征,老师帮助文字记录,这不仅能锻炼了他们总结、表达的能力,同时也让幼儿前书写技能,以及坐姿、握笔姿势得到充分的锻炼,养成良好的书写习惯。

二、一日生活渗透中做好幼小衔接

1. 生活自理能力

孩子在进入幼儿园就要学会自己拿水杯,学习自己穿衣裤、自己解小便等等,但在孩子们上小学后小学老师还是反映孩子的自理能力较差。

说起幼儿园,很多家长会说"就是玩"。对于老师要求练习拉拉锁,系鞋带等家长总是包办代替。其实,当孩子拥有良好的自理能力时,在进入小学后对他的学习一定具有很大帮助。

2. 意识

（1）任务意识

我们每周都会建议孩子与家长读一本好书,利用阅读记录单的形式带来和小朋友分享,利用天气记录,引导孩子回家关注每日天气并来园记录。在安吉游戏后,没时间绘画的时候,会请孩子们回家进行绘画,家长帮忙记录,或者是学习了成语故事等,请孩子自己回家进行绘画,对于每次能够记住并绘画的孩子进行鼓励,让孩子们知道自己的事情要记住。利用小动物漂流的方式,每周由小朋友带回家照顾，观察记录、照顾宠物的方式，让孩子了解承担小任务就要努力做好。利用小小值日生帮助幼儿选择一天的工作等。

（2）规则意识

在进行安吉游戏以来，游戏前孩子们能够主动地制定游戏规则，讨论怎样保障安全等。幼儿进行绘画时，与幼儿一起规定绘画时间，让幼儿在规定时间完成。在一点一滴的生活细节中提高孩子的规则意识。

（3）时间意识

要求孩子每天按时入园，养成良好的生活习惯，知道迟到是不好的行为，有时间观念。和孩子们一起观察沙漏变化，知道一分钟大概有多长，在喝水等环节利用沙漏，让孩子们了解时间的珍贵。在进行教育活动时，有意识地引导孩子知道什么是45分钟。

3. 学习能力及习惯

（1）听。倾听好习惯

良好的倾听习惯会让孩子在小学课堂中事半功倍，我们班有时候屋里很吵时老师会小声音说话，孩子们发现老师的声音小了孩子们就会竖起小耳朵来听。在讲故事的时候，让孩子边听边想象，这样孩子们都会聚精会神地盯着老师讲故事，每次饭前都会请小朋友进行讲故事或者表演，孩子们进行倾听，知道不打扰别人等。

（2）说。说好普通话的习惯

进入学校，当然要说普通话。首先，家长可以在平时以身作则，讲好普通话；其次，在引导孩子阅读绘本故事书时，也可以鼓励孩子"看图说话"，引导孩子用清楚的普通话把故事讲给家人听。在每次绘画游戏故事，天气故事的时候，引导孩子多说、细说、用优美的语言进行描述，避免孩子的方言，老师要及时纠正。我们班有个叫英智的小朋友，方言很重，总是把儿歌中的词语用方言词语代替，通过纠正，和孩子家长交流，孩子在读的方面有了很大的进步。

（3）读。大声朗读，吐字清晰

有的孩子紧张就会导致语速过快，发音不清楚，应引导孩子慢一点，别着急，我们班的世博是个各方面能力都很强的小男孩，但是每次在读的时候都会特别紧张,说得特别快,不连贯,还总是嗯嗯的。孩子出现错误时要及时纠正,例如:n、l不分等,我们都要及时指出,帮助孩子改正。

（4）写

我们需要孩子有良好的书写习惯,在书写的过程中把握好姿势,练习手的力量,为以后打好基础,我们在记录天气的时候孩子会自己练习写名字、日期,等等,孩子在每天的练习中手有了力量和控制力,为以后小学的书写打下良好的基础。此外,一些良好姿势也需要培养和引导,包括走、坐、站立的姿势养成,以及很重要的书写的姿势。

4.学习品质的养成

良好的学习品质可以让孩子受用终身。良好的学习品质的培养离不开家人和老师的支持与理解。为了激发孩子的主动性,可以尽可能多的鼓励孩子;为了保持孩子的坚持性,可以适当地运用奖励和激励;为了提升孩子的创造性,可以多给孩子表达创作的空间和机会。

三、家园共育做好幼小衔接

关于幼小衔接,我们还要做好充分的家长工作,做到家园共育,除了在幼儿园以外,家长应该利用空余时间,和小朋友们谈谈心,避免生硬的办法进行小学思想的灌输。同时,我们应对出勤不好、来园迟到的幼儿应主动找家长谈话,表明出勤和每天按时入园的重要性。对于家长的疑惑,我们也应该积极解决,为幼儿顺利升入小学做准备。

我们还会邀请小学老师的家长来为孩子们进行小学校园的介绍,利用照片对小学环境进行了详细讲解,孩子们看到了小学哥哥姐姐丰富多彩的社团活动,以及课堂上那些活跃的小环节等等,我们还进行了红领巾试戴活动,孩子们的向往小学,和想成为一名小学生的自豪感油然而生。孩子们提出了自己的问题,请老师进行解答。孩子们的担心和困惑在得到了解决,对小学生活的畏惧和不安都得到了解决。

此外,我们充分利用微信群推送优秀的育儿知识,转变家长幼小衔接就是知识储备的错误意识，提升家长的科学育儿观，并且针对家庭中的教育要求给予具体的指导措施，让家长知道如何在家庭中培养幼儿学习品质，生活习惯，自理能力等。家园合力，双管齐下形成统一教育，全面地帮助幼儿做好入学前准备。幼小衔接不仅是孩子的转变，也是家长的转变，除了老师的努力，家长也应该参与进来。我们一起积极行动起来，帮助孩子完美地从幼儿园向小学过渡。

安吉游戏秉承着"爱、冒险、投入、喜悦、反思"原则，让我们再一次审视自主游戏的精神，它为幼儿带来快乐、合作、探索、专注、等一系列学习体验以及帮助幼儿养成良好学习品质过程，让我们更加坚定了自主游戏促进幼儿学习成长的价值。更加坚定了安吉游戏理念对幼小衔接的作用。总而言之，幼儿是祖国的希望，老师、家长需要在幼儿成长过程中保驾护航，对于幼小衔接应更注重启发幼儿的思维、锻炼幼儿的学习能力，促使幼儿具备深入学习和全面发展的素养。

（本文作者史凤娟　此论文在 2022 年天津市学前教育优秀论文评选中荣获二等奖）

第三卷　深度学习，赓续发展

第 一 篇　促进儿童深度学习

《3—6岁儿童学习与发展指南》（以下简称《指南》）中提出，通过幼儿自身的深度学习，能够有效地促进幼儿良好地发展。深度学习应是幼儿在自己感兴趣的活动和游戏中发现问题解决问题的过程，这种学习需要老师相信孩子，注重观察，发现孩子兴趣给予各方面的支持和引导，促进幼儿深度学习。

一、根据幼儿兴趣和关注点，结合年龄特点和发展水平，确定适宜的游戏主题开展活动

《指南》指出要珍视幼儿的游戏和生活的独特价值，创设丰富的教育环境，合理安排幼儿一日生活，最大限度地支持和满足幼儿通过直接感知和实际操作、亲身体验获取经验的需要。兴趣是幼儿最好的老师，在日常生活和学习中，通过和孩子们交流谈话和观察，发现孩子们的兴趣和关注点，在引导下和孩子们共同确立游戏主题，在这种情况下确定的游戏主题，孩子们感兴趣，能积极地投入，如，搭建主题《顺驰广场》，在秋游时孩子们对顺驰广场北面的政府大楼非常感兴趣，昱昱问："那边是什么大楼？好壮观呀！太漂亮了。"小芃说："那个大楼好大，爸爸带我路过那里，老高的台阶，大门口可大了，门口外面还有旗杆石山呢。"晋晋指着附近的顺驰塔说："老师这个塔也很漂亮，你看多高呀。"这时引来了大家的兴趣，纷纷围过来你一句他一句，一时间孩子们对周围的建筑物产生了兴趣。在此基础上确立了搭建主题《顺驰广场》。结合国庆开展的系列活动，孩子们在观看天安门升旗视频、交流去北京天安门旅游趣事、了解我国的建筑名胜中对天安门产生了极大的兴趣，由此确定了搭建主题《北京天安门》。做器械操时，有些孩子们经常趁老师不注意时自由摆弄扇子玩，发现孩子们的兴趣开展了《好玩的扇子》，引导幼儿探索扇子的多种玩法，孩子们积极动脑筋想与同伴不一样的玩法，就这样在老师鼓励和引导下，一把扇子让孩子们想出了很多种玩法，不仅锻炼了走跑跳等动作，还发展了他们创造、协商、合作等能力。

二、为幼儿创设宽松的心理氛围和环境，支持幼儿自主探索

宽松的心理氛围和游戏环境，是幼儿自主游戏的重要保障。为了给孩子们营造宽松的游戏氛围，需要努力做到以下几点。在游戏中老师只是在一旁静静地观察，睁大眼睛，竖起耳朵，观察倾听他们的游戏，让孩子自主、深入游戏，少控制，当孩子在游戏中需要帮助时，如安全支持、材料支持会适当给予帮助，当他们在游戏中获得惊喜时我会用动作、眼神给他们大大的鼓励。在这种环境下，孩子们会敞开心扉，做出很多勇敢的尝试和游戏的创造，增强了自信，学会了互相赞赏和交流。

如：在一次收放材料时，棠棠几个小朋友一起收放最大号木箱，他们把木箱拉到棚子跟前，遇到了困难，因为棚子下面比平地高出一点，几个小朋友前面两个往上拉，后面的三个往前推，怎么也拉不上去，于是他们积极动脑筋尝试了很多办法。

开始几个小朋友尝试着一起搬动前面的车轮，试了几次也没有搬动。棠棠、小臻跑去找来五孔木板儿。想用杠杆儿原理往上翘木箱，他们翘时板子下面没有放支撑物，几个小朋友前面撬撬后面撬撬两边撬撬，可是翘不起来。这时小芃推来最小型的板车试着垫在五孔木板的下面，继续在木箱的一侧尝试翘木箱，因为小的板车离木箱太近，小臻试着压了压，翘不起来，小芃发现小板车离大木箱太近所以撬不起来，就把小板车往外拉了拉，小臻、辰辰看到小芃拿来塑料轮胎也前来帮忙。他们不断调整无孔木板的位置和轮胎的位置不断按压，按压几次后德芃好像又发现了问题。把五孔木板拿走，放回原处。又到材料区取来了比较厚重加长的大号平衡木板。用同样的方法把木板放在轮胎上。平衡木一端插到木箱的下面，几个小朋友一起合力按压，这时木箱有点儿翘起来了，他们几个高兴地喊："翘起来了，翘起来了，你们看翘起来呢，"这时辰辰跑到前面往上搬，小臻跑到后面往上推，棠棠和垚垚在另一边推，他们有推有搬有撬的，元元看到了，也从旁边跑过来帮忙，站在垚垚的一边帮忙搬木箱，因为元元推的光是木箱，木箱脱离了木板车有些倾斜，小臻发现了埋怨地说："看你干的好事，木箱都要掉下去了。"元元说："我是想

帮忙往上推。"小臻说："你推你应该连下面一起推,不能光推上面呀。"元元这时不说话了。然后几个小朋友一边踩着下面的板车,一边一起使劲地往上拉木箱,这时小芃又拿着轮胎和平衡木板来到木箱的另一边,准备把这一边也用翘的方式翘上去,小臻几个小朋友拽拽,然后他跑到往木箱的前面看,发现刚刚抬上去的一边又掉下来了,急忙大声喊："你们看刚抬上来的这边又下去了。"这时小芃想了想说："这样不行,咱们还是两边儿一起撬吧,要不这边上去了,那边又下来了,两边一起应该就行了。"然后小芃和辰辰分别又去拿来一个塑胶轮胎和一个平衡木,小臻和小芃在两边用轮胎和平衡木撬。元元在后面推。这次元元知道下面和上面一起推了,辰辰在前面搬,小臻喊："我这边按压不下去呀。"一边喊,一边又往前面推了推塑胶轮胎,他们一起使劲,嘴里还喊着口号321,在他们共同合作下,大木箱缓缓地向上移动,到后面的两个车轮时,又推着有些费劲,于是小臻和小芃又适当地调整了一下杠杆和轮胎的位置对准后面两个车轮一起喊："321。"大家一起使劲大木箱终于上去了,他们开心地喊："上去啦,上去啦。"我站在旁边为他们竖起大拇指,拍手叫好："你们太棒了。"他们露出自信的笑容。

在收放大木箱过程中,孩子们遇到了板车到跟前上不去的问题,老师没有及时提供帮助,而是给予他们充足动脑筋想办法解决问题的时间,他们在实践中不断地发现新问题解决问题的过程中,获得更多的新经验,过程中理解了杠杆原理,知道了被撬物、支撑物、和杠杆之间的大小和远近、轻重的关系,获得了成功的快乐体验,提高了幼儿们解决问题的能力和自信,发展了幼儿们协商、合作的能力。在视频分享中发展了幼儿们观察能力、是非判断、语言表达等能力。

三、根据幼儿的游戏兴趣,提供适宜的帮助支持幼儿游戏

在幼儿们玩安吉游戏时,根据他们的游戏兴趣,通过谈话了解他们的游戏想法,老师从材料和环境上最大限度地支持幼儿游戏,只有提供了丰富的材料,幼儿们在游戏中才能尽情发挥,大胆创造,快乐游戏,才能在游戏中获得更多的发展。如在梯子一游戏区《我们的闯关大战中》,幼儿们在搭好的关卡上想要找能滚动的物品从最高点滚到下面的轮胎里,他们找来纸板卷的圆柱体,在滚动的过程

中发现纸板卷太宽了，也太轻了，所以滚不到下面的轮胎，在我观察的过程中了解了他们的游戏想法，鼓励他们可以去积木区或邻班看看有没有合适的材料，在老师建议下他们跑去积木区，礼貌地跟别的班老师说明想法，不一会儿找来和不同大小、宽窄的木头和泡沫圆柱体，后来还从邻班找来水袋卷的圆柱体，在丰富材料的支持下，他们一次又一次地尝试和探索，不断地发现问题解决问题，他们在游戏中表现出了积极、努力、不轻言放弃、分工合作、友好协商的行为品质，在这次闯关大战中了解了物体的材质、大小、宽窄、力度与滚动的关系，手眼动作的协调发展，滚动所需要的条件等，孩子们在愉快的游戏中发现问题解决问题中获得很多新经验。

四、游戏中老师有效地提问和引导，促进幼儿在游戏中更深入地学习

幼儿游戏的每一步都蕴含着学习，有问题情境、能引发幼儿的好奇心和探究愿望、有认知冲突、有问题解决、有原有经验的调动和新经验的获得。作为老师，要当好幼儿游戏的"催化剂"，采取适宜的策略引导幼儿不断进行深入的探索和学习。如在《顺驰广场》搭建活动中，场景一：台阶用什么来搭呢？他围着材料转来转去说："老师用什么搭台阶呢？没有可以搭台阶的材料呀。""你去活动室找找看有合适的吗？"一会儿从益智区端来一箱纸盒。"老师我拿纸盒搭行吗？""你去试试。"过了会儿台阶搭好了，我说："小芃怎样让台阶看起来更美观呢？"他看看想了想，似乎明白了什么，开始重新拼摆台阶。小芃拉着我自信地说："赵老师看看这回美观了吧？"场景二：小芃找到一根长纸筒和上次搭建天安门用到的国旗，然后去制作区拿了一卷透明胶带把国旗连接到纸筒上，但立不住，纸筒太细了怎样才能把旗杆支撑住呢？他又找来一个纸杯，尝试把纸筒立到纸杯上，增加下面的支撑面积，并找来小伙伴帮他一起完成。

活动中以下老师的提问和引导，有效地支持了孩子的搭建和问题的解决，效果非常好。如：你去活动室找找看有合适的吗？小芃怎样让台阶看起来更美观呢？纸筒太细了怎样才能把旗杆支撑住呢？老师在发现孩子问题时给了孩子充分解决问题的时间。当幼儿出现搭建问题，老师什么时候介入，是否需要介入，需要

我们老师平时多注意观察了解幼儿的经验,结合幼儿的现状先给他一定的时间解决问题,再考虑适当的帮助、支持和引导,这样有助于提升幼儿解决问题的能力,也避免不适当的指导影响幼儿的游戏和深入学习。

五、充分利用游戏后的讲评环节推动幼儿深度学习

同伴经验借鉴是幼儿学习的重要方式之一,每次游戏结束后引导幼儿梳理经验进行分享,利用问题引导幼儿观察游戏视频,如:你在游戏中遇到了什么问题和困难?你是怎样解决的?还有什么问题?在下次游戏中还有什么新想法吗?等等,以此推动幼儿深度学习。如:在搬大木箱活动视频分享环节,小芃清楚地讲述了他们搬运板车的整个过程,小芃通过观看视频,还反思到虽然大木箱上去了,但是因为大木箱太重了,塑胶轮胎在做支撑时被压扁了一些,如果用真的废旧轮胎会更好,因为那样的轮胎更硬。东东发现小臻跟元元说话的语气不好,元元是在帮助他们,不应该责怪元元,虽然小臻说地对,应该好好跟元元说才对。在同伴的提示下小臻也意识到自己做错了,在视频分享中发展了幼儿们观察能力、是非判断、语言表达等能力。

(本文作者赵希俊　此文在天津市教育学会"教育创新"论文评选获得二等奖)

第 二 篇　幼儿自主游戏的环境创设

环境是重要的教育资源,幼儿是在与环境的相互作用中成长、变化、发展起来的。《幼儿园工作规程》指出:"创设与教育相适应的良好环境,为幼儿提高活动和表现能力的机会与条件"作为幼儿园教育工作的原则之一,也就是说,我们要重视幼儿成长和学习的环境。环境是一种有效的教育资源,同样也是一种教育途径的存在。它在美化环境的同时又促进了幼儿各个方面的开发。

幼儿园的环境不同于其他环境的创设,在设计上要满足幼儿的学习与发展,也是影响儿童发展的重要形式。儿童的性格和学习能力与环境紧紧联系在一起。在幼儿的一日生活中,我们要充分利用环境资源,使孩子们在环境中得到满足。创

设环境必须对环境的教育性和有效性方面进行明确，环境创设要和幼儿园的教育目标有机结合起来。因此，环境创设在幼儿教育中是非常重要的。不仅会对幼儿的健康成长带来直接影响，还可以让幼儿之间的良性互动得到增强。自从实施安吉游戏以来，我们从各个方面进行了调整和创设，支持幼儿自主探索，推动幼儿深度学习。

一、创设户外游戏区，保证幼儿游戏时间

游戏是幼儿的基本权利，是幼儿生活和学习的特有方式，更是他们身体和心灵成长的内在需求。幼儿园以游戏为基本活动，而户外游戏是孩子们最喜欢的游戏。其赋予幼儿最大程度的自由，使得使他们获得在开放空间运动的能力。幼儿园的户外环境是生态的、安全的、自主的、开放的、探索的、挑战的、融入的、有野味的最开始时，户外游戏材料除了大型玩具以外，其他游戏材料少之又少。孩子们游戏玩法受到了很大程度的限制。为了"把游戏权利还给儿童"，设置个性化的游戏环境，我们做了很大的调整。首先，把两个大型滑梯去掉，并拔出了一些冬青，这些观赏性的种植，在场地上给予孩子们最大的支持。接着，我们把户外场地划分了区域。根据户外场地的特点进行了合理规划，比如距离水龙头最近的区域规划为玩水区、靠近台阶的地方划分为积木区。靠近材料室的地方划分为综合区，方便孩子们自己去取放材料。中间场地比较宽阔的地方划分为木梯，后院创设涂鸦区和滑索区域等。虽然场地划分成了区域，但是材料不限定玩法，同时在每一个游戏区域投放了材料架，孩子们可以到任意地方选取材料，自主创建。这种不限定边界、功能的游戏环境充分显示了孩子是环境的主人，孩子对环境具有支配权，而这样的环境也正是孩子体验、探究、发现、学习的重要场所。

在活动中，老师没有限制孩子们游戏的玩法和规则，而是给予孩子们充分探究的时间和空间，引导幼儿自我发现、自我学习，主动探索，这一形式受到孩子们的喜爱，也获得了良好的效果。比如在爬梯子的游戏中，孩子们一拥而上都往上爬，这时，他们发现人太多了，太拥挤，而且还会出现踩到别人的现象，于是，他们自己制定了规则：每次梯子上最多有 5 个小朋友，谁还想上到梯子上，就要等前面

的小朋友下去后再上。在玩滚筒游戏时，有的两个孩子钻到一个滚筒里，里面的空间比较小，滚动时身体就会滚出来，于是他们自己决定每个滚筒只能有一个小朋友，可以一个躺在里面，一个人推，然后两个人交换的形式进行游戏。这些都是孩子们在自己的游戏中探究出来了，老师把游戏的权利还给了孩子，做到最大程度的放手，最低程度的介入。

没有了材料玩法的限制，孩子们的想象创造力得到了飞跃的发展。在积木搭建的游戏中，孩子们搭建了一个舞台，于梦然、李佳怡两人用短板和圆柱形积木搭建了一架钢琴。两个人边唱边弹。李佳怡说："表演节目还得有音乐，我们怎么放音乐呢？"于梦然说："我们可以搭一个音箱。"两个人开始商量着怎么做音箱。于梦然找来四块正方形小积木，三块连接在一起，另一块儿放在上面，一边把上面的积木左右滑动，一边介绍说："你看，这样就可以调音量了。"回班后我们进行了讨论，于梦然说："我们今天搭建的舞台有点儿小，两个小朋友想一起表演可是表演不开，所以只能一个一个表演。"泽泽说："我看过表演，舞台很大，台下还有很多座位。"李佳怡也同意小朋友们的看法说道："台上是表演的人，台下是看表演的观众。"大家你一言我一语开始讨论起来。第二次游戏开始了，在上次游戏的基础上，于梦然一组经过商量决定在舞台的前面搭建观众席，这样观众可以坐在上面看表演。李佳怡说："我看过表演，作为越往后越高，这样后面的人才能看得见表演。"在孩子们的探究下，阶梯座位也完成了，有了观众的加入小演员们表演得越来越带劲、越来越精彩。一阵阵的掌声响起，有越来越多的"观众"也加入到游戏中来。老师是幼儿游戏环境的创设者、游戏过程的观察者、游戏进程的支持者。我们要给予幼儿充分表现的机会、给予幼儿自由的空间。"闭上嘴、管住手、瞪大眼、认真看。"在幼儿持续的游戏表现中不难发现，孩子们自主发起游戏，具有丰富的艺术表现形式和表现能力，发现问题及时解决，体现出了认真专注、积极主动的良好学习品质。

二、改变班级室内环境，不以区域为划分界限

班级区角是老师为幼儿自主游戏而准备的，孩子们想玩什么、和谁玩、怎么玩都由幼儿自己决定。虽然室内不像室外有如此宽阔的场地，但是我们也要充分发挥每一处的作用。室内空间中的任何角落都是幼儿游戏的空间，并由幼儿自主决定游戏材料、游戏内容和形式。因此，我们改变了桌椅的摆放方式，使桌椅尽量不遮挡墙面，把更多的墙面留白，以便提供给幼儿更多展示的空间。打破了以往的美工区、泥工区、制作区等按区域来划分的形式，调整为按类别分。如益智类、工具类、材料类等。不限制材料的功能，而是引导幼儿将"想要的材料"和"需要的材料"结合起来。为幼儿创造性地使用材料提供了支持。在幼儿游戏的过程中，幼儿完全按照自己的想法进行，需要什么工具就去拿什么工具，想要什么材料自主选择。材料在投放时，多提供低结构材料，材料要有耐用性和开放性。可以有多种用途、多种玩法、能触发幼儿的想法、能刺激多种感官、能探索、能转换能组合、能拆分，还要保证数量充足、种类丰富，使用方式完全自己，同时结合幼儿年龄特点和兴趣需要进行投放。材料筐和材料架对应贴好标识，小班幼儿可以利用色彩鲜明的一些图形来粘贴标识，中大班幼儿可以利用数字来区分，以便保证幼儿能够看得见、拿得到、放得回。如近期，我班幼儿对种植感兴趣，于是，在探讨下，我们一起决定种植小西红柿。科学类材料中，我们共同搜集了各种尺子、放大镜、记录表、天平和各种养护工具。孩子们每天利用晨检和一日生活各个环节进行观察并记录。发现了植物的生长变化，学会了测量方法。

三、创设互动墙饰、推动深度学习

环境作为一种"隐形课程"，对孩子们的心理发展和个性激发起着无形的影响作用。幼儿是环境的主人，老师创设环境只是为幼儿游戏的自主性以及游戏的无限可能性提供支持。因此，我们把墙面尽可能留白，鼓励孩子们积极参与班级环境设计与制作的全过程。充分发挥墙饰的最大价值，使墙饰直接与幼儿对话，推动幼儿游戏的进程。如中大班幼儿每天早晨来园都会自己做签到并记录天气，于是我们经过探讨创设了相应的墙式，一面小小的记录墙，包含的内容却很多，日期、天气、星期、故事等，幼儿们每天都会把自己早晨发生的事情或感受用绘画的方式记录下来，然后进行讲述，老师用文字记录。幼儿们自主粘贴在自己的姓名下。阅读对他们来说至关重要,不仅包括在园的精读绘本,还有幼儿们在家与父母进行的亲子阅读。我们都精心制作了表格,引导幼儿们把自己的阅读故事绘画出来,利用过渡环节或离园环节引导孩子们进行讲述。幼儿们的自主游戏每一天的都是富有新意和不断创造惊喜的,每一次的游戏都是创新的,每一天的分享都是有收获的。因此在创设游戏故事墙时,我们把幼儿活动中,有价值的点进行分享,他们用绘画的形式表现出来并粘贴在墙上,随着活动的开展,游戏故事墙也会随着活动的变化而变化。幼儿们每天经过时都会和同伴聊上几句自己的游戏,推进了游戏进程。

(本文作者田莉莉 此论文在 2022 年 12 月在天津市学前教育教学优秀论文评选中获二等奖)

第 三 篇 安吉游戏背景下对幼儿户外活动的思考

一、充分地从幼儿视角出发,了解孩子眼中的游戏

游戏既可以作为课间娱乐的选择,也可反向利用在课堂之上从不同的角度出发锻炼幼儿的各个方面的能力,在安吉游戏的教育背景之下,各大幼儿园也进行了充分的考虑、分析与借鉴,力求从幼儿的兴趣与好奇心出发,全方位地了解与感受幼儿对于游戏的理解与表达,从而进一步转换在实际的活动中带动幼儿全神贯注地投入,以达到游戏设置之初所赋予的使命与目的。在兴趣的驱使之下,幼儿会不知不觉地获得知识、理解知识的原理,同时也会在不经意的时间与场合将其进行实践,这种由幼儿自主发现、研究与探索的学习方法与习惯会真正地刺激其主观能动性,提高知识吸收与消化的进度与深度。幼儿老师在具体地设置游戏题目与方向时,务必要做到仔细慎微地观察、潜心地了解,也可在适当的时间与幼儿进行平等的交流,争取设计出符合幼儿心理预期的游戏场景,让其可以有的放矢在其中制订计划、寻找伙伴、合作协商、探究、和解决问题,从而获得学习品质的发展和达到情感和智慧上的平衡。

举一个例子来说,积木区是小班幼儿户外活动的主要区域,积木游戏赋予了

幼儿自主思考、积极动手的能力与机会,首先,在积木区户外活动时,让幼儿进行自主的思维发挥与创造,在调动起广泛兴趣、好奇心、胜负心后,再进一步展开指导与帮助,这是从幼儿视角出发的第一步,其核心与本质在于充分地尊重幼儿在学习与游戏环境中的地位与身份,让其有意识地作为主人公展开独立的创造与创新。其次,安吉游戏强调与天地自然的有机结合,那么在此次主题之下的户外活动中,老师可从幼儿的日常生活入手,将幼儿在实际生活环境中观察、触碰、感受到的物品与场景融入其中。最后,老师也要做到事无巨细地观察与评判,了解每一个幼儿在搭建积木的过程中所遇到的瓶颈与难题,有针对性地为其排忧解难,让幼儿萌生出更富想象力与创造力的思路与观点。

充分地从幼儿视角出发、了解孩子眼中的游戏是安吉游戏理念对幼儿户外指导思考的第一步,只有紧抓幼儿的兴趣、立意点,才可充分地调动其好奇心与能动性。对于教师来说,在日常的教学生活中仔细了解与观察孩子们的行为习惯与性格特征是十分关键与必要的,切实地帮助老师在设计教学和游戏场景和步骤时顺利、科学、合理,也可在实际的践行中受到幼儿的喜爱。

二、与时俱进,不断地汲取先进的思路、增强创新理念

引入"安吉游戏"教育模式,首先要根据其教育理念与观点,从根本上转变对传统教育认知与态度,因地制宜开展创新性与开发性的学习,对于幼儿来说,大自然与生活环境是其进行学习、认知、观察、体验与研究探索最舒适及直接的场所,亲近自然、与自然融合也是安吉游戏教育所秉持与坚守的理念与方法,自然的美好不仅可以刺激幼儿的大脑细胞,提高大脑兴奋度,从而激发孩子的观察及注意力,更可以让孩子的情感得以抒发,情绪得以释放,从而发挥更大的潜力。从幼儿园室内外环境的设计与布置,就可以充分地考虑打造自然化的装潢与布景,增加绿化的面积、园林式设计与公园化元素,扩展教育的素材与基础环境,为幼儿的自主学习与游戏提供更多的刺激基点。在幼儿户外活动中,安吉游戏的理念需要体现在老师如何引导幼儿与自然进行充分的交流与互动,激发幼儿本质的感情倾向,在游戏中获得成长、陶冶情操。

例如,在幼儿园沙池区展开户外活动时,首先,老师做的并不是将学生快速地带入沙地环境中、快速地展开活动,而是积极地引导幼儿率先观察周边环境做起,思考在接下来的活动中搭建什么样的主题,以怎样的创作思维才能搭建出合适的场景。幼儿园是一个固定的大环境设置,沙池区是组成幼儿园环境很小但是不可或缺的一部分,作为活动场地来说其形状与外观的保持并不是一成不变的,那么根据主区域、季节、时间、周边环境的变化,沙池区也要在幼儿的改造与创新之下呈现出新的面貌,基于此种思路,老师在引导幼儿进行扩散性地思考后,根据想法的类似性将幼儿分为搭建不同方向的小组,展开实际的创造与创新,在幼儿进行活动的期间,老师可适当地引导其实时注意与自然环境的融合与匹配,搭建一些象征性较强的实景作为渗透与融入的素材,保证最后成果的稳定性与完善性。

与时俱进,不断地汲取先进的思路、增强创新理念是安吉游戏教育中具有发展性思路的一部分,幼儿老师在实际的户外游戏中要将自然的理念与学生创新的思路融合起来,积极地引导、提供发散性思路与建议,让幼儿在操作的过程中注意结合事项,得到最满意与优秀的结果。随着生活环境的改变,每一个年龄阶段的幼儿对于自然与创新会有不同的理解与表达,老师也要充分地尊重变化,努力学习新的知识,全力以赴地建设美好的幼儿教育事业。

三、寓教于游,侧重于游戏过程的体验与总结

对于幼儿来说,游戏是其进行学习、社交、成长的又一大重要场所,将教育意义渗透在游戏中也是安吉游戏教育理念的有一大侧重点,在任何的游戏环境中,所发生的事、所遇到的人都是成长的契机,可为幼儿提供实际的平台供其在其中不断地体验、总结与领悟,寓教于游,是幼儿园教学中非常重要的模块与方式,在不同的游戏环境中所能提取思考与进步需要幼儿老师充分地考虑与钻研,尽量在实际的环境中为幼儿提供可进步的空间。

例如,滚筒游戏是幼儿园经典的项目,滚筒游戏不仅仅锻炼着幼儿的胆量与身体素质,也可将其作为团体活动展开,提高幼儿团结合作、互帮互助的集体意识,那么,在具体的组织中,老师可根据幼儿园的实际条件将幼儿分为不同的组别就某

一固定的项目展开比赛，比如需要三个小朋友一起滚推的项目，小明与小红负责维持滚筒慢慢前进，小李在滚筒上方的位置保持稳定地前进，最后从时间的长度上来判断结果，让幼儿充分地体验到团结的力量与技巧。在游戏过后，老师也需要带领幼儿进行积极的总结与交流，将自己在此次活动中所存在的问题与错误表达出来，并且自主找出解决的办法提醒自己不断地加强注意，同时，在最后可让幼儿发表对合作新的认知与理解，展望在今后的集体活动中如何做好与集体的融合。

寓教于游、侧重于游戏过程的体验、总结与反思可切实地提高幼儿在游戏中的收获，通过对自己表现的总结与反思，幼儿会更为深刻地认识与学习到合作的重要性以及在集体活动中的技巧。不仅仅是在滚筒游戏中，在任何户外活动中，寓教于游是必不可少的环节，老师考虑课程设置与教学计划布置时要将其充分地融入与渗透，让幼儿在不同的环境之中都可以得到成长与发展。

四、结束语

综上所述，是对安吉游戏背景之下幼儿户外活动的几点思考。在实际的环境中，幼儿老师要从幼儿的兴趣出发设置具有吸引力的游戏环节与步骤，让其全身心地融入活动中，同时受安吉游戏理念的影响在实际的指导过程中，老师需要有意识地与自然环境和日常生活结合起来，唤起幼儿的亲切感与情感共鸣，保证其能够切实地感受与体验到成长与进步的快感与乐趣。

（本文作者武薇　此论文在 2021 年天津市学前教育优秀论文评选中荣获二等奖）

第 ④ 篇　安吉游戏的魅力

游戏是一种独特的学习方式和教育模，如何将"游戏教学"融入儿童生活中的日常教学？我认为我们必须从儿童的兴趣开始。在感兴趣的游戏中，孩子们会无意识地获得知识，有效的游戏是孩子们感兴趣，有探索欲望的游戏，而不是老师提前设定好的教学目标和内容。在游戏中，孩子们可以充分发挥自己的能力，通过制定方案、寻找合作伙伴、合作与协商、探索解决问题，实现思维与能力的发展和情感与智慧的平衡。

2010 年我园成为了安吉游戏试点园，我们感到非常荣幸，在观察孩子们游戏的过程中深深感受到安吉游戏的魅力。安吉游戏以其独特的活动方式将游戏的权利还给了孩子们，他们可以根据自己的想法自由地选择需要的材料，自由搭档，独立玩耍。安吉游戏以冒险和挑战为主，但是它并不会发生危险。安吉幼儿教育理念是：不要怕孩子做不了，要充分地相信孩子。

一、丰富的环境材料

我园的安吉游戏活动区，是孩子们的天然游乐场。那些石头、木块、沙子、竹梯，甚至落叶和草这些我们通常认为是废物的东西，在安吉儿童游戏中都能发挥不寻常的作用。他们没有奢侈的玩具，但他们可以用游戏中需要的各种游戏道具来替换不同的物品。孩子们可以根据自己的兴趣自由选择材料，自由搭档，独立玩耍，形式灵活多样。在安吉游戏中，孩子们通常注重自由探索，老师会根据不同年龄的孩子提供适宜的指导。从年龄层面来看，小班孩子更需要注重及时的指导，而大班和中班的孩子更适合延迟的指导，这与孩子的能力和身心发展是息息相关的。小班孩子刚刚接触户外活动时，通常是一种尝试性的接触，老师需要根据孩子情况随时提供指导。大班和中班都有一定的经验，老师通常只需要注重观察，大部分事情都可以由孩子独立解决，具有一定的延迟性特点。

二、开心的游戏体验

日常的教学实践使我对安吉游戏的理念有了更深的理解和认识，平时我会对幼儿的游戏进行放手、使幼儿大胆尝试，不管是成功还是失败都让孩子去体验、感受。

在游戏过程中，我渐渐地在孩子们身上发现了许多令人赞叹与欣喜的品质。我们班几位小朋友一起玩积木拼搭游戏时，起初他们只是漫无目的地取一些积木来，后来他们看见旁边小朋友在拼搭"滑滑梯"，感觉很有意思。然后他们突发奇想拼了一条带坡度的"轨道"，他们先用两块长方体积木当底托，然后在上面斜着放了一个长方形积木当轨道，拿来一块儿小圆形积木放在轨道上试了试，发现轨道太短了，小圆积木放上去就跑后走了。于是他们又把轨道进行了加长，又拿来一块儿小圆积木试了试，发现从斜坡上滑下来的小圆积木沿轨道路线走了一小段距离就又跑偏了。发现问题的孩子们，积极开动脑筋想起了办法。他们找来了两块长方形积木围在轨道两侧，尝试用大圆柱体积木在轨道上滑下来，却发现轨道宽度不够。他们又一次用小圆积木进行了尝试，发现问题还没有解决。他们决定把所有轨道都加上围板，围好后还仔细检查了一遍轨道之间是否进行了对齐。最后孩子们找来一些小圆积木，他们成功地将圆积木从开始处滑到轨道末端。开心之余他们又发现了一个小问题，小圆积木总是会滑出轨道末端很远处，思考后找来了一块长积木挡在了轨道末端。孩子们和谐分配任务，有拿小圆积木的、有检查挡板是否对齐的，玩得非常开心。

　　一直站在他们旁边观察的我看到了孩子们表情由紧张到喜悦的变化，也看到了孩子们主动思考、齐心协力、积极探究、不断尝试的态度。作为老师的我被孩子们这些专注、坚持、合作的品质深深感染着，让我重新了解到了孩子们的能力，真为他们感到开心。孩子们在游戏中通过发现问题、尝试处理问题、反复实践探索，最终能完美地解决问题。作为一个观察者，我很高兴孩子们在游戏中能不断探索和成长，体验游戏带来的轻松和快乐。

三、有效的老师指导

　　在游戏活动中，老师的指导重点是帮助孩子们提高游戏中的计划性、目的性和有效性，引导孩子们学会思考、学会探索、学会合作、学会创造。幼儿游戏中老师将随时随地记录孩子们在游戏中的精彩瞬间，并以照片和视频的形式与孩子们一起回放和分享游戏。老师还要养成观察的习惯，在游戏的讨论和观察中进行有效干预，让老师慢慢闭上嘴，睁开眼睛，仔细观察讨论和交流在儿童游戏中的重要性，在解放儿童天性的前提下，让儿童自由地玩真正的游戏。老师可以从户外游戏活动中观察到幼儿动作发展，不必专门让孩子参加评估活动。在户外游戏过程中，孩子们可能会遇到许多不同的情况和困难,这就需要老师及时发现情况,并随时引导。例如,在游戏中,孩子们之间发生了矛盾,老师不应该只听事情的一面,匆忙下结论,区分谁对谁错,要先观察。如果孩子们能自己解决,让他们自己解决;如果情况扩大且无法解决,老师将指导他们,帮助他们分析问题并找出协调方法。在这个过程中,让他们学会谦让、理解。

四、家园的相互反馈

我们以家长会的形式向家长宣传安吉理念,同时也利用家长开放日的时间请家长参加幼儿游戏观察,让家长在孩子游戏过程中感受他们的思考和发展。除了家长会和家园开放日外,最重要的是利用家校通平台发送老师的观察记录和孩子游戏过程中的精彩瞬间,帮助家长了解孩子们的游戏过程。利用空余时间与个别家长沟通,分析孩子近期游戏情况。家长们非常认同安吉游戏的理念,同时感受到了孩子们身上的变化,我们的工作得到了家长们的高度认可。

五、安吉游戏对幼儿的发展

一是健康发展:安吉游戏在户外进行,是一种锻炼孩子身体的运动,孩子在油桶上行走,在麻绳上盘旋,在梯子上攀爬,从一米高的木箱上跳下,在一根圆木上行走,在安吉游戏里,无论是小班还是大班,孩子们的身体发育都非常好。

二是社会交往:体育是促进社会发展的重要因素,因为在体育的过程中儿童之间必须有合作,这对促进儿童的社会发展起到了一定的作用,在合作的过程中促进了儿童的情感发展。

三是语言发展:当孩子们合作和交流时,语言在其中扮演着重要的角色,正是在安吉游戏这种环境下,孩子们有着非常好的语言表达能力,他们每天都在户外玩耍,没有一个孩子不敢和陌生人说话。

四是艺术发展:儿童可以在安吉游戏中自由涂鸦,从油桶、木屋到小房子,应有尽有。孩子们到处乱涂乱画,没有实质性限制,不受场地限制,也没有提案限制,他们可以随心所欲,画出自己想象的东西。

五是科学探索：在建构的过程中，孩子们不是没有目的的建构，而是扩展他们的思维。仅仅一个简单的户外游戏就可以让孩子在各个方面都得到平衡的发展。

如何开展幼儿户外自主游戏，是一个困难而漫长的课题，需要每一位幼儿园老师在工作过程中不断发现、探索、总结和创新，做一个始终有爱心的人，真诚地研究幼儿的生理和心理特点，力求在实践活动中找到更多更好的适合幼儿发展的教育方式和方法。

（本文作者张晓林　此论文在 2021 年天津市学前教育学会优秀论文评选中荣获二等奖）

第 五 篇　小班幼儿涂鸦区游戏的组织与指导

一、户外涂鸦区游戏的意义

户外涂鸦区宽敞的环境给幼儿们提供了一个发展的机会，户外涂鸦区的创意小天地要有不同的区域以及合理的位置，还要有足够的时间去投放材料，让幼儿们可以在涂鸦的时候，进行更多的有趣的活动。在户外涂鸦时，老师可以利用环境资源给予幼儿较好的动手实践能力，从而促进自身思维的良好发展。通过引导幼儿对这些生态环境进行"涂鸦"的时候，幼儿们就可以参与到这个项目中来，从而实现"在游戏中学习，在学习中提升"的整个过程，同时也能够锻炼幼儿的艺术思维，自主探究能力。而且，在幼儿进行某种实际的思考时，他们也会将自己的思想散布到一个较大的层次，去探索更有创造性的"涂鸦"，这对于他们自身创造性思维的发挥也是很有帮助的。

二、户外涂鸦游戏的组织策略

1.涂鸦环境的创设

在创设涂鸦环境时，首先空间要充足，空间布置合理，富有美感，可操作性强，充满趣味性，涂鸦区分为几个部分，有细作的操作台区域，也有宽阔的墙面的地面,有充满趣味的小木屋,还有树丛里的自然材料。有大柏油桶,还有一辆供幼儿创作的汽车,角落里静静地躺着的轮胎、滚筒等不同材质的涂鸦对象带给孩子们不一样的涂鸦感觉,带来无穷的乐趣。除了符合幼儿年龄特点及审美标准的物质环境。一个宽松自由的氛围也很重要,每个孩子都有一颗美的种子,都有独特的想象和笔触。而每个孩子都会在自由的涂鸦中体会愉悦。让他们在大自然里自由的想象涂鸦,表达自我。给每一个孩子在色彩的世界里自由驰骋的空间。因了这蓝天白云,因了这大树小草,因了这份带着泥土的气息,孩子们的涂鸦世界变得更为清新美好。只要给他们足够的时间和材料,孩子们总能创造出各种意想不到的惊喜。

2. 涂鸦材料的投放

材料是幼儿创作的主要推动力,可将材料分为若干个版面,例如工具区和颜色区。除此之外,还可以采集各种生活材料和自然材料。所有的材料都是符合幼儿喜好的,那如何投放材料是最关键的,一次不能投放太多。另外,由于幼儿的能力不同,所以在投放材料的过程中要根据班里幼儿的年龄特点、能力,给予各个层次的材料。下面将以我班幼儿探索涂鸦区为例(小班)介绍:刚开始游戏时,我们结合幼儿的经验提供了小排笔、大画笔、刷子、调色盘、颜料这些基本的涂鸦工具.孩子们都拿着工具在墙上涂涂画画.过了一会儿,就不想玩了,觉得无聊。于是我及时进行反思,怎样打破这样的状态,让幼儿玩起来呢? 还得从幼儿的兴趣出发,于是我静下心来去观察孩子们的游戏,同时和幼儿一起讨论,在涂鸦区想玩什么.孩子们说想用积木拓印、把小汽车的轮胎也刷上颜料滚一滚。于是我们投放了小汽车、小动物玩具、积木、白布、白纸、小牙刷等这些工具.再次游戏时却发现幼儿是被吸引了.但是注意力转移了,并没有按照预想的去游戏,而是用积木玩起了搭建游戏,在地上跑小汽车,这时我又进行了反思:材料越多越好吗? 那肯定不是了,材料投入得过于丰富,幼儿光忙于探索新材料,对幼儿游戏造成干扰。于是我对材料进行精简调整。收起来积木、小汽车和玩具。经过几次游戏,发现幼儿对玩色、配色比较感兴趣.于是投放了此类材料:滴管、针管、杯子、一次性餐盒、喷壶等,在幼儿使用过程中,发现材料数量太多了,导致幼儿游戏扎堆,于是依使用情况,又减少了滴管和针管的数量。一次性餐盒容易破损,我们和幼儿一起收集废旧的乐扣盒子，结实耐用。随着幼儿配色游戏的发展，很多孩子玩起了配色实验，有幼儿提出科学家"做实验"在桌子上进行，我们也需要桌子，于是我及时投放了桌子，桌子投放以后发现有的幼儿在桌子上用纸画画，有的幼儿用水和颜料玩配色游戏，画纸被弄湿了，于是和幼儿讨论后，他们觉得还可以在小画架上画画，于是我又投放了画架。整个活动根据孩子兴趣进行调整，从而成形成现在的材料，后续依幼儿游戏情况随时调整。

三、户外涂鸦游戏的支持与指导策略

在参与涂鸦活动的过程中，幼儿们的想象力得到了极大的提升，他们的情感、社会认知和认知能力也得到了快速的发展。在小朋友的涂鸦中，老师要当小朋友身后的老师，引导他们，观察他们，而不是干涉他们。当幼儿们游戏的时候，最好的办法就是不打扰他们，让他们成为一个平静、聪明的观察者。将游戏主场还给幼儿们，这也对老师的要求也越来越高。

1.重视幼儿游戏状态

在涂鸦游戏的时候，老师应该安静地关注幼儿们的各种状况和主要的行为，根据他们的特点，结合他们的年龄特点和自己的实际状况，对他们进行了深入的了解，然后再进行适当的指导。比如，对于那些总是在同伴之间徘徊、不能集中注意力的幼儿，老师可以细心地关注、认识他的兴趣和爱好，邀请他参加涂鸦活动，也可以请好朋友带领他一起活动；对于那些不太习惯于进行新的活动的幼儿，老师可以以欣赏他的作品，分享他的涂鸦游戏经验，鼓励他们去做。在幼儿快要放弃的时候，及时鼓励幼儿，激发幼儿们的创作热情。

2.重视游戏内容及作品表现

某些幼儿在某个阶段会对一些主题活动产生兴趣，而一些幼儿则会在一次活动过程中经常更换活动主题；有的幼儿喜欢鲜艳的色彩，有的幼儿喜欢一种颜色；有些幼儿的作品比较空灵，富有想象和创造力，一些幼儿创作的作品则十分完整，有些幼儿一直没法完成一幅作品。

老师要充分认识幼儿在不同阶段的行为特点，适当地给予支持，并提供不同

的指导。老师应从关注幼儿的工作入手，深入理解幼儿，有针对性地进行引导。比如，有些幼儿的绘画总是很紧凑、很小，老师可以通过与幼儿的互动，理解他们的心理状态，通过激励、正确的引导和示范性的方式，启发他们大胆地去涂鸦。

3. 重视幼儿创作、表达能力

老师还应该关注幼儿对美的创造和表达能力，除了满足幼儿的涂鸦和创造要求之外，还要注重丰富多样的活动，激发幼儿对活动的热情、塑造幼儿求美能力、提高幼儿的创作及表述能力。

老师可以认真地观察幼儿在涂鸦过程中的表现、基本的专业技能、最终作品的表现，并透过倾听幼儿们对作品的描述和创意的思考来把握他们的能力。比如，幼儿对工具的运用水平如何，能否运用自如，创造能力如何，幼儿的基础知识与其年纪相符，对色彩的认识程度如何，能否根据自己的感受及工作需要来挑选颜料；幼儿是否学会观察，对事物观察的细致程度有多高；幼儿们能不能专注地完成一件事情，他们的能力如何，他们的线条有多流畅，他们的色彩运用、构图、美术活动手法等都有自己的特色，他们的创作中有没有创意、想象力如何等。

当然还有幼儿们的兴趣与需要，其次，对于幼儿在涂鸦区的各种技能的掌握与具体引导，有必要根据他们的年龄特点来把握，以免造成误读和拔苗助长。

幼儿是天生的画家。刚刚学会行走的小孩，手里就能握着一支毛笔，到处乱画。他们用自己的双手尽情地挥洒着，虽然他们只是画了一些乱线和乱点，但那就是他们对这个世界的认识，也就是他们艺术创作的开始。而户外的涂鸦游戏可以促进幼儿对生活的热爱，老师要重视幼儿的成长，并尽可能地营造出更好的环境；通过对幼儿进行适当的指导，帮助他们发展各项水平，使他们更好地运用自己的作品来表现自己的想法，从而提高他们的想象力、感染力和思考能力。

（本文作者秦怡　此论文在 2022 年天津市学前教育教学优秀论文评选中荣获二等奖）

第 ⑥ 篇　在安吉游戏中践行对幼儿游戏行为的解读

游戏在每个人的生活中都扮演着重要角色。对于幼儿来说，游戏是他们用天真的心灵、纯粹的方式去感受世界的途径。每一个游戏的背后，都是寻找快乐、探索知识的过程。而现在我们在践行的安吉游戏更加体现了游戏的实质和真谛。自从 2020 年 12 月我所在的天津市静海区模范幼儿园被评为安吉游戏试点园后，我就尝试着放手，不断地学习，让我的理念悄悄地发生着变化。在观察的时候，我努力做到"站稳十分钟"，看到了孩子们每一个精彩的瞬间和每一个孩子的闪光点；在分享的时候，我学会倾听，充分给孩子们机会去猜测、质疑、辩论，不对他们的任何一个想法盲目地下结论，鼓励他们在游戏中自己去尝试、验证；在做记录的时候，我努力走进孩子们的内心世界，耐心地、平等地交流让我了解了他们的想法、感受和困惑，让我对孩子们的游戏行为有了更加准确和透彻的解读，从而促进幼儿的深度学习和自我能力的提升。

◆ 案例一：我们的鱼池

今天在户外安吉游戏时，大益、翔翔、小琳和小佑四位小朋友很快结成一组，大益提议："我们来搭建一个鱼池吧。"其他三位小朋友也异口同声地说道："好，好，我们就搭建鱼池。"翔翔马上说："我们就用长方形的积木搭建吧。"在他的指导下四个人很快就搬来了很多大小一样的长方形积木。他们先用这些积木围拢出一个长方形，而且每块积木中间都有一定的间隙，接下来搭建第二层时，他们将长方形积木放在第一层两块积木的间隙的位置上，很快一个鱼池就搭建完成啦。

大益随即又拿来两块正方形积木，说道："这是鱼食。"翔翔拿来了两个圆形积木从两块积木的缝隙中间放进搭建好的鱼池里。但是自己又大声叫道："小鱼要出来啦，小鱼要出来啦！"他发现了鱼池存在的问题，"鱼池有空隙，小鱼会游出来。"而且很快引起了同伴的注意，小佑听到后马上拿了一旁的正方形积木将离他最近的缝隙部分堵上。小琳自言自语道："我看看我的小鱼出来了吗？"大益也意识到鱼池的问题，大步跑向积木车挑选合适的材料来补救。边补边说："我要把这儿堵住，我怕小鱼们出来。"在大家的努力下，很快就把每一个缝隙都堵住啦。

这时的翔翔又提出："大益,小鱼们饿了,给它们喂点零食。"可是没有得到同伴的回应,他又默默地围绕着鱼池又仔细地查看了一圈,说道："我把鱼池的洞都堵住了。"紧接着又说道："大益。死了一条鱼。这条小鱼死了。"并拿给大益说道:"这条小鱼死了,缺一条小鱼。小鱼都不活啦。"于是,大家就又找来很多圆形小积木放到鱼池里。这时小琳也坐到了鱼池里,边笑边说:"我也变成小鱼啦!我变成美人鱼啦!"其他三个小朋友在继续充实着鱼池,对鱼池进行装饰和搭建,在小朋友们的合作和互相启发中,游戏继续快乐地进行着。

老师分析

搭建"鱼池"的游戏内容是孩子们自主发起的,游戏情节也是由四位小朋友自主推进的,游戏中他们还自己发现了鱼池有缝隙,小鱼会游出来的问题并自主解决。而且四个小朋友在游戏过程中,在他们眼中各种不同形状的积木可以变成不同的东西,比如:正方形的积木可以是鱼食,圆形积木可以是小鱼,很好地进行了以物代物的象征游戏。游戏过程中,翔翔还多次根据自己的生活经验提出自己的想法,如:"小鱼饿了,小鱼死了等等。"推进了游戏的进程,而且因顺畅的语言交流而实现了同伴的共享。随着游戏情节的推进,小琳也假想出自己变成了美人鱼,与同伴互动起到了关键作用,成为游戏不断深入推进的动力。游戏中四个人,形成了相对稳定的合作关系:翔翔提出问题,大益主导解决,小佑行动跟进,小琳创意游戏情节。这种同伴之间的相互配合、启发,丰富和推进了游戏的深入开展。看来,一个共同感兴趣的游戏主题,能够让幼儿自然而然地产生合作行为。通过这样的自主游戏,孩子们的同伴交往、生活认知、解决问题的方法、象征游戏的水平等方面都得到了发展。

◆ 案例二:小球进洞之旅

孩子们对于三楼管道游戏都很感兴趣,每次都能很快进入状态,找到自己想要的材料进行游戏,今天的游戏中,靖靖很快独自一人选择好材料,并拼接成自己想要的轨道样式反复用小球实验着,调整着、探究着,想尽一切办法让小球在自己拼搭的轨道中完成完美的旅程,最终进入洞中。

第一次尝试:轨道拼接好,靖靖小心翼翼地将发球装置安装好后,就发射出了第一颗小球，她的目光紧紧地跟随着小球，但是小球在轨道的第四节出滑了出去了，没有成功地滑过所有轨道。在她去捡回小球的时候，大益也拿了一个小球，试了一下，结果也是一样，的位置滑了出去。

第二次尝试：靖靖很快捡回小球后，就进行了第二次实验，这次她将小手竖着放在了刚刚小球滑落的位置进行遮挡，然后另外一只小手将小球放在放射器开始的位置，但是没有借助发射器，小手一放，小球随即就沿着轨道滑落到挡住的位置，遮挡的小手也很快拿开，小球继续开始了下面的行程并完整地通过所有的管道和一个关卡，滑落到最底端，但没有滑落到红色的收集器中，靖靖高兴得又蹦又跳，脸上洋溢着开心的笑容跑着去捡球了。大益紧跟着用发射器发射了一颗小球，但是小球又在第四节的位置滑落出去了。

第三次尝试：靖靖观察了周围小朋友的游戏，又到材料区找来了一种材料，对自己的轨道进行了改造，拿着材料想了又想，最终在一诺的帮助下放在了小球容易滑落的地方，来代替小手的遮挡，随即拿来小球马上进行试验，一次没有成功，马上又来一次，在自己的努力下，小球终于滑到了最底端，靖靖大声地叫道："成功了！"她的叫声吸引了旁边的欢欢，欢欢发现了小球没有进入到红色收集器的问题，对其提出了自己的建议，两个人调整了收集器的位置，而且在收集器的前方又放置了一个带有木槌的装置。

第四次尝试：木槌装置安装好后，靖靖又开始了新一轮的小球进洞实验。小球在发射器的推动下只滑落到了第二个关卡的位置就停了下来，靖靖马上用手推动小球继续前行，但是小球到了木槌的位置又停了下来，靖靖又用小手去推，可是小球也没有前进，她又用手推了一下木槌，木槌反而将小球推到了相反的方向，她将木槌又一次立起来，然后推倒，经过自己的观察和实验，发现是："好像安反了"，马上将木槌装置拆下来，调整位置，并将自己的发现说给一旁的安家俊，还没等自己拿小球进行实验，站在发射器处的任怀宇已经发射小球，并通过所有设置，成功地进入收集器里，这时的靖靖看到后一边拍手一边大笑，高兴极了。

第五次尝试：靖靖的轨道游戏吸引了很多小朋友，小维也拿着小球前来实验，她没有阻拦，而且帮小维调整好小球的位置让他先实验，小球成功地进洞了。她帮小维捡回小球,让他又玩了一次,在这个过程中,靖靖还帮小维将每一个关卡装置都调整到最佳位置。最终在自己的努力下,经过一次又一次地实验、探究、调整,终于帮小球完成了进洞之旅。

老师分析

第一次尝试,靖靖虽然没有成功,但是在初体验中,自己通过亲身体验和细心观察发现了问题,很快在第二次尝试的时候,自己想出来解决问题的办法,用小手进行了遮挡,让小球有一个缓冲,使小球能够从最顶端滑落到最底端。第三次实验,她借鉴了他人的经验,找来了替代小手遮挡的装置,并经过自己的思考,找到了合适的位置,在小伙伴的帮助下安装好装置,经过一次又一次的实验,终于帮小球完成了旅程,但是没有送进收集器,在欢欢的发现和建议下,对其进行了改造,并添加了木槌装置。第四次尝试,在反复实验、细心观察和自我反思中,完成了木槌的正确安装方式,虽然自己没有亲自将小球在轨道上进行实验,但看到怀宇将小球在自己安装设计的轨道上成功进洞,也是十分的开心。最后一次的尝试不仅自己成功的将小球送入洞中,而且帮助其他小朋友进行了成功的体验,完美的完成了小球的进洞之旅。

可能对于我们成人来说,让小球进洞是一件再简单不过的事情了。但是对于孩子来说,通过自己的设计、安装、实验、再改装,一次次失败,一次次又调整,对他们来说真的挺难完成的。在整个过程中,靖靖一直在坚持,不断努力,动脑筋想办法,终于在自己的努力和好朋友的帮助下将小球送进洞中。

在游戏后,我让他和小朋友分享自己的游戏,引导小朋友讨论:靖靖用了哪些方法将小球送进洞中?你还有什么好办法?我们还可以选用什么材料,怎么设计轨道?孩子们各抒己见,都十分有想法。所以,我鼓励孩子们下次游戏的时候可以大胆地尝试,让孩子们的游戏不断丰富延伸下去。

这样的案例还有很多很多,孩子们一直在颠覆我的原有观念,创造出无数的惊喜。其实,每个孩子都有自己的闪光点,只是以前只是追求所谓的“听话”“好管理”,而忽视了对他们全面的观察和了解,放大了他们的缺点。践行安吉游戏后,孩子们在自主的情境下才展现出最真实的自己,我也非常荣幸看到了这样完整的孩子。我想：一百个儿童有一百种语言、一百种想象、一百种表征，只有真做了，才真正理解这句话。"在安吉游戏中践行对幼儿游戏行为的解读"真的让我有了专业的认同感——理解幼儿，看懂游戏。游戏是老师读懂幼儿的"教科书"，而"认真对幼儿游戏行为的解读"则是老师读懂幼儿的工具。我越来越感觉我和孩子们之间的距离变得更加亲近了。而且发现他们在每个阶段遇到的问题和他们所用的解决方法都是环环相扣的，并且通过"发现问题—分析原因—实践操作"的连续不断的过程，解决了在游戏中遇到的问题。只有这样才能真的看到细节之处，会发现孩子们的每一个动作、每一句话都传递着他们的学习与发展，我通过观察，分析幼儿在安吉游戏中的行为，更好地去解读幼儿游戏背后的行为特点、能力提升、学习品质等，理解幼儿游戏的目的与意义，发现孩子一直都是在按照自己的步伐进行着自己的游戏，而且在游戏中用自己独特的思维方式不断地探索、发现、收获，从而获得深度学习和自我能力的不断提升。

践行安吉游戏以来，给我带来了巨大的改变，我慢慢地学会了相信幼儿，学会了等待，学会了去倾听幼儿的心声，更是看到了不一样的幼儿，看到了无数的精彩瞬间，同时我也感受到了"安吉游戏"的魅力，体会到"真正解读幼儿游戏行为"带给我的惊喜。

（本文作者张惠　此论文在"2022年天津市学前教育教学优秀论文评选"中荣获二等奖）

后　记

2020 年 8 月 31 日,我来到天津市静海区模范幼儿园,至今已有三年半的时间。三年半的时间不长,但是对于我来说难以忘怀。

刚到这个幼儿园一个月,也就是 2020 年 10 月,我们迎来了创建天津市公办示范幼儿园的任务。在准备创建的过程中,我和老师们一起摸爬滚打,我感受到了这是一支优秀的老师队伍,她们爱孩子,爱事业,能奉献,在创建过程中,老师们进步很大,收获很大,顺利地通过了天津市公办示范幼儿园的检查验收。

2020 年 12 月初,幼儿园成为教育部安吉游戏推广计划试点园。在安吉游戏本土化实践中,我与老师们结下了深厚的感情。我和老师们一起学习,一起实践,一起研究,一起成长。当老师们放手游戏时,我奔走在每一个游戏场地,与老师们一起观察;当发现场地设置不合适时,及时调整;当发现材料没有地方收纳,及时添加;发现游戏中有安全隐患时,及时与老师们一起研究怎么解决;当孩子出现安全事故家长质疑时,我主动对接,安抚家长,减少老师的压力……老师们从最初的与我有距离感,到后来有困惑有困难是最先愿意和我交流探讨。主管教学的立文园长跟我说,"园长,我最喜欢跟你交流,在与你的交流中,我会逐渐明晰思路,找到前进的方向和前行的动力。"有的老师说,"园长,跟你一起的这几年,我最大的改变是喜欢读书了,当我遇到问题的时候,你会推荐我读哪本书;当我们教研之前,你会让我们提前学习那些文章,说来神奇,学完这些内容,教研的时候我有话说了,遇到的困难也逐渐的解决了,我尝到了读书的甜头。"有的老师说"我最喜欢参加幼儿园的教研活动,特别希望把我组织的游戏活动作为教研观摩活动,会促使我有针对性地学习,在观摩后的反思交流研讨中,大家会给我很多鼓励,很多建议,我会收获很多,进步很大,"当听到这些时,我内心的感受也是和老师们一样的,老师们实践研究的热情给了我力量,在与老师们一起实践、研究、探讨中,不断修正自己的教育观、老师观、儿童观,我们真正成为了学习研究的共同体,一起成长,一起进步。

2023年,静海区模范幼儿园又成为天津市高质量幼儿游戏实践研究项目试点园。有了前期的实践研究基础,老师们充满了自信,她们会带着对孩子的爱,对事业的爱,继续前行,在高质量幼儿游戏的实践中不断探索,为教育高质量发展贡献一份力量。